GOLDMANN
ARKANA

Ansha
Weiße Magie
Praxisbuch

Mittel und Wege,
um magische Kräfte zu wecken

Die Originalausgabe dieses Werks erschien 2001
im Ludwig Verlag, München.

Umwelthinweis:
Alle bedruckten Materialien dieses Taschenbuches
sind chlorfrei und umweltschonend.

1. Auflage

Vollständige Paperbackausgabe August 2006
Wilhelm Goldmann Verlag, München
in der Verlagsgruppe Random House GmbH
© 2006 Südwest Verlag, ein Unternehmen
der Verlagsgruppe Random House GmbH, München
Umschlaggestaltung: Design Team München
Redaktion: Margit Brand
Projektleitung: Berit Hoffmann
Redaktionsleitung: Dr. Reinhard Pietsch
Bildredaktion: Tanja Nerger
Satz: Uhl+Massopust, Aalen
Druck: GGP Media GmbH, Pößneck
WL · Herstellung: CZ
Printed in Germany
ISBN 10: 978-3-442-21766-3
ISBN 13: 3-442-21766-0
www.goldmann-verlag.de

Inhalt

13 Magische Fähigkeiten hat jeder
Magie ist faszinierend, geheimnisvoll und unerklärlich. Sie ist spiritueller Weg und Weltanschauung.

13 Magie – ein spiritueller Weg
14 Magie – eine Weltanschauung

17 Was ist Magie?
Über die magische Auffassung der Entstehung der Welt und den schöpferischen Charakter von Magie. Eine Abgrenzung zu den Gefahren der Magie und eine kleine magische Vorübung bringen Sie auf den richtigen Weg.

17 Magie ist Schöpfung
19 Ist Magie gefährlich?
20 Vorübung: freie Parkplätze finden

Wir alle tragen im Alltagsleben eine Maske, mit der wir die unterschiedlichsten Rollen spielen. Unser wahres Ich jedoch steckt hinter der Maske.

23 Wie lernt man Magie?

Ein Blick in die Geschichte der Magie und die verschiedenen magischen Modelle zeigt, dass jeder magische Fähigkeiten besitzt.

23 Magische Lehrer
25 Geschichte der Magie
28 Magische Modelle

31 Magische Prinzipien

Magie arbeitet mit Ritualen, die ihrerseits nach Regeln und Prinzipien mit bestimmten Hilfsmitteln in einem speziellen Umfeld abgehalten werden.

31 Voraussetzungen
34 Synchronizität und Zufall
38 Analogien und Symbole
43 Symbole – Bildersprache der Seele
49 Die Ebenen des Bewusstseins
52 Persona – die Maske
55 Innere Kräfte wecken
58 Pendel und Wünschelrute

63 Techniken der Bewusstseinserweiterung

Wer Magie wirken möchte, sollte seinen Geist erweitern. Wie man die Grenzen des materiellen Tagesbewusstseins überschreitet, zeigen die folgenden Übungen.

64	Visualisierung
65	Entspannung und Meditation
71	Trance – die andere Welt
79	Träume – Verbindung zu den Symbolen
84	Magische Ausstrahlung
88	Psychometrie
89	Kommunikation mit Pflanzen und Tieren
92	Magische Lernprozesse

97 Die Macht des Wollens und die Art des Wünschens

Wer etwas magisch bewirken will, muss es wirklich »wollen«. Der Wille ist Gedankenkraft, Gedanken führen zur Tat, und die Tat führt zur Realität.

Geometrischen Formen wie z. B. der Kugel sagt man magische Kräfte nach.

97	Üben Sie das Wollen!
99	Magische Reinigung
99	Magische Leitsätze
105	Den Willen trainieren
106	Grenzen der Wunscherfüllung
109	Wie Magie Wünsche erfüllt

117 Magische Hilfsmittel

Magie braucht Hilfsmittel. Die vier Elemente Luft, Feuer, Wasser und Erde unterstützen Sie je nach Art des Wunsches, genauso wie Schwert, Stab, Kelch und Scheibe, die vier Grundsymbole des Tarot.

117 Die vier Elemente
125 Magische Geräte
132 Anrufung der Elemente
134 Umgang mit magischem Gerät

139 Magische Techniken und Symbole

Techniken wie Zentrierung oder Erdung unterstützen die magische Arbeit, magische Symbole und Farben haben eine tiefe Bedeutung.

139 Zentrierung
141 Erdung
142 Reinigung
143 Schutzkreis
144 Magische Symbole
155 Die magische Bedeutung der Farben

165 Magische Kräfte bei der Wahrsagung

Verschiedene Modelle, in denen magische Kräfte wirken, haben Sie bereits kennen gelernt. Wie sie zu verstehen sind, zeigt der Ausflug in die Entstehung dieser Modelle – von Astrologie, Tarot, Kabbala und anderen –, mit denen sich die Menschen seit vielen Jahrhunderten die Herkunft von Gefühlen und Gesetzmäßigkeiten zu erklären versuchen.

166 Die archetypischen Kräfte
169 Manifestationen magischer Kräfte
171 Divination
175 Vergangenheit und Zukunft – die Astrologie

182	Das weise Kartenspiel Tarot
191	Die Kabbala
201	Drei weitere Orakel
204	Wahrsagen für andere

211 Magische Methoden der Wunscherfüllung

Amulette und Talismane helfen bei verschiedenen Formen von Wünschen. Welches Amulett gegen den bösen Blick hilft, wie ein Talisman selbst hergestellt und geweiht wird, erfahren Sie hier.

211	Amulette
217	Talismanmagie
220	Sigillenmagie

225 Magische Rituale

Zusammen mit den Zutaten, Verfahrensweisen und den Werkzeugen der Magie kann nun das magische Ritual vollzogen werden, eine sich wiederholende Handlung, die einen bestimmten Zweck verfolgt.

225	Rituale im Alltag
227	Angewandte Magie
228	Attribute des Rituals
235	Bezugsquellen magischer Hilfsmittel
236	Der richtige Zeitpunkt eines Rituals

249 Magische Rituale zu bestimmten Anlässen

Sie möchten eine neue Arbeitsstelle finden, suchen Heilung oder Trost oder möchten einfach eine bestimmte Situation verändern? Auf den Seiten 249 bis 263 stehen Beispiele für Rituale zu unterschiedlichen Anlässen und deren Durchführung.

249	Ritual der Wunscherfüllung
251	Wandlungswünsche
255	Heilungsrituale
257	Schutz- und Bannrituale
260	Rituale zu Lebensphasen

265 Rituale im Jahreskreis

Selbst in der hoch technisierten Zeit wandelt sich die Natur weiter im Kreis des Jahres. Von der Wintersonnenwende über Beltane bis zu Samhain werden die Rituale im Jahreskreis vorgestellt.

266	Wintersonnenwende am 21. Dezember
268	Imbolc am 2. Februar
269	Frühlingsäquinox am 21. März
271	Beltane am 1. Mai

Inhalt **11**

272	Sommersonnenwende am 21. Juni
274	Lammas am 1. August
276	Herbstäquinox am 21. September
277	Samhain am 31. Oktober
279	Der Kreis schließt sich

283 Liebeszauber, Geld und Gesundheit

Was wünscht sich der Mensch mehr als Liebe, Geld und Gesundheit? Zu diesen Themen hat es in der Geschichte viel Wahres, aber auch viel Scharlatanerie gegeben. Hier ein Aus- und Überblick.

284	Ein ganz einfacher Zauber
286	Wirkungen der Liebesmagie
289	Magie und Geld
291	Magie und Gesundheit

Die Zutaten für Rituale müssen sorgfältig gewählt werden.

299 Die dunkle Seite des Mondes

Es gibt keine helle Seite ohne die dunkle. So wie jeder Mensch hat auch die Magie ihre Gefahren und Schattenseiten, denen es gilt, sich zu stellen.

- 299 Wanderung im Schatten
- 302 Begegnung mit einem Schatten
- 305 Beschwörung der Dämonen auf historische Art
- 306 Schwarze Magie

313 Der Weg der Einweihung

Der erste große Schritt in die Tiefe der Magie ist nun gemacht. Ein Ausblick, wie es für Sie als Zauberlehrling weitergehen kann.

- 313 Die Einweihung
- 319 Die Seelenlandschaft

323 Analogietabellen

Eine Übersicht über magische Kräfte, richtige Zeitpunkte, Farben, Zahlen, Pflanzen, Düfte, Gewürze, Lebensmittel, Getränke, Elemente, Metalle, Edelsteine und Tarotkarten, die Sie beim Wirken von Magie unterstützen.

- 338 Literaturempfehlungen
- 341 Über die Autorin
- 343 Register

Magische Fähigkeiten hat jeder

Magie hat die Menschen schon immer fasziniert, wie alles, was sich in die Schleier des Geheimnisvollen, Unerklärlichen, manchmal sogar Unheimlichen hüllt. Mit diesem Buch soll ein klein wenig der Schleier des Geheimnisvollen gelüftet werden, hinter dem sich die Magie verbirgt.

Sicher ist Ihnen die Magie schon längst begegnet. Vielleicht erinnern Sie sich an das eine oder andere Erlebnis, das Ihnen wie ein Wunder vorkam, bei dem Sie voller Staunen ausgerufen haben: »Da muss Magie mit im Spiel gewesen sein!« Nüchterne Menschen pflegen dann auf eine Verkettung von ganz normalen Zufällen zu verweisen. Aber was sind Zufälle anderes als Wunder?

Hier fängt die Magie schon an – »faszinieren« hat seinen Ursprung im lateinischen Wort »fascinare«, und das heißt nichts anderes als »behexen«. Wenn Sie also etwas fasziniert, sind Sie von ihm beherrscht, stehen in seinem Bann.

Magie – ein spiritueller Weg

Magie war und ist Vorurteilen, Verdammung und schlichtem Unglauben ausgesetzt. Sie kennen die Argumente – nur Spinner beschäftigen sich mit Magie, völlig abgedrehte Aussteiger, Versager, die ihr Leben sonst nicht in den Griff bekommen. Magier sind Scharlatane und Volksverdummer, die überall Geister sehen. Und so etwas wollen Sie lernen?

Damit Sie sich keine falschen Vorstellungen von Magie machen, zuerst einmal alles, was Magie nicht ist: Magie ist keine einfache Rezeptsammlung, um sich eigensüchtige

Wünsche zu erfüllen. Magie ist nicht Zauberei, um Effekte zu erzielen – das gehört auf die Bühne. Magie ist kein Mittel, um mit ein paar auswendig gelernten Formeln alle Probleme zu lösen. Magie fordert von dem, der sich mit ihr wirklich nutzbringend beschäftigen will, die härteste Arbeit überhaupt – die Arbeit an sich selbst. Die weiße Magie ist ein spiritueller Weg, um durch das Leben zu gehen, der Weg zur Selbstverwirklichung. Das hört sich sehr mystisch an, aber lassen Sie sich davon nicht schrecken. Wer sich auf diesen Weg begibt, wird immer häufiger »wunder«-volle Erlebnisse haben, wird »zauber«-hafte Erkenntnisse und magische Augenblicke erleben. Magie führt uns an die unerschöpflichen Brunnen unserer Fähigkeiten und zu den Quellen unseres Wissens.

Und dennoch, Magie ist ein heiterer Weg. Denn Sie lassen sich auf das Spiel mit dem inneren Kind ein. Als Kind hatten Sie, vielleicht erinnern Sie sich, noch einen viel »unzivilisierteren« Zugriff auf die magischen Kräfte. Die Vorstellungskraft in den Tagträumen von Abenteuern und Heldentaten, das Staunen, das Wundern, das Miterleben eines Märchens. Kinder treffen noch Elfen und Feen im Wald, sie sprechen mit Tieren und Bäumen – und Bäume und Tiere sprechen mit ihnen.

> Magie setzt ein anderes Weltbild voraus, als wir es von unserer aufgeklärten, naturwissenschaftlich geprägten Welt her kennen. Sie arbeitet mit einem analogen Weltbild, einem Denken in Entsprechungen, Bildern und Symbolen.

Magie – eine Weltanschauung

Wie wir die Welt um uns herum anschauen, so ist unsere Weltanschauung. Sehen wir in jeder Handlung, in jedem Ablauf eines Geschehens nur die logischen, rational begründeten Schritte, haben wir ein Weltbild, in dem berechenbare Gesetze regieren. Sehen wir aber hinter diesem realen Geschehen auch das Zusammenwirken unsichtbarer Kräfte, Entsprechungen in anderen, nicht offensichtlich verknüpften Vorgängen, ziehen wir Vergleiche zur Natur oder zu seelischen Ereignissen, dann ist dieses Weltbild eines, das auf Analogien beruht – wir sprechen von einem magischen Weltbild.

Das eine schließt das andere nicht aus, doch Magie setzt neben dem rationalen auch ein analoges Denken voraus, ein Denken in Entsprechungen und nicht nur in logisch verknüpften Abfolgen.

Wenn Sie sich der analogen Denkform der Magie, die Ihnen mit diesem Buch vorgestellt werden soll, anschließen, stellen Sie sich die Welt nicht mehr nur als reine Abfolge von Ursache und Wirkung vor. Sie werden nicht sagen: »Ich habe einen Zauber gewirkt, **deshalb** geht mein Wunsch in Erfüllung«, sondern: »Ich habe einen Zauber gewirkt, **und** mein Wunsch ist in Erfüllung gegangen.«

Darum gleich hier und jetzt eine Warnung: Wenn Sie sich mit Magie beschäftigen, werden Sie sich verändern, denn Sie lassen sich auf eine andere Weltanschauung ein. Oder Sie lehnen sie ab. Das bleibt ganz Ihnen überlassen.

Viel Vergnügen auf Ihrem magischen Weg!

Was ist Magie?

»Magie ist eine Geheimkunst, die sich übersinnliche Kräfte dienstbar zu machen versucht.« So definiert der Duden Magie. Für den Brockhaus ist Magie »der Inbegriff menschlicher Handlungen, die auf gleichnishafte Weise ein gewünschtes Ziel zu erreichen suchen«. So viel zu den mehr oder weniger neutralen Definitionen von Magie. Ein großes Problem ist, dass das Wort »Magie« synonym mit dem Begriff »Zaubern« im Sinne von Zauberkasten mit Zylinder und Stoffhäschen verwendet wird. Damit Sie nicht enttäuscht sind – die Magie beinhaltet auch das Zaubern, aber in einem sehr viel weiteren Sinne. Eine umfassende Definition der Magie, die nicht von vornehmerein (ab)wertend ist, könnte folgendermaßen lauten:

Magie ist die Kunst, mit den magischen, also (noch) nicht wissenschaftlich erklärten »geheimnisvollen« Kräften richtig umzugehen.

> **Magie ist die willentliche Bewusstseinsveränderung mit dem Ziel, ein selbstbewusstes, selbstbestimmtes, kreatives Leben zu führen und dabei niemandem zu schaden.**

Magie ist Schöpfung

Magie beruht auf der ganz ursächlichen Schöpfungskraft. Wer immer ein Bild gemalt, ein Gericht gekocht, Verse gedichtet oder eigene Ideen in einem Aufsatz niedergeschrieben hat und sagt: »Siehe, es ist gut!«, der hat Magie bewirkt.

Bild links: Die Kugel ist eine von vielen geometrischen Formen in der Magie.

Schöpfungskraft – Kreativität – ist eine Quelle, auf die wir alle Zugriff haben. Sie ist uns mit dem Funken des Lebens mitgegeben worden, und den Kontakt zu ihr halten wir seit unserer Geburt. Jeder Gedanke, der uns durch den Kopf geht, kommt aus dieser Quelle, denn ein Gedanke ist der Beginn der Schöpfung.

Die Erschaffung der Welt

Auch wenn es eine Reihe von Theorien gibt, wie unser Universum entstanden sein könnte, lautet für die Wissenschaftler die alles entscheidende Frage: Was war vor dem so genannten Urknall?

Mystiker und Physiker aller Zeiten haben sich Gedanken zu diesem Phänomen gemacht, und die Schöpfungsgeschichten aller Religionen geben Erklärungen ab, aber die naturwissenschaftlichen Deutungsversuche scheitern an allem, was den geistigen Bereich betrifft. Im Weltbild der Magie gibt es einen Schöpfer oder eine Schöpferin, eine Erste Ursache, den Initiator, dessen Gedanke zur Wirklichkeit, zur Materie führt. In diesem schöpferischen Gedanken ist bereits der ganze Kosmos enthalten – der Sternenstaub, die Galaxien, glühende Sterne und ihre erkalteten Planeten. Im Gedanken enthalten war schon immer die Idee des Lebens.

Der spirituelle Weg der weißen Magie ist einer der Wege, auf dem sich die Seele zurück zu ihrem göttlichen Ursprung bewegt. Es ist Ihre Suche nach der Liebe und dem Reichtum in Ihnen selbst. Das Ziel ist, in Einklang mit sich selbst und allen Dingen dieser Welt zu leben, ein pulsierender Knoten im Netzwerk allen Seins zu werden.

Ist Magie gefährlich?

»Die ich rief, die Geister, werd ich nun nicht los!«, kreischt Goethes kleiner Zauberlehrling verzweifelt. Die hilfreichen Geister wollen einfach nicht mehr aufhören, Wasser herbeizuschleppen. Erst der alte Meister kann sie wieder bannen. Magie ruft die »Geister« hervor – Ihre eigenen. Was in Ihnen steckt, können Sie nämlich auch hervorrufen. Darum ist Magie so lange gefährlich, wie Sie nicht sehr gut wissen, was in Ihnen steckt. Die verbreitete Skepsis gegenüber der Magie ist auch eine Schutzmaßnahme, denn die Beschäftigung mit dem eigenen Geist und seinen Fähigkeiten ist schwierig. In der Magie können zudem Kräfte wirken, deren Ursprung nicht in uns liegt. Es sind sehr alte, sehr starke Kräfte, und Sie tun gut daran, sich nicht gleich als Erstes mit ihnen auseinander zu setzen.

Im magischen Denken sind wir uns bewusst, dass wir in einem fein verknüpften Netz von Energie leben. Unsere Gedanken sind ein Teil dieses umfassenden Gefüges, und alles ist mit allem verbunden.

Schwarze Magie

So weit die Gefährlichkeit der Magie für Sie selbst. Wie steht es mit der Gefahr für andere? Überprüfen Sie einmal Ihre Reaktion, wenn Ihnen jemand erklärt, er habe magische Fähigkeiten. Ganz frei von einem leisen Unbehagen ist kaum jemand, denn zu oft wird unter Magie auch mittelalterliche Zauberei, Quacksalberei und Aberglauben verstanden. Ebenso die Erscheinungen des Okkultismus, Spiritismus, Satanismus und natürlich die schwarze Magie.

Die schwarze Magie nutzt zwar die gleichen Kräfte wie die weiße Magie, um die es in diesem Buch ausschließlich geht, sie hat allerdings einen ganz anderen Hintergrund. Das bedeutet nicht, dass die magischen Kräfte an sich böse sind, sie sind wie die Elektrizität zunächst einmal neutral. Sie dienen dem Menschen wie der Strom, der die

Glühbirne zum Leuchten bringt. Strom kann aber auch zum Bösen eingesetzt werden: Eine Folter mit Elektroschocks gehört eindeutig zum Bereich der schwarzen Nutzung der Energie. Jedes Werkzeug in der Hand eines verantwortungsvollen Menschen kann Nutzen für ihn und seine Umwelt bringen. Weiße Magie ist der verantwortungsvolle Umgang mit einem mächtigen Werkzeug.

Das Visualisieren ist eine wesentliche Technik der Magie. Sie bedeutet, sich etwas bildlich vorzustellen. Aber auch andere Sinneseindrücke können beim Akt der Visualisierung auftreten.

Vorübung: freie Parkplätze finden

Das Auffinden von freien Parkplätzen gehört zu den unbequemen Situationen im Leben. Doch es gibt Hilfe! Wenn Sie die folgende Übung öfter durchgeführt haben und feststellen, dass sie immer häufiger zum Erfolg führt, haben Sie den ersten Schritt getan und eine ganze Menge über die Ausübung der Magie und ihre Wirkung gelernt. Das, was Sie bei dieser magischen Handlung im Wesentlichen brauchen, ist eine gute Vorstellungskraft, einen präzisen Willen und ein absolutes Vertrauen darauf, dass sich Ihr Wunsch erfüllt. Diese Übung ist für Sie sowohl als Beifahrer als auch als Fahrer möglich. Sie beruht auf einer Visualisierung, einer wichtigen Technik der Magie, die Ihnen noch öfter in diesem Buch begegnen wird.

Zwei Möglichkeiten stehen Ihnen zur Verfügung: Entweder Sie visualisieren kurz vor dem Ziel eine Lücke zwischen zwei Fahrzeugen. Dann heben Sie die geöffnete rechte Hand, um den Wunsch abzugeben. Anschließend gehen Sie mit dem größten Selbstverständnis der Welt davon aus, dass Sie die Lücke finden werden. Die andere Möglichkeit ist weniger unfallträchtig, kann aber nur funktionieren, wenn Sie wissen, wo genau Sie parken wollen.

Etwa in der ersten Reihe vor dem Supermarkt oder in der dritten Parkbox vor der Einfahrt. Stellen Sie sich den Parkplatz vor Fahrtantritt leer vor, und fahren Sie mit dem Bewusstsein los, dass in dem Moment, wenn Sie ankommen, der Platz frei wird. Es funktioniert bestimmt.

Wie lernt man Magie?

Wir mögen zwar alle magische Fähigkeiten haben, aber bei den wenigsten liegen sie offen zutage. Und meistens sind wir uns ihrer auch nicht bewusst. Sie wollen entwickelt, geübt, gelernt und vor allem erfahren werden.

Magische Lehrer

Der Anfänger hat es nicht leicht, einen guten Lehrer zu finden. Jeder Lehrer der Magie wirkt auf seinen »Zauberlehrling« persönlich ein, hat seinen Weg für sich gefunden und will ihn weitervermitteln. Wie soll vor allem ein interessierter Laie einen guten Lehrer finden? Es gibt zwar Anzeigen, in denen für viel Geld Ausbildungen angeboten werden, aber sie betreffen bereits eine bestimmte Spezialisierung. Vielleicht tritt auch jemand an Sie heran und fragt Sie, ob Sie nicht an seinem magischen Zirkel teilnehmen wollen. Wie gut können Sie beurteilen, was sich dort wirklich abspielt?

Magie ist nicht ohne Nebenwirkungen, und dieses Praxisbuch soll Ihnen unter anderem auch helfen, Lehrer und Lehren zu beurteilen. Für die ersten Schritte auf dem magischen Weg haben Sie jedoch den besten Ausbilder, den es gibt, bereits bei der Hand: Denn es gibt nur einen unbestechlichen Lehrer, der wirklich weiß, was für Sie gut ist: Ihr Selbst! Später werden Sie merken, dass, wann immer Sie jemanden brauchen, der Ihnen weiterhilft, ein Lehrer bereitsteht. Sie müssen ihn nur erkennen, und das werden Sie auch.

Wählen Sie Ihre Lehrer oder die Kurse und Seminare, die Sie aufsuchen, vorsichtig aus, glauben Sie nicht alles, und fragen Sie kritisch nach. Kurse und Lehrer sind nützlich und wichtig, aber der beste Lehrer steckt in Ihnen selbst.

Bild links: Magische Lehrer sind überall. Man muss sie nur erkennen.

Workshops und Seminare

Inzwischen werden Wochenendseminare in Teilgebieten der Magie, wie sie auch in diesem Buch behandelt werden, von verschiedenen Bildungsstätten angeboten. Das Angebot reicht von Tarot-Einsteigerkursen, Astrologie für Anfänger und Meditationstechniken bis zu Tranceseminaren, Traumwochenenden, Reikikursen usw.

Über die magischen Praktiken lesen ist das eine, mitmachen das andere. Auf der Suche nach Ihren Fähigkeiten werden Sie sicherlich Interesse an dem einen oder anderen Kurs haben. Machen Sie mit, wenn Sie den Eindruck haben, es handelt sich um einen seriösen Anbieter. Gute Seminare haben den Vorteil, dass Sie praxisbezogen Erfahrungen sammeln können, dass Sie einen Kursleiter direkt zu interessanten oder unklaren Themen befragen können, dass Sie vor allem Gleichgesinnte treffen. Letzteres kann besonders dann wichtig sein, wenn man in seiner Umgebung wegen der Beschäftigung mit Magie auf völliges Unverständnis stößt. Wenn Ihnen aber jemand für viel Geld die Erleuchtung in drei Tagen oder den dritten Reikigrad am Feierabend verspricht, sollten Sie kritisch auswählen. Viele selbst ernannte Schamanen machen nichts anderes, als Sie auf den erleuchteten Holzpfad zu führen.

Arbeit in Gruppen oder alleine?

Es können sich nach Kursen und Seminaren auch längerfristige Kontakte entwickeln – aber lassen Sie sich nicht in eine Gruppe hineinziehen, die Ihnen ihren Weg, ihre Methoden aufdrängen will. Sie selbst arbeiten an sich. Um mit Magie umgehen zu können, werden Sie das analoge Denken wieder neu lernen müssen, das Denken in Entsprechungen. Und im weitesten Sinne die Sprache der

Logen und Geheimorden pflegen eine meist sehr zeremonielle Art der Magie. Sie sind streng hierarchisch organisiert, sie vergeben Grade der Einweihung und haben Priester, die den Neophyten, den Schüler, in ihre speziellen Traditionen einführen. Wenn Sie sich einem magischen Orden oder einer Loge anschließen wollen, tun Sie es. Schlagen Sie jetzt das Buch zu, dort wird Ihnen das beigebracht werden, was den Meistern notwendig erscheint.

eigenen Seele, die Bilder, mit denen sie sich ausdrückt, mit denen sie die Gedanken darstellt und sie in Ihr Bewusstsein versetzt. Das ist Ihr persönliches Pensum. Das allgemeine Wissen befasst sich damit, wie Magie arbeitet, mit den magischen Kräften und ihren Ordnungssystemen, den Prinzipien der Wunscherfüllung, den Ritualen.

Das Erforschen der eigenen Seele, da kommen Sie nun mal nicht umhin, müssen Sie ganz alleine durchführen. Niemand kann Ihnen sagen, wie sich Ihre Seele offenbart.

Geschichte der Magie

Es scheint mir an dieser Stelle wichtig, Ihnen einen kleinen Einblick zu geben, was die Magie für die Menschheit bedeutet hat, denn sie hat viele Wandlungen durchgemacht. Einst gehörte sie ganz selbstverständlich zum Weltbild eines jeden Menschen. Dies galt für viele Tausende von Jahren, in denen sich Hochkulturen entwickelten, Weltreiche entstanden und wieder untergingen.

Mit der Verbreitung des Christentums aber wurde die Magie verdammt, und ihre Anhänger landeten auf dem Scheiterhaufen. Heute neigt man gerne dazu, die Magie zu belächeln und sie als Beschäftigung abergläubischer Spinner abzutun. Versuchen wir, dieses Bild ein bisschen gerade zu rücken.

Das magische Weltbild existiert schon viel länger als unsere heutige Denkweise. Unser rational geprägter Zugang zur Welt ist erst in der Epoche der Aufklärung entstanden und in den letzten 200 Jahren weiterentwickelt worden.

Der Ursprung

Der Ursprung der Magie liegt weit zurück in den Zeiten, als die Menschen für viele Phänomene des täglichen Lebens noch keine »wissenschaftliche« Erklärung hatten, aber auch noch nicht so abgestumpft gegenüber den feinen Energien in ihrer Umwelt und des Lebens waren, wie wir es heute leider sind.

Die alten Kulturen hatten ihre weisen Frauen und Männer, die sich mit den geheimnisvollen Kräften auskannten, sie mochten Schamanen, Druiden oder Priesterinnen genannt worden sein. Sie kannten die Gesetze der belebten Natur, die sich deutlich von den Naturgesetzen unterscheiden. Sie kannten vor allem ihre eigenen Kräfte. Sie vollführten zum Wohle der Gemeinschaft Jagdzauber und Fruchtbarkeitsriten und erklärten die Wunder des Himmels und der Erde. Eine komplexe Welt, in der unsichtbare Kräfte wirkten.

Mit dem Wechsel der Sonne in das Zeitalter der Fische begann in unserer westlichen Welt die Ausbreitung des Christentums. Mit ihrem alleinigen Anspruch auf die einzig gültige Wahrheit versuchten ihre Vertreter in beispielloser Intoleranz, alle anderen Einstellungen, Weltbilder und Religionen auszurotten.

Magische Rituale erfordern unterschiedliche Zutaten wie Kräuter und Räucherwerk.

Aber das, was ursprünglich in den Menschen und in der Welt vorhanden ist, lässt sich nicht so leicht ausrotten, weder mit Weihwasser noch mit Schwert, nicht mit Bibel oder Scheiterhaufen – und auch in 2000 Jahren nicht. Die Magie verschwand nur scheinbar.

Die Weisen und Wissenden sind gestorben, geblieben sind Fragmente ihres Wissens, halb verstanden, teils entstellt. Geblieben sind unser aller intuitive Einsichten und für manche der Zugriff auf das ewige Wissen der Welt. In manchen ländlichen Gebieten, wo die Kirche keinen absoluten Einfluss hatte, finden sich noch heute sehr ursprüngliche Bräuche, deren Bezug zum magischen Weltbild noch immer leicht ableitbar ist.

Heute versuchen immer mehr Menschen, dieses alte Wissen wieder zu entschlüsseln, von abergläubischem Ballast zu befreien und in das tägliche Leben zu integrieren – das Wissen um die unsichtbaren Kräfte, die magische Substanz. Sie wollen das offensichtlich auch!

Gegenwart und Zukunft

Kaum jemand in unserer Zivilisation würde noch Elektrizität oder Röntgenstrahlen, Erdanziehungskraft oder Magnetismus als magische Kräfte beschreiben. Aber haben Sie diese Kräfte schon mal gefühlt, gerochen, geschmeckt oder gesehen? Nur die Auswirkungen erkennen Sie, wenn das Licht angeht, ein Butterbrot zur Erde fällt oder Sie eine Röntgenaufnahme sehen.

Dabei ist jeder Ingenieur in der Lage, Ihnen logisch korrekte Berechnungen dieser Kräfte vorzulegen, auch wenn diese für den Laien manchmal wie kryptische Zauberformeln aussehen.

Die Wissenschaft dringt immer tiefer in die Geheimnisse

Die einfache Landbevölkerung und auch die Sinti und Roma haben magische Rezepte und Zauberformeln über die Jahrhunderte hin bewahrt. Vieles davon klingt heute sehr stark nach abergläubischem Hokuspokus. Das Wort »Hokuspokus« leitet sich vom lateinischen »Hoc est corpus meum« ab und ist eine Verballhornung der christlichen Messliturgie.

der Materie und der wirkenden Kräfte ein, und zahlreiche Wissenschaftler fragen sich, ob denn die von ihnen erkannten Gesetze wirklich alles erklären können. Mit Einstein sind ein paar wissenschaftliche Gebäude zusammengestürzt, als er der Menschheit die verblüffende Erkenntnis vermittelte, dass $E = mc^2$ sei, kurz, dass Materie nichts anderes ist als Energie in Bewegung. Inzwischen untersuchen die Physiker subatomare Teilchen, die sich wahlweise wie Wellen oder wie Körper verhalten, und kommen den Überlegungen der alten Mystiker damit immer näher. Warten wir ab, was daraus wird.

Vielfältig sind die magischen Praktiken. Die magischen Kräfte sind schwer zu beschreiben, und jede Tradition hat ihre eigenen Worte gefunden, um den Umgang mit ihnen deutlich zu machen.

Magische Modelle

Es gibt eine ganze Reihe unterschiedlicher magischer Traditionen und Stilrichtungen. Wenn der interessierte Leser heute in die Abteilung für esoterische Literatur in einer Buchhandlung geht, wird er mit Sicherheit verwirrt vor der Frage stehen, ob Magie nun mit Runen oder mit Kräutern, mit Planeten oder mit Tarotkarten betrieben wird, ob man sich erst die Grundlagen der jüdischen Kabbala aneignen muss, oder ob ein Studium der Astrologie Voraussetzung ist. Soll man sich durch die Rituale der Rosenkreuzer oder des O.T.O, des Ordo Templis orientis, hindurcharbeiten oder Engelhierarchien auswendig lernen?

Wegweiser
Wenn Sie Glück haben, finden Sie Wegweiser durch die verschiedenen Themen, die aber wiederum meist so allgemein gehalten sind, dass die praktische Anwendung daraus nicht abzuleiten ist. Das Problem liegt darin, dass das

magische Weltbild in unterschiedlichen Modellen abgebildet wird.

In diesem Buch wird auf kein spezielles Modell zurückgegriffen, sondern es wird versucht, das Prinzip der Magie anwendungsbezogen darzustellen. Damit haben Sie eine Grundlage, um sich, sofern Ihnen daran liegt, anschließend in das Modell der Magie einzuarbeiten, das Ihnen am besten gefällt. Die große Auswahl der Publikationen und Kurse zu dem Thema wird dann erheblich transparenter.

Auf einen Blick

◉ Der Ursprung der Magie liegt weit zurück in den Zeiten, als die Menschen für viele Phänomene des täglichen Lebens noch keine »wissenschaftliche« Erklärung hatten.

◉ Magische Fähigkeiten hat jeder.

◉ Die weiße Magie ist ein spiritueller Weg, um durch das Leben zu gehen, der Weg zur Selbstverwirklichung.

◉ In diesem Buch wird auf kein spezielles Modell der Magie zurückgegriffen, sondern versucht, das Prinzip der Magie anwendungsbezogen darzustellen.

Magische Prinzipien

Zur magischen Praxis gehören Rituale, die am besten in einem konzentrationsfördernden Raum ausgeführt werden. Sie arbeiten mit Analogien und üben symbolische Handlungen aus, begeben sich auf Trancereisen und verwenden Hilfsmittel wie Pendel, Wünschelrute oder Tarotkarten und magische Werkzeuge für Ihren Zauber. Alle diese Praktiken will Ihnen dieses Buch nun näher vorstellen. Bevor Sie mit der magischen Arbeit beginnen, jedoch noch ein paar kleine Voraussetzungen. Da Ihnen die Grundlagen vermittelt werden sollen, wie Sie selbstständig die Kräfte nutzen können, die in Ihnen schlummern, finden Sie hier keine Rezeptsammlung, in der Sie nachschlagen können, welcher Zauberspruch auf die Schnelle eingesetzt werden kann, um das eine oder andere Ziel zu erreichen. Sie sollen vielmehr verstehen, was Sie tun, denn bedenken Sie – ein Kochbuch alleine macht noch keinen Meisterkoch. Übrigens hat Magie sehr viel mit Kochen gemeinsam, und ich werde hin und wieder auf Vergleiche aus der Küche zurückgreifen.

Der Arbeitsplatz des Magiers liegt außerhalb von Raum und Zeit. Er muss erst geschaffen werden. Das wird anfangs ganz praktisch und materiell sein, später, wenn man die magischen Techniken beherrscht, ist es ein geistiger Raum.

Voraussetzungen

Sie haben sich auf den Weg gemacht, die Kunst der Magie zu lernen. Es ist zunächst eine Ausbildung, eine Lehre. Später ist es eine Kunst. Sowohl zum Lernen als auch zum Ausüben der Magie ist es sinnvoll, einen eigenen Bereich in Raum und Zeit zu haben. Selbstverständlich kann man

Bild links: Magische Orte strahlen eine besondere Kraft aus.

Manche Landschaften erleichtern mit ihren beruhigend wispernden Bäumen die Meditation und den Blick nach innen.

Magie immer und überall praktizieren, aber eine belebte U-Bahn-Station ist anfangs für Sie bei magischen Operationen weniger bekömmlich als ein ruhiges Zimmer. Sie werden Rituale durchführen wollen, dabei kann es Sie verunsichern, wenn andere neugierig zuschauen.

Der magische Ort

Darum grenzen Sie sich mit Ihrer magischen Arbeit räumlich und zeitlich vom Alltagsgeschehen ab. Das muss nicht bedeuten, dass Sie einen Tempel aus Ihrem Wohnzimmer machen, aber einen Raum, den Sie zumindest für eine Weile für sich alleine haben, brauchen Sie schon. Eine wunderbare Möglichkeit ist es, sich einen magischen Raum im Freien zu schaffen.

Wenn Sie einen Garten oder noch besser einen Wald, ein Flussufer, Wiesen oder gar einen Meeresstrand in erreichbarer Nähe haben, dann wählen Sie die Einsamkeit dort. Der Zugang zu den Kräften der Magie ist leichter unter einer alten Eiche, an einem bemoosten Felsbrocken oder an einem stillen See. Finden Sie Ihren Zauberwald, Ihren Spiegelsee, Ihre sprechende Quelle. Reden Sie zu dem Alten im Stein und den flüsternden Blättern der Büsche und Bäume. Lauschen Sie dem silbrigen Glucksen eines Baches, den Botschaften der Vögel und dem Summen der Bienen. Alles hat Ihnen etwas zu sagen.

Dokumentieren Sie Ihre Fortschritte auf dem magischen Weg. Dann können Sie Ihre Entwicklungsschritte festhalten und haben gleichzeitig Überblick und Erinnerung.

Das magische Tagebuch

Sie wandern jetzt auf unbekannten Pfaden, Sie durchstreifen ein »wunder«-volles Land. Es wird so viel Faszinierendes geschehen, dass es schade wäre, wenn Sie es einfach an sich vorbeiziehen lassen würden, ohne eine Erinnerung daran zu bewahren. In einem schönen Urlaub machen Sie ja auch Aufnahmen oder schreiben Ihren Freunden von Ihren Erlebnissen.

Suchen Sie sich ein Heft oder Buch aus, das Ihnen gefällt. Es sollte schon etwas Besonderes sein, Ihr inneres Kind wird es Ihnen danken. Mit einem schönen Einband, verzierten Seiten, vielleicht einem Schloss, um es vor unerwünschter Neugier zu schützen. Wenn Sie Lust haben, machen Sie es sich sogar selbst. In diesem Tagebuch dokumentieren Sie künftig Ihre Fortschritte. Doch zuvor müssen Sie noch einen Schritt zurückmachen.

Die Lebensrückschau

Hat Magie in Ihrem Leben schon einmal eine Rolle gespielt?

Diese Frage sollten Sie sich jetzt als Erstes beantworten. Das, was Sie jetzt sind, hier, in diesem Augenblick, da Sie dieses Buch in der Hand halten, in dieser Gegenwart, ist das Ergebnis von vielen Jahren, von Gedanken, von Gefühlen, von Zufällen und Gelegenheiten. Nicht alles da-

Magische Prinzipien

Alle äußeren und inneren Erfahrungen im Leben eines Menschen haben ihre Spuren in der Seele hinterlassen und die Persönlichkeit geformt. Sie wirken sich auch noch weiter auf das künftige Leben aus.

von war positiv, manches hat sicher Narben in Ihrer Seele hinterlassen.

Schreiben Sie als Erstes Ihren persönlichen Lebenslauf in Ihr magisches Tagebuch. Nicht den offiziellen, der bei Bewerbungen gefordert wird, sondern den, der sich an den Erlebnissen orientiert, die Sie tief beeindruckt haben oder nach denen Sie vielleicht sogar Ihr Leben geändert haben. Sie haben Menschen kennen gelernt, die Bedeutung für Sie hatten, andere haben Sie verlassen. Sie haben Krankheiten oder Unfälle durchlebt, Sie haben Triumphe gefeiert, Sie haben vor Staunen keine Worte gefunden. Welche Ziele hatten Sie einst, und welche davon haben Sie erreicht? Diese Ereignisse notieren Sie.

Lassen Sie sich Zeit dafür, die Reise in die Vergangenheit ist nicht immer einfach. Die Stationen brauchen auch nicht chronologisch aneinander gereiht zu sein. Der Weg, den Sie bis hierher gegangen sind, ist mit Sicherheit kein geradliniger gewesen. Aber wenn Sie mit Ihrer Rückschau fertig sind, fällt Ihnen vielleicht auf, dass es an manchen Stellen so aussieht, als ob kleine oder größere Wunder geschehen seien. Wenn Sie Ihre Rückschau betrachten, achten Sie vor allem auf die so genannten Synchronizitäten.

Synchronizität und Zufall

Synchronizität nennt man eine Gleichzeitigkeit von Dingen oder Ereignissen, die nicht ursächlich miteinander verbunden sind, aber nichtsdestotrotz zusammen auftreten. Sie treten in Häufungen oder Serien auf und verursachen meist Verblüffung bei demjenigen, der sie erlebt. Volksmund kennt sie allerdings schon immer und spricht davon, dass ein Unglück selten alleine kommt oder dass aller guten Dinge drei sind.

Synchronizitäten sind akausal, unterliegen also nicht dem Ursache-Wirkungs-Prinzip. Wir sind von unserer Umwelt her sehr stark darauf fixiert, alles zu be-«gründen». Wenn Sie mit dem Hammer auf einen Nagel schlagen, dringt er in die Wand ein. Oder es gibt einen blauen Fleck auf dem Fingernagel. Beides wird vom Schlag des Hammers verursacht.

Wenn aber jedes Mal, wenn Sie einen Nagel in die Wand hämmern, ein rotes Auto vorbeifährt, dann ist es nicht mit Ihrem handwerklichen Einsatz zu erklären. Gemeinhin nennt man das dann Zufall. Das ist mit Synchronizität gemeint.

Als Kausalität bezeichnet man die Gesetzmäßigkeit von Ursache und Wirkung. Es gibt durchaus Verbindungen von Ereignissen und Dingen, die sinnvoll, aber nicht logisch im engeren Sinne sind.

Ursache und Wirkung

Unsere bekannten Naturgesetze, ob die Hebelgesetze oder das Gesetz der verbundenen Gefäße, mathematische Ableitungen oder geometrische Formeln, sind auf dem Ursache-Wirkungs-Prinzip gewachsen. Bei den Wirkungsweisen der Wirtschaft wird das schon etwas schwammiger – die Börsianer können ein Lied davon singen. In der Medizin ist es nur noch bedingt anzuwenden, wie man langsam erkennt. Die erstaunlichen Resultate, die alternative Heilmethoden erzielen, passen nicht mehr so recht in das starre Gebäude der Schulmedizin, denn sie entziehen sich weitgehend der »wissenschaftlichen« Begründung. Solche Synchronizitäten sind ein fester Bestandteil unseres Lebens, man kann sie nicht wegdiskutieren, nur ignorieren. Magie arbeitet mit Synchronizitäten. Wenn Sie sich mit der Wirkungsweise der Wunder beschäftigen wollen, müssen Sie Ihre Wahrnehmung auf diesem Gebiet schärfen.

Die Magie bringt es fertig, dass auch für Sie rote Rosen regnen. Sie müssen nur Ihre Imaginationskraft entwickeln, dann ist nichts unmöglich.

Für mich soll's rote Rosen regnen

Während man kausale Beziehungen weitgehend mit dem Verstand erkennen kann, sofern man das Prinzip, etwa die Funktionsweise einer Glühbirne, verstanden hat, sind Synchronizitäten meist mit Staunen verbunden und lassen sich nicht ohne weiteres über den logischen Verstand erklären.

Dazu folgendes Beispiel: Als ich dieses Kapitel schrieb, las ich in einem Quellentext einen Absatz über das Visualisieren. Dort wurde die Aufgabe gestellt, sich etwas besonders Schönes vorzustellen. Ich gehorche solchen Anweisungen in Büchern natürlich. Meine Imaginationskraft ist recht gut ausgebildet, ich sah eine wunderschöne, dunkelrote Rose vor meinem inneren Auge. Um sie herum tanzte ein kleiner Schmetterling. Dazu ging mir dieser uralte Schlager im Kopf herum: »Für mich soll's rote Rosen regnen«. Ich musste lächeln, denn ich bin über das Alter hinaus, davon zu träumen, dass es für mich rote Rosen regnet. Es war eine nette Übung.

Am nächsten Tag erfüllte sich der Zauber: Ich erhielt von meinem Mann einen Blumenstrauß – rote Rosen. Ich bekam ein Buch, das ich bestellt hatte, und auf dem Titelbild – rote Rosen. Ich öffnete eine Werbesendung, es fielen Papierblumen heraus – rote Rosen. Meine Katze kam mit lautem Miauen herein und trug einen kleinen, herumflatternden Schmetterling im Maul. Und das an einem eisigen Januartag.

Synchronizitäten selbst finden

Achten Sie von jetzt an auf solche Vorkommnisse in Ihrem Leben. Das können Zahlenkombinationen sein, die kurz hintereinander auftreten. Spielernaturen können dann ihren Tippschein damit ausfüllen! Oder Sie hören etwas über ein bestimmtes Thema, sagen wir die Bekämpfung von Rosenschädlingen. Erst spricht die Nachbarin davon, abends kommt eine Sendung im Fernsehen darüber, am nächsten Tag sehen Sie sich Ihre Rosen an... Natürlich wirkt hier nicht immer Magie, aber Magie wirkt so.

Synchronizität ist ein »Und«, kein »Weil«. Ich stellte mir eine Rose vor **und** erhielt sie.

An dieser Stelle möchte ich Sie bitten, wieder Ihr magisches Tagebuch zur Hand zu nehmen. Schreiben Sie jetzt die Fälle von Synchronizitäten dort hinein, die Ihnen schon mal begegnet sind oder von denen Ihnen jemand berichtet hat. Möglicherweise sind es nicht viele, oder sie erscheinen Ihnen unwichtig. Denken Sie trotzdem einmal darüber nach. Sie müssen auch nicht immer positiv gewesen sein, Sie wissen ja: Ein Unglück kommt selten allein! Falls Ihnen beeindruckende »Zufälle« bereits passiert sind, überlegen Sie, was sie ausgelöst haben könnte. Haben Sie sich vielleicht auch mal rote Rosen gewünscht?

Der Schweizer Psychologe Carl Gustav Jung (1875–1961) ist durch seine Lehre vom kollektiven Unbewussten bekannt geworden. Er hat als Erster gewagt, den Begriff der Synchronizität in das wissenschaftliche Denken einzubringen.

Analogien sind durch das gleiche Prinzip miteinander verbunden, Symbole für Vorgänge und Dinge werden von vielen Menschen verschiedener Sprachen ganz ohne Worte verstanden.

Analogien und Symbole

Ein weiterer Bestandteil, mit dem die Magie arbeitet, sind Analogien und Symbole. Eine Analogie ist eine Entsprechung. Sie verbindet unterschiedliche Dinge über eine Gleichartigkeit des Prinzips. Man kann einen Stuhl und eine Gartenbank analog zum Sitzen verwenden. Das Prinzip ist das der Sitzmöglichkeit. Analog dazu verhält sich auch ein Baumstumpf, ein Felsbrocken, eine Apfelsinenkiste oder der Schleudersitz eines Piloten.

Ein Symbol ist ein Sinnbild, das in einem Zeichen einen mehr oder weniger komplexen Inhalt ausdrückt. Es hat oft eine selbsterklärende Form, die vielen Menschen eingängig ist. Ein Symbol ist etwa der Buchstabe A: Das geschriebene A ist das Symbol für den Laut A.

Analogien – Gleiches zieht Gleiches an

Der Magier, der mit Analogien arbeitet, geht davon aus, dass sich Ähnlichkeiten anziehen. Der Zauber, der in seinem Ritual gewirkt wird, ist das Modell des erfüllten Wunsches, so wie er sich später manifestieren soll. Dieses »Wunschmodell« wird mit den Mitteln erstellt, die dem gleichen Prinzip wie der Wunsch unterliegen. Manche Analogien kann man einigermaßen logisch ableiten, wenn man das Prinzip dahinter erkennt, etwa die Reihe Stuhl – Bank – Baumstumpf. Das gemeinsame Prinzip ist Sitzgelegenheit.

Oder man muss sie schlicht lernen. Denn nicht immer kann die Frage »Warum gerade das?« beantwortet werden, vieles ist traditionell gewachsen oder beruht auf intuitivem Wissen.

Jetzt sind Sie gefordert! Welches Prinzip haben der

Mond und die Frauen gemeinsam? 28 Tage, nicht wahr? So einfach ist es, ein weibliches Prinzip zu finden.

Und jetzt wird es etwas schwieriger:

Schwierigkeit	Analogie			Prinzip
Sehr einfach!	Autorität	Sonne	Löwe	?
Ganz einfach!	Rosen	Tauben	Honig	?
Na?	Axt	Paprika	Zwietracht	?
Fortgeschrittene!	Blau	Weidenbaum	Kelch	?
Knifflig!	bitter	Blei	Samstag	?
Schwierig!	Handy	Luft	Dieb	?

Hier die Auflösung:
Autorität, Sonne und Löwe werden dem männlichen Prinzip zugeordnet, auch wenn es den Löwinnen unter Ihnen nicht gefällt.

Rosen, vor allem rote, turtelnde Tauben und süßer Honig sind mit dem Prinzip Liebe verbunden.

Die Schärfe der Axt und des Paprikas und die Zwietracht entsprechen dem kämpferischen Prinzip.

Das Blau des Meeres, die am Flussufer sich wiegende Weide und der Kelch gehören zum Prinzip Wasser.

Bitterer Geschmack zieht den Mund zusammen, schwer wie Blei drücken uns manchmal unsere Pflichten. Samstag ist der Tag des Saturns (englisch: Saturday!), des Begrenzers, der uns zur Disziplin zwingt. In dieser Analogie-

Die Astrologie ist ebenfalls ein Verfahren der Magie. Sie ist eines der Modelle, die die magischen Kräfte in Verbindung mit den Planeten und den Tierkreiszeichen bringen.

kette begegnen Sie einem astrologischen Prinzip, wie auch im letzten Beispiel.

Merkur ist der römische Gott der Kommunikation, weshalb ihm heute die Telefone untertan sind. Leider ist der schnelle Informationsverbreiter mit den Flügelschuhen auch der Herr der Diebe.

Magie und Astrologie

In unserem Kulturkreis sind seit Jahrhunderten bestimmte gängige Prinzipien oder magische Kräfte den Planeten zugeordnet. Die Astrologie ist sozusagen die Basiswissenschaft der Analogien. Dazu muss man wissen, dass nicht etwa die fernen Planeten selbst Auslöser von Erfolg oder Liebe sind, sondern immer dann ihre Kräfte Einfluss auf uns haben, wenn sie am Himmel eine astrologisch berechnete Stelle einnehmen. Das genau ist aber die Wirkungsweise der Synchronizität.

> Erfolg in einer Sache zu haben, ist ein häufiger Wunsch an die Magie. Um den Zauber zu wirken, stellen Sie vielfältige Hilfsmittel zusammen, die Ihren Wunsch unterstützen.

Sie finden im Anhang (siehe Seite 323 ff.) Analogietabellen für verschiedene Themenkreise des menschlichen Lebens. Für unsere westlich geprägte Lebensform ist dabei die auf der Astrologie basierende Zuordnung die eingängigste. Sie werden merken, dass Ihnen vieles bereits bekannt ist, denn in Volksbräuchen und Sprichwörtern tauchen solche Verbindungen immer wieder auf. Denken Sie zum Beispiel an Venus, die Göttin der Liebe. Rosenrot ist ihre Farbe, Verliebte turteln wie die Tauben auf rosa Wölkchen und sehen alles durch eine rosa Brille, und die Flitterwochen heißen neudeutsch Honigmond. Das leitet sich vom englischen »honeymoon« ab.

Analogien sind die Würze der Magie. So wie Sie beim Kochen mit passenden Kräutern und Gewürzen den Geschmack eines Gerichtes unterstreichen, intensivieren und verstärken, machen Sie es bei einem Willensakt wie dem Zaubern eben auch. Wenn Sie Durchsetzungskraft brauchen, suchen Sie sich die Hilfsmittel zusammen, deren Grundprinzip ebenfalls diese Kraft ist. Das kann sich in allen »Zutaten« des magischen Rituals, in der Farbe der Kleidung und der Kerzen ausdrücken, im Räucherwerk, in den beigefügten Kräutern, im Blumenschmuck des Altars, in Tag und Stunde oder im Ort. Und natürlich in den angerufenen Kräften.

Übung: Analogiezauber für Erfolg
Nun ein Beispiel für einen Kräuterzauber, der mit Analogien arbeitet. Welche Zutaten für das jeweilige Prinzip gewählt werden sollten, können Sie, solange Ihnen diese Art von Analogien noch nicht in Fleisch und Blut übergegangen ist, aus dem Anhang entnehmen.

Das Wunschmodell ist bei diesem Zauber ein Beutelchen, das Sie mit den Kräutern und Dingen füllen, die Ihren Wunsch unterstützen sollen. Das Beutelchen können Sie anschließend bei sich tragen oder, sofern Sie sich bereits einen magischen Platz eingerichtet haben, dort aufheben, bis der Wunsch erfüllt ist. Danach verbrennen Sie den Inhalt. Bitte werfen Sie das Zauberbeutelchen NIE in den Müll. Das würde allen magischen Regeln zuwiderlaufen. Erfolg zu haben, ist ein häufiger Wunsch. Um den Erfolg anzuziehen, können Sie folgendes magisches Ritual ausüben:

Sie arbeiten bei zunehmendem Mond, am besten kurz vor Vollmond, denn er steht für Wachstum und Fülle.

Gold oder Gelb ist die sonnige Farbe des Erfolgs. Wählen Sie ein goldenes oder gelbes Tuch, etwa 30 mal 30 Zentimeter groß, für Ihr magisches Beutelchen.

Würzen Sie Ihren Zauber mit den richtigen Zutaten genauso sorgfältig, wie Sie auch ein Essen abschmecken würden, damit er gelingt. In den Analogietabellen finden Sie alles Wissenswerte zur Kombination der Mittel.

Eine Pflanze, die unweigerlich den Erfolg krönt, ist der Lorbeer. Der Siegeskranz wurde schon immer aus Lorbeerblättern gewunden. Oder auch aus Eichenblättern. Beide sind als Blätter bei uns leicht zu finden. Nehmen Sie getrocknete Blätter. Und wenn Sie noch einen kleinen Brillanten übrig hätten, könnten Sie den auch noch mit in das Beutelchen tun.

Damit ist das Basismodell erstellt, jetzt kommen die Beigaben für die spezielle Art des Erfolges, den Sie anstreben.

◉ Soll es für die Karriere sein, ist Jupiter zuständig. Würzen Sie also mit Muskatnuss und Salbei.

◉ Bei Handelsgeschäften oder Vorträgen ist es das Merkurprinzip. Nehmen Sie Majoran und vielleicht eine Zauberhasel. Aber achten Sie auf die Formulierung Ihres Wunsches, Merkur ist auch der Meister der Diebe!

◉ Bei Wettkampf und sportlichen Erfolgen ist ein wenig Paprika für den Kämpfer Mars angemessen.

Wenn der rechte Zeitpunkt gekommen ist, zünden Sie eine gelbe Kerze an, sagen laut Ihren Wunsch und füllen die Kräuter in Ihr Beutelchen. Dann hauchen Sie darüber und verschnüren es mit einem goldenen Band. Sechs Knoten binden diesen Zauber.

Eintrag ins magische Tagebuch

Wenn Sie einen solchen Zauber gewirkt haben, schreiben Sie die persönliche Zusammensetzung in Ihr Tagebuch. Vermerken Sie auch das Datum. Später wird Ihr Buch eine ganz persönliche Rezeptsammlung sein, an der Sie auch erkennen können, warum beispielsweise etwas mal nicht geklappt hat.

Diese Notizbücher haben eine lange Tradition unter den Magiern. Früher nannte man sie übrigens »Grimoire«. Sie wurden von Hexen und Zauberkundigen erstellt und streng geheim gehalten. Betrachten Sie sich als Erbe jener weisen Frauen und Männer, und halten auch Sie Ihr Grimoire geheim.

Der erste magische Grundsatz

Der erste magische Grundsatz, den Sie sich an dieser Stelle gut einprägen sollen, lautet:

Wissen, wagen, wollen – schweigen.

Er bedeutet, was immer Sie an magischen Werken tun, Sie müssen sich das Wissen über die magische Praxis zuerst einmal aneignen. Sie müssen den Mut und das Vertrauen haben, dieses Wissen auch anzuwenden. Sie müssen wahrhaftig wollen, dass die Dinge geschehen. Und wenn Sie das alles getan haben, müssen Sie darüber schweigen. Was glauben Sie, welche Wirkung die oben angeführte Magie hat, wenn Sie Ihrer Kollegin erzählen, Sie hätten in der letzten Nacht gezaubert, um Ihre Karriere zu beschleunigen? Missgunst, Neid und nicht ernst genommen zu werden zerstören das Vertrauen in die eigenen Fähigkeiten, und gerade das ist Voraussetzung für das Wirken der Magie. Üben Sie sich also in Schweigen.

> Bilder und Zeichen haben rational vereinbarte Inhalte, Symbole stammen aus den Tiefen der Seele und haben eine mehrschichtige Bedeutung.

Symbole – Bildersprache der Seele

Wenn Sie sich an etwas erinnern, etwa an Ihren letzten Urlaub, was sehen Sie dann? Bilder von sonnigen Stränden, von einem schattigen Wald, von majestätischen Ber-

Piktogramme sind für jeden unmittelbar und ohne Worte verständlich, wie z. B. das Feuerverbot.

gen? Pech für Sie, wenn es das Bild eines schmuddeligen Hotelzimmers ist. Aber was Sie sehen, sind in jedem Fall Bilder. Wenn Sie sich vorstellen, wie der nächste Urlaub sein soll, werden Sie sich ebenfalls ein Bild vor Augen holen.

Bevor unsere Vorfahren schreiben lernten, kannten sie schon Bilder. Vermutlich sogar schon, bevor sie richtig sprechen konnten. Die ersten Schriften waren Bilderschriften, und selbst unser heutiges Alphabet ist von ihnen abgeleitet. Auch wenn wir eine fremde Sprache nicht beherrschen, mit einem Bild werden wir uns immer verständlich machen können. Solche Bilder, die für jeden, egal welche Sprache er spricht, zu erkennen sind, findet man beispielsweise in internationalen Flughäfen oder in Hotels.

Sie alle kennen die Piktogramme oder Bilder für Restaurant, für Apotheke, für Rauchverbot oder Telefon.

Diese Bilder sind Zeichen, die einen eindeutigen Inhalt haben, aber letztendlich austauschbar sind. Das altmodische Telefon mit Hörer und Wählscheibe ist auch durch ein Handy mit Tastenfeld ersetzbar, die Bedeutung bleibt gleich – hier kann telefoniert werden.

Ein Symbol ist noch mehr als das. Symbole sind Bilder, die von allen Menschen mit den gleichen gefühlsmäßigen und intuitiven Inhalten gefüllt sind. Sie werden erkannt, auch wenn sie einem noch nie zuvor bewusst begegnet sind.

Symbole sind eine Zeichensprache. Sie waren ursprünglich dazu da, sich ohne Worte und langwierige Erklärungen zu legitimieren.

Vom Zeichen zum Symbol

Der Begriff »Symbol« kommt aus dem Griechischen und wurde zunächst nur für das Erkennungszeichen verwendet, das sich zwei Freunde gaben, wenn sie sich trennten. Sie zerbrachen eine Tontafel oder einen Ring, jeder behielt eine Hälfte. Mit dieser einen Hälfte konnte sich dann der Überbringer einer Botschaft oder möglicherweise eines Hilferufs als Gesandter des Freundes ausweisen, denn seine Hälfte passte genau zur anderen.

Das Symbol ist also etwas Zusammengesetztes. Es ist das Bild selbst, ein sichtbares Zeichen, dahinter liegt aber noch etwas Unsichtbares, das zu erklären vieler Worte bedarf, wie Sie am Beispiel der beiden griechischen Freunde erkennen. Ein Wildfremder, der vorbeikommt und die Bitte des anderen überbringt, ihm zu helfen, wird lange erklären müssen, woher er ihn kennt und dass er wirklich ein Freund ist. Das Symbol hingegen weist ihn direkt aus. Wir fassen den Begriff »Symbol« weiter, und das Zusammengesetzte bezieht sich nun auch auf den Inhalt. Ein Symbol hat immer mehrere Bedeutungen, manchmal sogar scheinbar widersprüchliche.

Wenn Sie ein Auto mit einem roten Kreuz auf weißem Grund sehen, muss Ihnen niemand erklären, dass es sich um einen Krankenwagen handelt, in dem sich medizinisch ausgebildetes Personal befindet. Gleichzeitig löst dieses Symbol, das rote Kreuz, aber auch Gefühle bei Ihnen aus. Einerseits sind Hoffnung, Hilfe und Rettung von Leben damit verbunden, andererseits aber auch Schmerzen, Hilflosigkeit und Angst vor Unfall und Krankheit. Das Rot steht in diesem Fall für die symbolische Farbe des Blutes, das Kreuz ist hier das Symbol der Hilfe und Barmherzigkeit.

In einem anderen Zusammenhang ist Rot hingegen die Farbe der Leidenschaft, und das Kreuz bedeutet Fruchtbarkeit. Aber auf diese Bedeutungsinhalte würden Sie bei einem Krankenwagen nicht ohne weiteres kommen, außer Sie sind glühend in den Sanitäter verliebt.

Dieses Beispiel soll Ihnen zeigen, dass sich Symbole nicht über den Intellekt erschließen, sondern im Zusammenhang mit Gefühlen, Erinnerungen und Intuition verstanden werden.

Unser Unterbewusstsein reagiert auf die Vorgänge, die um uns passieren, und die Dinge unserer Umgebung. Unterschiedliche Farben und Gegenstände können verschiedene Wirkungen in unseren Gefühlen auslösen.

Brot und Salz – mit diesem symbolischen Akt heißt man gerne neue Nachbarn willkommen.

Symbolische Handlungen

Nicht nur Bilder haben symbolische Bedeutung, sondern auch Handlungen. Eine typische symbolische Handlung ist etwa in der folgenden Situation gegeben: Eine Gruppe feierlich gekleideter Personen steht mit erwartungsvoller Miene vor einem dünnen Papierband und traut sich nicht, dieses symbolische Hindernis zu umgehen. Erst wenn der Meister der goldenen Schere das Band zerschneidet und die denkwürdigen Worte spricht: »... ist eröffnet!«, dürfen das neue Autobahnteilstück, das neue Museum oder der Kindergarten betreten werden.

Magie lebt von symbolischen Handlungen und Bildern, sie benutzt sie, weil sich in ihnen konzentrierte Kraft verbirgt. Je älter ein Symbol ist, desto häufiger wurde es von Menschen eingesetzt. Sie haben dabei ihre Gefühle übertragen und es mit ihren Gebeten oder Wünschen aufgeladen.

Die Symbolsprache spricht das Unbewusste in uns an. Und umgekehrt spricht das Unbewusste in Symbolen mit uns. Sie können das leicht feststellen, wenn Sie träumen. Ein Traum ist ein Film, kein Lesetext und kein Hörspiel. Vielleicht tauchen hin und wieder einzelne Wörter oder Sätze, manchmal auch Zahlen auf, aber meistens sind es Bilder. Manchmal sogar Bilder, von denen Sie ganz sicher sind, sie nie zuvor gesehen zu haben.

Das Ziehen des magischen Kreises schafft die Voraussetzung für magisches Wirken. In diesem von der Umwelt abgeschirmten Raum sind Sie geborgen und können Ihre Kräfte auf die magische Handlung konzentrieren.

Der magische Kreis

An dieser Stelle soll nun eine magische Handlung stehen, die zu den Grundlagen Ihrer Arbeit gehören wird. Sie bezieht sich auf vier Symbole, nämlich die der Himmelsrichtungen Norden, Süden, Westen und Osten, und bildet den Rahmen für jede magische Verrichtung. Sie ist der Beginn eines jeden Rituals. Es ist das Ziehen des magischen Kreises. Innerhalb dieses Kreises sind Sie sicher vor störenden Einflüssen und können so Ihre magische Kraft besser konzentrieren.

Wenn Sie mit dem Gesicht nach Osten stehen, ist Süden rechts von Ihnen – Sie drehen sich also im Uhrzeigersinn.

Stellen Sie fest, wo die Himmelsrichtungen liegen, wenn nötig mit einem Kompass. Aber auch ein Blick auf den Sonnenstand gibt Ihnen Aufschluss darüber.

Um den magischen Kreis zu ziehen, zünden Sie eine Kerze an und, wenn Sie mögen, auch etwas Räucherwerk. Stellen Sie sich mit dem Gesicht nach Osten. Grüßen Sie mit Ihren eigenen Worten die Kräfte des Ostens, der aufgehenden Sonne, und bitten Sie sie, bei Ihnen zu sein. Drehen Sie sich dann nach Süden, und grüßen Sie die Kräfte des Südens, der Mittagssonne, dann grüßen Sie die Kräfte des Westens, der sinkenden Sonne, und schließlich die Kräfte des Nordens, der Mitternachtssonne. Sie können den Gruß laut aussprechen oder nur in Gedanken formulieren, in jedem Fall haben Sie auf diese Weise einen schützenden Kreis um sich gezogen.

Wenn Sie sich etwas tiefer in Symbole und Analogien eingearbeitet haben, werden Sie diese schlichten Grußformeln wahrscheinlich erweitern wollen. Dichten Sie, singen Sie, schmücken Sie die vier Richtungen mit Kerzen und Blumen. Je intensiver Sie die Kräfte anrufen, desto fester ist der Kreis. Solange der Kreis geschlossen ist, verlassen Sie ihn nicht, und niemand anderes sollte ihn betreten. Ausgenommen davon sind kleine Kinder und Tiere:

An einem dunklen Herbstabend wollte ich ein Ritual unter der alten Weide in unserem Garten durchführen und hatte den schützenden Kreis mit vielen schönen Bildern

Während einer magischen Handlung sollte der magische Kreis von niemandem überschritten werden. Aber wie für jede Regel gibt es auch für diese Ausnahmen...

beschworen. Ich machte mich gerade an die Anrufung der Kraft, und als ich bei den Worten war: »... auch fordert sie kein Opfer, denn sie ist die gütige Mutter...«, kam mein Kater mit einer Maus im Maul in den Kreis marschiert und legte mir eben dieses Opfer zu Füßen. Anschließend setzte er sich zu mir und verfolgte andächtig den Fortgang der Handlung, die durch mein heftiges Kichern etwas an Feierlichkeit verlor. Es hat dem Zauber nicht geschadet, der Wunsch ist in Erfüllung gegangen.

Magie ist eben ein heiterer Weg, und über das, was wir wahrhaft verehren, dürfen wir auch lachen. Später, wenn Sie Ihre magische Handlung im Kreis beendet haben, lösen Sie ihn wieder auf. Das geht am einfachsten, wenn Sie sich noch einmal von Osten nach Norden drehen und sagen oder denken: »Der Kreis ist aufgehoben!«

Die Ebenen des Bewusstseins

Um Magie zu wirken, müssen Sie den Zugang zu den Quellen Ihres Unbewussten finden. Denn ein Zauber ist ein symbolischer Akt, der in einem tieferen Bewusstseinszustand ausgeführt wird.

Unsere Umwelt, die das Tagesbewusstsein höher schätzt als die dunklen Bereiche des Unbewussten, der Intuition und des verborgenen Wissens, hat uns Normen und gesellschaftlich »richtige« Verhaltensweisen vorgeschrieben, so dass wir den Kontakt zu den verborgenen Kraftquellen weitgehend unterdrücken. Verloren haben wir ihn nie, wir nutzen nur diese Kanäle oft nicht mehr.

Wir haben drei Stufen des Bewusstseins: das Tagesbewusstsein, das Unterbewusstsein und das Überbewusstsein.

Drei Stufen des Bewusstseins – das Tagesbewusstsein, das Überbewusstsein und das Unterbewusstsein – leiten uns durch unser Leben. Das Unterbewusstsein ist uns nicht unmittelbar zugänglich. Wenn man das Unterbewusstsein aber beispielsweise unter Hypnose befragt, reproduziert es das dort gespeicherte Wissen.

Die drei Stufen des Bewusstseins lassen sich sehr schön im Bild des Baumes darstellen.

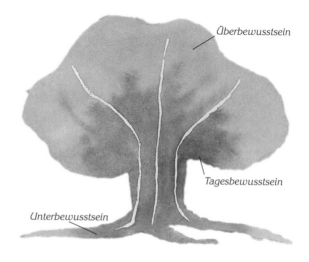

Alle drei können wir nutzen. Es ist das Tagesbewusstsein, das Sie ohne zu stolpern die Straße überqueren, die neue Fensterdekoration Ihrer Lieblingsboutique wahrnehmen oder das neue Auto Ihres Nachbarn registrieren lässt. Sie können sich anschließend daran erinnern, dass die Blusen rot waren und das Auto schwarz. Woran Sie sich nicht erinnern können, sind die drei Frauen, die an Ihnen vorbeigingen, als Sie Ihre Nase ans Schaufenster drückten, und an das Taxi, das vorbeifuhr, als Sie sich andächtig in dem glänzenden Lack des Sportwagens spiegelten. Ihr Unbewusstes hat es aber bemerkt. Werden wir etwas genauer: Das Unterbewusstsein ist die Ablage der Informationen, die Sie nicht bewusst aufgenommen haben. Oft kocht der Inhalt dieses Speichers in unseren Träumen hoch. Das ist lästig, wenn sich dort verdrängte, unsympathische Inhalte befinden. Sie können zu Alpträumen und irritierenden Angewohnheiten führen.

Aber stellen Sie sich jetzt bitte nicht vor, dass Ihr Unbewusstes nur eine Art geistiger Müllkippe ist, wo alles Unbrauchbare verstaut wird. Es ist auch die Heimat Ihres inneren Kindes, das intuitiv der Welt begegnet und dennoch so klug ist. Zu ihm finden Sie Kontakt, wenn Sie es mit Bildern locken, mit Spielen, mit Lachen und mit offenen Gefühlen. Es belohnt Sie mit größerer Sensitivität und besserem Einfühlungsvermögen.

Im Unbewussten wartet auch Ihr innerer Führer, der weise Begleiter, der Ihr Schicksal bestimmt. Er ist der Sprecher Ihrer Seele, die sich auf den Weg gemacht hat, durch Ihr jetziges Leben näher zu ihrem göttlichen Ursprung zu gelangen. Manchmal wird dieser innere Führer auch das Überbewusste genannt.

Sie sehen, die drei Ebenen des Bewusstseins sind wie ein Baum aufgebaut. In der Tiefe gründet das Unbewusste, dort spielt das innere Kind im Netz der Wurzeln. Der Stamm, der fest auf dem Boden der Realität steht, ist das Tagesbewusstsein, mit dem Sie Ihr tägliches Leben bewältigen. Darüber erhebt sich das Geäst hoch in den Himmel. Von dort kommen die Weisungen Ihres inneren Führers.

> Nicht nur unser persönliches Bewusstsein, nämlich unsere Gedanken, unser Wissen und alle unsere Erfahrungen, stehen uns zur Verfügung, sondern auch das kollektive Bewusstsein der ganzen Gattung der Menschheit.

Das kollektive Unbewusste

Das sind die drei Ebenen Ihres Selbst, aber darüber hinaus gibt es noch das kollektive Unbewusste. Es ist das Bewusstsein, das eine Gruppe von Menschen gemeinsam hat, beispielsweise eine Familie. Es sind ihre gemeinsamen Erinnerungen, die einer anderen Gruppe, etwa einer anderen Familie, nicht eigen sind. Aber darüber hinaus hat auch jede Nation ein eigenes Bewusstsein. Und auf einem noch höheren Niveau haben es alle Menschen miteinander.

Gemeinsame Erlebnisse vereinen eine Gruppe, wie z.B. eine Familie.

Das Unbewusste in seinen verschiedenen Aspekten ist eine der wichtigsten Quellen für magische Kräfte. Wir lernen auf dem Weg zur Magie, wie man sich mit ihm verständigt, es pflegt und nutzt.

Persona – die Maske

Die Begriffe »Person« und »Persönlichkeit« leiten sich vom griechischen Wort »persona« ab. Im griechischen Theater der Antike war »persona« die Maske, die die Schauspieler trugen, um ihre Rolle zu verkörpern.

Wir haben jetzt zwischen Bewusstem und Unbewusstem unterschieden, eine andere Unterscheidung ist die zwischen dem »Ich« und dem »Selbst«. Natürlich sagen Sie mit gutem Recht: »Ich bin ich selbst und nicht zwei unterschiedliche Teile.« Aber es ist notwendig, das einmal näher zu untersuchen.

Wir alle wirken nach außen. Wir kleiden uns, manchmal verkleiden wir uns, um einen Eindruck zu hinterlassen. Wir kleiden uns auch in Haltung und Worte, in Handlungen und Gesten, um anderen ein Bild von uns zu vermitteln. Manche dieser Rollen sind uns dabei auf den Leib geschneidert, andere sind schwer zu spielen und leicht zu durchschauen. Es spricht nichts gegen diese Verkleidung, sie ist Schutz und manchmal Spaß, manchmal Rüstung, manchmal Pose – solange wir wissen, dass wir unser wahres Selbst hinter einer Maske verbergen. Aber wir spielen diese Rollen nicht nur bewusst gegenüber anderen, sondern wir spielen sie unbewusst auch vor uns selbst. Häufig ungemein überzeugend. Eine der scheußlichsten Rollen, die wir uns selbst gegenüber spielen, ist die des Verlierers. Oder die des ewigen Gewinners. Wir tragen Masken – wie die Schauspieler im griechischen Theater.

Übung: Rollen spielen
Als Kind haben Sie wahrscheinlich in Mutters Kleiderschrank eindringen dürfen und viel Spaß am Verkleidenspielen gehabt. Machen Sie sich den Spaß heute noch einmal – spielen Sie mit Ihrem eigenen Kleiderschrank.

Durchforsten Sie ihn nach »Verkleidungen«. Finden Sie den Vamp? Oder die erfolgreiche Führungskraft? Den Sportler? Die brave Tochter, bei Mutter zu Besuch? Den coolen Macho? Das jugendliche Diskogirl? Sortieren Sie Ihre Kleidung nach Rollen, und tragen Sie diese Rollen in Ihr magisches Tagebuch ein.

Gibt es unter Ihren Kleidungsstücken Karnevalskostüme? Welche Rolle haben Sie denn da gespielt? Bei welchen haben Sie sich wohl gefühlt, wobei kamen Sie sich närrisch vor? Welche Kostüme würden Sie heute nicht mehr wählen?

Tragen Sie auch das ein, und bewerten Sie alles unter dem Gesichtspunkt, welche der Rollen Ihnen Spaß machen und welche nicht. Vielleicht fällt etwas für die nächste Altkleidersammlung ab, vielleicht möchten Sie eine neue

Rolle übernehmen. Wie wäre es mit dem sternenbestickten Umhang des Magiers oder einem Hexenhut? Welches Gewand würden Sie wirklich gerne tragen und haben sich noch nie getraut, es sich anzuschaffen?

Beschreiben Sie es, malen Sie es oder stellen Sie es sich einfach vor, und finden Sie dann heraus, welche Rolle Sie darin spielen. Oder wären Sie darin ganz Sie selbst?

Die Rollen, die Sie gerne spielen möchten, sagen viel über den derzeitigen Stand Ihrer Persönlichkeitsentwicklung und Ihrer Sehnsüchte aus!

Das Selbst – Magie hinter der Maske

Hinter der Maske sitzt Ihr Selbst. Und genau das müssen Sie kennen lernen. Dazu gehört auch, Rollen vor sich selbst abzulegen und in das nackte Gesicht zu schauen. Das Selbst ist die Traurigkeit hinter der Clownsmaske, das Lachen hinter der steifen Würde, das Lächeln unter der strengen Miene, die Angst hinter den großen Worten, die Liebe hinter dem vorwurfsvollen Blick.

Wenn wir zu intensiv unsere Rollen spielen, schieben wir

Es kann großen Spaß machen, sich zu verkleiden und hinter prächtigen Masken verborgen zu einer anderen Persönlichkeit zu werden.

das Selbst in den Hintergrund und die Maske nach vorne. Wenn beide unterschiedliche Interessen haben, befinden wir uns in einer Zwickmühle, die bis zur »Selbst«-Zerstörung gehen kann.

Das Selbst ist es, das Magie bewirkt, nicht die Person. Wenn Ihre Wünsche nicht mit dem Selbst im Einklang stehen, kann die Magie sie nicht erfüllen. Das ist genauso, als ob ein Schauspieler auf der Bühne die Rolle eines Bankangestellten spielte. Er kann Ihnen nicht wirklich Geld vom Konto auszahlen. Das kann nur der echte Bankangestellte.

Nicht alle inneren Kräfte, die in uns schlummern, können wir ohne weiteres anwenden. Sie müssen erst geweckt und von den Ablagerungen und Verkrustungen der Zivilisation befreit werden.

Innere Kräfte wecken

Was wir hier entwickeln wollen, ist der Kontakt zu den ungenutzten Kräften in uns. Es kann sein, dass Sie dadurch später gewisse ASW-Fähigkeiten (**A**ußer**S**innliche **W**ahrnehmung) entwickeln. Diese Wahrnehmungen, die nicht über unsere bekannten Sinnesorgane Augen, Ohren, Nase, Zunge, Tastsinn laufen, sondern ganz einfach da sind, gibt es. Allerdings sind sie von Zivilisationsmüll und gesellschaftlichen Regeln fast völlig zugeschüttet worden. Dennoch ist bei den meisten Menschen die Fähigkeit, mit mehr als den »offiziellen« Sinnesorganen Informationen aufzunehmen, noch immer rudimentär vorhanden. Das erste Ziel ist jedoch, das Tor zu öffnen, damit Sie Zugang zu den tieferen Schichten Ihres Unbewussten bekommen, und nicht, Sie zu einem okkulten Medium auszubilden.

Mediale Fähigkeiten

Es gibt natürlich Menschen, die bereits ASW-Fähigkeiten besitzen (oder nie verloren haben). Schauen Sie selbst zu-

Die riesigen Menhirkreise und -reihen der prähistorischen Zeit strahlen noch heute große Kraft und Energie aus. Sie schaffen magische Orte.

rück, und erinnern Sie sich, ob Sie nicht auch schon einmal Gedanken eines anderen gelesen haben, einen kurzen Einblick in vergangenes oder zukünftiges Geschehen hatten, die Ausstrahlung eines Ortes oder eines Menschen gespürt haben. Bestimmt haben Sie schon einmal einen Raum betreten und sofort gespürt, dass die sprichwörtliche »dicke Luft« herrscht, obwohl alle völlig normalen Beschäftigungen nachgehen. Tragen Sie derartige Ereignisse in Ihr magisches Tagebuch ein, und achten Sie zukünftig darauf, wenn Sie solche Momente erleben. Denn es scheint so zu sein, dass sich der menschliche Geist über die Grenzen von Zeit und Raum hinaus bewegen kann. Es gibt auch angeborene Begabungen auf dem Gebiet der ASW, und jemand, der häufig unkontrollierte Einblicke in andere Welten hat, ist sicher nicht zu beneiden. Stellen Sie sich vor, wie entsetzlich es ist, einen netten Menschen kennen zu lernen und bereits beim Händeschütteln zu wissen, morgen hat er oder sie einen schrecklichen Unfall. Es würde Sie sicher befangen machen. Echte Medien müssen lernen, diese Gabe zu kontrollieren, um nicht verrückt zu werden.

Übung: Wie steht es bei Ihnen mit dem Hellsehen?
Fertigen Sie sich aus farbiger Pappe oder Papier fünf unterschiedliche Karten an, und kleben Sie diese auf weiße Postkarten, so dass sie von der Rückseite her neutral weiß sind. Mischen Sie die Karten, und ziehen Sie eine verdeckt heraus. Versuchen Sie spontan die Farbe zu benennen, und notieren Sie dann, welche es wirklich war. Wiederholen Sie dies, solange es Ihnen Spaß macht, und zählen Sie dann die Treffer zusammen. Eine 20-prozentige Trefferquote entspricht der normalen Wahrscheinlichkeit. Was darüber liegt, ist zwar nicht anormal, fällt aber schon auf.

Eine andere Möglichkeit ist es, dieses Spiel mit einem Partner zu spielen. Lassen Sie Ihr Gegenüber die Karten mischen und mit der Rückseite zu Ihnen auffächern. Ihr Partner soll Ihnen dann in Gedanken die Farbe schicken, die Sie ziehen sollen. Aufschreiben und auswerten. Was über 20 Prozent liegt, spricht für eine telepathische Beziehung. Sie können auch andere Tests machen, etwa Reihenfolgen erraten oder Zweierkombinationen finden. Wenn Sie ein gutes Farbempfinden haben, können Sie auch versuchen, mit geschlossenen Augen die farbigen Oberflächen der Karten zu erkennen. Aber seien Sie bitte nicht enttäuscht, wenn Sie keine ungewöhnlichen Ergebnisse erzielen. Sie üben ja noch und müssen im Zweifelsfall noch eine ganze Menge Schutt wegräumen, um an die Quelle dieser Fähigkeiten zu gelangen.

> Im Spiritismus bezeichnet man einen Menschen als Medium, der als Vermittler zwischen der Realität und der Welt der Geister wirkt. Unkontrollierte mediale Fähigkeiten können zu schweren seelischen Belastungen führen.

Pendel und Wünschelrute

Wir verlassen jetzt kurz den Bereich der Hellsichtigkeit und gehen an ganz praktische Verfahren, bei denen Ihre inneren Kräfte in Aktion treten. Pendel und Wünschelrute sind von der Anwendung her zwei sehr ähnliche Geräte. Beide können eingesetzt werden, um etwas zu finden. Das Pendel kann darüber hinaus auch noch persönliche Fragen beantworten.

Mit Hilfe von Pendel und Wünschelrute gelingt es, Informationen aus dem Unbewussten sichtbar zu machen. Die beiden Hilfsmittel wirken wie Verstärker von Mitteilungen des Unterbewusstseins.

Das Pendel

Pendel sind kleine Gewichte, die frei beweglich an einer Kette oder einem Faden hängen. Woraus dieses Gewicht besteht, ist eher abhängig von seinem Einsatz als von magischen Grundsätzen. Es spielt für Sie, wenn Sie ungeübt in der Anwendung sind, eine Rolle, wie Ihnen das Pendel gefällt. Oder noch besser, wie es Ihrem inneren Kind gefällt, denn das spielt damit. Also nehmen Sie etwas Hüb-

Die Wünschelrute gerät scheinbar von selbst in Schwingung. Ihre Bewegungen verstärken Regungen des Unterbewusstseins.

sches zur Hand, das zwischen 20 und 50 Gramm wiegt und eine Spitze nach unten hat. Das kann im einfachsten Fall ein Schlüssel sein, es kann eine von einer Nähnadel durchstoßene Zauberhasel sein, ein Schmuckanhänger oder ein Kristall. Befestigen Sie eine dünne Kette oder einen Faden an einem Ende. Jetzt brauchen Sie nur noch ein Stück Papier, auf das Sie mit einem Stift ein etwa zehn Zentimeter großes Kreuzzeichen malen.

Schon können Sie anfangen. Sie nehmen das Pendel in eine Hand zwischen Daumen und Zeigefinger, so dass es ungefähr zehn Zentimeter herabhängt. Die Spitze sollte über der Mitte des Kreuzes hängen und sich nicht bewegen. Unterstützen Sie notfalls die haltende Hand mit der anderen. Atmen Sie ein paar Mal tief ein, versetzen Sie sich in eine leichte Trance, und bitten Sie Ihr inneres Kind, Ihnen zu helfen.

Sie müssen dem Pendel entlocken, welche Bewegungen es machen will, wenn es »Ja«, »Nein« oder »Weiß nicht« meint. Dazu stellen Sie ihm eine ganz eindeutige Frage. Das Einfachste ist es, nach dem eigenen Namen zu fragen. Stellen Sie also in Gedanken die Frage: »Heiße ich (Ihr Name)?« Warten Sie einen Moment, seien Sie nicht ungeduldig mit sich. Das Pendel wird nach einer Weile ganz leicht zu schwingen beginnen. Die Richtung kann rechts-links oder vorne-hinten oder gar im Kreis sein. Das ist bei jedem Menschen unterschiedlich, es kann sogar von Mal zu Mal unterschiedlich sein.

Als Nächstes lassen Sie das Pendel »Nein« antworten, indem Sie fragen: »Heiße ich Augusta?«, sofern Sie nicht wirklich Augusta heißen. Das Pendel ist sozusagen ein Verstärker Ihres Unbewussten. Winzig kleine Bewegungen Ihrer Finger, die Sie überhaupt nicht wahrnehmen, setzen

Das Geheimnis des Pendels besteht darin, dass es Bewegungen überträgt, die bewusst nicht wahrgenommen werden können. Es beantwortet Fragen an das Unterbewusste mit »Ja«, »Nein« oder »Weiß nicht«. Dazu muss es erst einmal geeicht werden.

es in Bewegung. Sie können nun mit dem Pendel alles das erfragen, was Sie Ihrem Unbewussten entlocken möchten. Spielen Sie damit, es macht Spaß. Aber machen Sie sich nicht abhängig und befragen nun ständig das Pendel, ob Ihnen der rote Pulli besser steht als der grüne oder was Sie zu Abend essen sollen. Fragen Sie auch nicht nach zukünftigen Ereignissen, hier hört die Macht des Pendels auf. Aber wenn Sie etwas suchen, das Sie verlegt oder verloren haben, dann ist ein Pendel sehr nützlich. Notieren Sie Ihre Ergebnisse im Pendeln auch in Ihrem magischen Tagebuch.

Wünschelruten können Sie selbst ganz einfach herstellen oder auch käuflich erwerben.

Die Wünschelrute

Sie können sich eine Wünschelrute selbst ganz einfach herstellen. Sie brauchen lediglich zwei dünne Metallbügel dazu, wie sie häufig von Reinigungen mitgegeben werden. Sie schneiden Sie ab und biegen das kurze Ende rechtwinklig nach unten.

Dann brauchen Sie zwei Papprüllchen im Durchmesser von einem Zentimeter, etwa acht bis zehn Zentimeter lang. In diese Röhrchen stecken Sie das kurze Ende der Bügel und fassen sie je mit einer Hand. Halten Sie die Arme entspannt angewinkelt, so dass die beiden Rutenarme parallel nach vorne abstehen. Dann nehmen Sie sich vor, eine Wasserleitung im Haus zu finden. Gehen Sie langsam und unverkrampft durch die Wohnung. Entweder die Bügel kreuzen sich, oder sie gehen weit auseinander. Sie werden Mühe haben, die Bügel wieder in eine parallele Stellung zu bringen. Wie auch das Pendel wirkt die Rute als Verstärker unbewusster Wahrnehmungen.

Auf einen Blick

◉ Grenzen Sie sich bei Ihrer magischen Arbeit räumlich und zeitlich vom Alltagsgeschehen ab.

◉ Führen Sie ein magisches Tagebuch, und halten Sie darin die Rückschau auf Ihr Leben und Ihren magischen Weg fest.

◉ Synchronizität nennt man eine Gleichzeitigkeit von Dingen oder Ereignissen, die nicht ursächlich miteinander verbunden sind, aber zusammen auftreten.

◉ Analogien verbinden unterschiedliche Dinge über eine Gleichartigkeit des Prinzips. Ein Symbol hat immer mehrere Bedeutungen.

◉ Magie ist der Kontakt zu den ungenutzten Kräften in uns.

Techniken der Bewusstseinserweiterung

Wir brauchen, um Magie zu wirken, nicht unbedingt spektakuläre ASW-Begabungen, wir müssen nur eine verbesserte Wahrnehmung entwickeln und die Fähigkeit, nach innen zu lauschen. Wie schon gesagt, haben wir ein Tagesbewusstsein, das uns hilft, uns in der materiellen Umgebung zurechtzufinden. Was wir versuchen wollen, ist, unsere Wahrnehmung auch auf die Bereiche des Unbewussten auszudehnen. Ihr inneres Kind will geweckt werden, damit es mit Ihnen spielen kann.

Die folgenden Übungen sollen Sie in näheren Kontakt mit Bildern und Kräften bringen, die später dann in den magischen Handlungen eingesetzt werden können. Die Voraussetzungen erscheinen Ihnen sicher einfach, verlangen aber eine gewisse Konsequenz bei der Durchführung.

Bei allen diesen Übungen gilt grundsätzlich: Abschalten! Bitte nehmen Sie das wörtlich, und schalten Sie alle störenden Geräte wie Fernseher, Radio, Computer und sonstige Elektrogeräte ab, auf die Sie verzichten können. Nichts soll Sie jetzt durch Störungen ablenken. Und noch ein Hinweis: Wenn Ihnen eine Übung unangenehm ist oder bedrohlich erscheint, brechen Sie sie ab. Manchmal ist man noch nicht bereit, sich den Bildern zu stellen, die dabei auftreten können.

Setzen Sie sich selbst nicht unnötig unter Druck: Wenn eine Übung nicht auf Anhieb funktioniert, macht es auch nichts. Es sind zwar schon Meister vom Himmel gefallen,

Fangen Sie an, mit Ihrem inneren Kind zu spielen, das im Unbewussten wohnt. Es fühlt sich schon viel zu lange vernachlässigt und wartet darauf, endlich von Ihnen beachtet zu werden.

Bild links: Eine Möglichkeit der Bewusstseinserweiterung ist die Anrufung der Geister.

beispielsweise Buddha oder Jesus, aber wenn Ihnen jemand erzählt, Sie müssten bereits nach einer Woche zum erfahrenen Astralreisenden werden, dann ist das einfach übertrieben. Solche Dinge brauchen ihre Zeit. Die Ergebnisse Ihrer Übungen sollten Sie in Ihrem magischen Tagebuch festhalten. Einmal, um Ihre Erfolge nachvollziehen zu können und die Methoden herauszufiltern, die Ihnen den größten Nutzen gebracht haben. Zum anderen aber auch, um die ungemein spannende und abenteuerliche Reise durch die Landschaften Ihres Inneren zu dokumentieren und später nochmals nachvollziehen zu können.

Visualisierung

Die wirklich wichtigste Fähigkeit, die notwendig ist, um erfolgreich Magie zu betreiben, ist die Kunst des Visualisierens. Sie ist die Basis der Magie. Der Begriff des Visuali-

Versuchen Sie, die Pracht und leuchtende Farbe der Sonnenblumen vor Ihrem inneren Auge erstehen zu lassen.

sierens ist bereits ein paar Mal gefallen. Visualisieren oder auch Imaginieren bedeutet, etwas sichtbar zu machen, sich ein Bild von etwas zu machen. Das ist eine Fähigkeit, die jeder Mensch hat. Allerdings ist sie bei jedem mehr oder weniger stark entwickelt. Testen Sie sich. Schließen Sie die Augen, und stellen Sie sich einen roten, reifen Pfirsich vor. Haben Sie ihn gesehen? War er auch rot?

Wenn das nicht geklappt hat, dann schauen Sie sich das Foto links unten an. Schließen Sie dann die Augen, und versuchen Sie sich an das Bild zu erinnern. Sehen Sie die gelben Sonnenblumen? Sie können Ihre Vorstellungskraft trainieren, indem Sie immer wieder Bilder betrachten und sie sich dann so genau wie möglich mit geschlossenen Augen vorstellen. Vorstellen bedeutet mehr als sehen!

Wenn es Ihnen gelingt, stellen Sie sich noch einmal den roten Pfirsich vor. Gehen Sie jetzt noch einen Schritt weiter, und ergänzen Sie die Vorstellung um das Gefühl, das Sie haben, wenn Sie ihn vom Baum pflücken. Halten Sie ihn in der Hand. Die Haut ist sonnenwarm, samtig, nachgiebig, fast menschlich. Schnuppern Sie an dem Pfirsich. Riechen Sie das fruchtige Aroma? Jetzt beißen Sie hinein, Sie haben den ganzen Mund voll mit weichem, süßem, saftigem Fruchtfleisch. Vorsicht, es tropft ja schon Ihr Kinn hinunter!

Die wichtigste Technik der Magie, die in vielen Fällen erst gelernt werden muss, ist die Kunst des Visualisierens. Damit wird die Fähigkeit bezeichnet, sich einen Gegenstand mit großer Deutlichkeit und Plastizität vorzustellen, ihn vor dem inneren Auge zu imaginieren.

Entspannung und Meditation

Viel ist über Meditation geschrieben worden, ganze Lehrbücher beschäftigen sich mit den unterschiedlichen Techniken und Haltungen, Atmungsrhythmen und Mantras. Lassen Sie sich nicht verwirren, jeder Mensch entwickelt

Meditation bedeutet nichts anderes als den Geist zur Ruhe kommen zu lassen. Meditationsübungen werden inzwischen auch in der Medizin empfohlen, um Heilungsprozesse zu unterstützen.

seine eigene Technik, um seinen Geist in Ruhe zu bringen. Diese Meditationsübungen dienen der Geisteskontrolle, um sich vom hektischen Auf und Ab der Gefühle und Gedanken zu lösen.

Es nützt Ihnen nichts, Ihre Beine in den korrekten Lotussitz zu quälen und unter Schmerzen zu versuchen, den Strom der Gedanken versiegen zu lassen. Wenn Sie gelenkig genug sind, machen Sie es, wenn nicht, gibt es bequemere Stellungen.

Den Begriff des Meditierens wollen wir hier auch nicht als das Versenken in das Nichts und die darauf folgende Erleuchtung verstehen, wie es Ihnen vielleicht von den östlichen Philosophien bekannt ist, sondern als eine Methode, den Geist ruhig werden zu lassen, um im Zustand der Ruhe den Kontakt mit den tieferen Schichten unseres Bewusstseins aufnehmen zu können.

Letztlich ist es eine Form des entspannten Nachdenkens über Fragen und Probleme, wobei wir auf einen Speicher zurückgreifen, der uns in der Hektik des Alltags meist verschlossen bleibt. Dabei ist es durchaus möglich, dass in den aufkommenden Assoziationen zu einem Thema ein plötzliches »Aha-Erlebnis« auftritt. Es »erleuchtet« dann das Problem. Nutzen Sie diese verborgenen Schätze, die in Ihnen schlummern.

Raum und Zeit

Bevor Sie zu diesen Schätzen abtauchen, noch ein paar selbstverständliche Vorbereitungen:

Nehmen Sie sich Zeit. Ziehen Sie bequeme Kleidung an. Suchen Sie sich einen Raum, den Sie ganz für sich alleine haben. Hängen Sie ein Schild »Bitte nicht stören!« an die Tür.

Es ist für den Anfang leichter, in eine meditative Stimmung zu finden, wenn der Raum verdunkelt ist. Andererseits gilt auch hier, was ich schon zum Schaffen des magischen Raumes gesagt habe – wenn Sie die Möglichkeit haben, zum Meditieren einen einsamen Platz in der Natur zu finden, ist das wundervoll. Sie werden merken, wie beruhigend es auf die ständig plappernden Gedanken wirkt, wenn leises Blätterrascheln, gleichmäßiges Wellenrauschen, das sanfte Wispern des Windes im Gras oder der Duft von blühenden Hecken Sie umgibt. Achten Sie aber, bevor Sie sich niederlassen, auf Ameisenhaufen oder Wespennester, denn schmerzhafte Insektenstiche verleiden jede Meditation.

Eine symbolische Handlung, die Sie selbst erfinden können, hilft Ihnen, Ihre Gedanken vom Alltagsgeschehen zu lösen, und erleichtert den Einstieg in die Meditationsübung.

Ritual

Natürlich ist es nicht so einfach, direkt aus dem Tagesgeschehen in eine erholsame Entspannung oder gar Meditation zu gleiten. Unsere Gedanken und Gefühle arbeiten in uns und turnen wie Hamster im Laufrad herum. Eine symbolische Handlung, die Sie immer vor der Übung in gleicher Form wiederholen sollten, hilft Ihnen, sich vom Alltag zu distanzieren.

Wenn Sie im Haus sind, hilft ein kleines Ritual, sich vom Tagesgeschehen abzugrenzen. Erfinden Sie es selbst, wenn Sie möchten. Vielleicht zünden Sie eine Kerze an und geben ein paar Tropfen Lavendelöl in eine Duftlampe. Es können auch Räucherkegelchen sein, oder Sie haben sogar einen Vorrat an Räucherwerk. Nehmen Sie einen Duft, der Ihnen angenehm erscheint.

Wenn Sie im Freien meditieren, reicht meist schon der Weg zu Ihrem stillen Platz aus, um sich vom Tagesgeschehen frei zu machen. Nichts ist der Vorbereitung zur Meditation dienlicher als ein forscher Spaziergang.

Haltung

Suchen Sie sich den Platz, an dem sie meditieren wollen, und breiten Sie dort eine Decke oder ein Kissen aus. Es ist, wie gesagt, zunächst einmal gleichgültig, in welcher Haltung Sie meditieren, es hat sich aber erwiesen, dass eine gerade gehaltene Wirbelsäule vorteilhaft ist. Das ist im Übrigen immer, auch wenn wir gehen, stehen oder sitzen, günstiger.

Wenn es Sie nicht anstrengt, setzen Sie sich im Schneidersitz auf den Boden, legen die Handrücken auf die Knie und schließen Daumen und Zeigefinger zu einem Kreis. Diese Haltung hat den Vorteil, dass der Rücken gerade bleibt. Sie können sich auch aufrecht auf einen Stuhl setzen und die Hände flach auf die Oberschenkel legen. Achten Sie darauf, nicht zusammenzusacken und einen runden Rücken zu machen. Natürlich können Sie sich auch flach auf den Rücken legen. Bei dieser Übung sollten Ihre

In der Meditation lösen Sie sich von der äußeren Welt los und versenken sich in Ihre inneren Bilder.

Hände auf dem Bauch liegen, so dass sich die Fingerspitzen berühren. Das ist die beste Haltung, um den Atem zu kontrollieren.

Atmung

Richtiges Atmen erscheint Ihnen, wenn Sie nicht schon ähnliche Übungen gemacht haben, zuerst wahrscheinlich schwierig. Versuchen Sie, was hier beschrieben ist, durchzuführen, aber wenn Sie anfangen, sich dabei zu verkrampfen oder sich nicht mehr wohl zu fühlen, lassen Sie es. Es kommt irgendwann ganz von alleine.

Normalerweise atmen wir Zivilisationsbürger leider nur in den oberen Teil der Lunge ein – kurz, unser Brustkorb hebt und senkt sich. Sollten Sie Sport betreiben, werden Sie die Atmung in den Bauch hinein bereits kennen. Sie geht tiefer. Und sie ist beruhigender. Wenn Sie liegen, können Sie das wunderbar beobachten. Die Fingerspitzen, die sich auf dem Bauch berühren, gehen beim Einatmen auseinander, der Bauch wird rund und voll. Beim Ausatmen berühren sich die Fingerspitzen wieder. Versuchen Sie diese Übung auch im Sitzen durchzuhalten.

Noch ein Hinweis: Achten Sie darauf, nicht in die Hyperventilation zu geraten, das ist eine beschleunigte Atmung, die zu Angstzuständen führen kann. Atmen Sie ruhig!

> Eine entspannte Haltung und eine bewusste, richtige Atmung sind wichtige Bestandteile der Meditationsübung. Vermeiden Sie Hyperventilation. Diese zu schnelle Atmung kann zu Panikzuständen führen.

Gedanken

An dieser Stelle beginnt die eigentliche Meditation. Es gibt eine Reihe von Hilfsmitteln, die Gedanken ruhig zu stellen. Probieren Sie aus, was Ihnen am besten gelingt.

● Konzentrieren Sie sich auf das Ein- und Ausatmen, so dass Sie nur Luftstrom sind.

Gehen Sie Ihren eigenen Weg der Meditation. Verschiedene Entspannungstechniken können Ihnen dabei helfen, in einen meditativen Zustand zu gelangen. Welche Methode Ihnen gut tut, wissen Sie selbst am besten.

◉ Konzentrieren Sie sich auf einen Punkt im Raum oder auf die Kerzenflamme.
◉ Konzentrieren Sie sich mit geschlossenen Augen auf einen Punkt über der Nasenwurzel.
◉ Summen Sie ein Mantra.
◉ Versuchen Sie, einfach die Gedanken kommen, aufsteigen und wieder gehen zu lassen, ohne sie festzuhalten.

Irgendwann werden Ihre Gehirnwellen sich auf die so genannte Alphaebene begeben. Das ist der Zustand, den Sie gewöhnlich kurz vor dem Einschlafen haben. Schlafen Sie nicht ein, sondern fühlen Sie die Entspannung. Halten Sie diesen Zustand, so lange Sie mögen, und kommen Sie dann langsam wieder in den Wachzustand zurück. Wenn Sie diese Form der Entspannung beherrschen, können Sie beginnen, dabei Ihr Unbewusstes über Fragen nachdenken zu lassen. Noch einmal, es geht um Entspannung von Körper und Geist, nicht um das zwanghafte Befolgen von Vorschriften. Versuchen Sie nicht, mit Gewalt auf die Alphaebene zu kommen. Jeder findet nach einiger Zeit der Übung seinen eigenen Weg zur Meditation. Falsch ist es übrigens auch anzunehmen, dass Sie sich während der Meditation nicht rühren dürfen. Sie müssen nicht unbeweglich in einer Stellung verharren und mit Gewalt versuchen, das juckende Schienbein zu ignorieren. Nicht die Bewegungslosigkeit macht den Erfolg der Meditation aus. Andererseits ist es so, dass Ihr Körper weniger stark in Ihrem Bewusstsein ist, wenn Sie ganz entspannt dem Fluss des Atems folgen. Dann juckt auch das Schienbein nicht mehr, und Kopfschmerzen pflegen dabei auch zu verschwinden. In Ihr Tagebuch schreiben Sie die Ergebnisse Ihrer Meditation, etwa welche Methode Sie angewendet haben, ob es Ihnen leicht gefallen ist oder ob es einfach nicht klappen wollte, ob Sie eine Lösung zu Problemen oder eine Antwort auf Fragen erhalten haben. Notieren Sie auch die Bilder, die aus Ihrem Unbewussten aufgestiegen sind.

Die vorbereitenden Übungen haben Sie nun hinter sich, jetzt wird es richtig magisch! Sie begeben sich in einen Trancezustand, der die dem Tagesbewusstsein verborgenen Bereiche des Unbewussten öffnet.

Trance – die andere Welt

Die Trance ist eine schlafähnliche Loslösung von der Außenwelt, in der sich Inhalte des Unbewussten zeigen. Vor Trancezuständen haben manche Menschen Angst. Sie verbinden Trance mit Drogenrausch oder Hypnose, in der man gegen seinen Willen beeinflusst werden kann. Das ist unbegründet. Eine Trance kann jederzeit abgebrochen werden. Trance betäubt nicht das Bewusstsein, und Trance macht nicht süchtig.

Eine leichte Trance kennen Sie wahrscheinlich schon. Wenn jemand Sie fragt: »Sag mal, wo warst du nur gerade mit deinen Gedanken?«, dann befanden Sie sich vermutlich in diesem Zustand. Eine leichte Trance wird oft durch monotone Bewegungen oder Geräusche verursacht, aber Sie können sie auch herstellen, wenn Sie Ihren Blick unfokussiert auf einem Gegenstand ruhen lassen. Eine hilfreiche Übung ist das Betrachten von 3-D-Bildern.

Trancetechniken

Es gibt eine große Anzahl von Techniken, sich in Trance zu versetzen. Schamanen aller Völker praktizierten oder praktizieren sie. Darunter gibt es natürlich auch solche Trancen, die durch Drogen verursacht werden. Diese sind für uns nicht relevant!

> Trancezustände sind weder gefährlich noch werden sie ausschließlich von Drogen ausgelöst. Trance ist im uralten Wissen vieler Kulturen verankert. Jeder, der einmal mit seinen Gedanken ganz weit weg war, hat sie schon einmal erlebt.

Eine klassische Methode ist Trommeln und Rasseln. Die eintönigen Rhythmen führen meist sehr schnell zu einem tranceartigen Zustand. Dasselbe gilt für gleichförmige Bewegungen – wer lange und ausdauernd joggt, weiß das. Tanzen führt ebenfalls dazu, hier haben die Derwische die Methode in ihrem Drehtanz verfeinert. Und was in den Diskotheken bei monotonen Beats und Dauertanzen passiert, wird Ihnen hiermit auch erklärlich sein.

Ich möchte Ihnen hier eine Methode zeigen, die weder lautstarkes Trommeln noch ekstatische Bewegung notwendig macht. Sie baut auf der zuvor genannten Entspannungs- und Meditationsübung auf. Diesmal brauchen Sie aber etwas mehr Ritual!

Ritual

Zünden Sie Kerze und Räucherwerk an. Ziehen Sie dann den magischen Kreis um sich, bei dem Sie die Kräfte der vier Himmelsrichtungen zur Unterstützung anrufen, wie im vorherigen Kapitel beschrieben. Jetzt nehmen Sie im Mittelpunkt dieses Kreises die Haltung ein, die sich auch bei den Meditationen bewährt hat, und lassen Ihre Gedanken los.

Orte der Kraft

Stellen Sie sich vor, Sie gehen durch die Tür Ihres Zimmers und befinden sich dann an einer Treppe. Diese Treppe führt nach unten. Zehn Stufen sind es, die Sie ganz bewusst hinabsteigen. Zählen Sie langsam mit von eins bis zehn. Sie gelangen dort an einen Platz, wo Sie alle Probleme der realen Welt ablegen. Gestalten Sie sich diesen Platz so, wie Sie ihn sich wünschen. Wenn es ein blühender Garten ist, dann wandeln Sie auf den verschlungenen

Wegen, erfreuen Sie sich an den duftenden Blumen. Schaffen Sie sich in der Mitte einen Springbrunnen, aus dem kühles Wasser rieselt. Die Tröpfchen schimmern in den Farben des Regenbogens. Setzen Sie sich an den Rand, und spüren Sie den Frieden.

Oder schaffen Sie sich Ihre eigene Höhle. Lassen Sie Kristalle aus den Wänden wachsen, in denen sich das Licht widerspiegelt. Füllen Sie die Höhle mit jeder Bequemlichkeit, die Sie sich wünschen. Fühlen Sie die Ruhe dieser warmen, dämmerigen Stätte. Auch einen Platz tief in einem schattigen Wald können Sie sich schaffen, dort, wo zwischen majestätischen Baumstämmen weiches Moos zum Ausruhen einlädt, wo eine kleine Quelle zwischen schwankenden Farnwedeln sprudelt und in der Stille nur die Blätter rauschen. Ruhen Sie an Ihrem ganz persönlichen Platz aus, und nehmen Sie die Kraft auf, die Ihnen aus der Stille erwächst. Hier hat Zeit keine Bedeutung mehr, hier sind die Tagesprobleme nicht mehr wichtig. Hier müssen Sie niemandem etwas beweisen, es werden keine Forderungen an Sie gestellt. Sie dürfen Sie selbst sein, ohne Maske. Nicht schön, nicht hässlich, nicht arm, nicht reich. Nur Sie selbst. Wenn Sie sich ausgeruht haben, kehren Sie zu der Treppe zurück und steigen bewusst Stufe für Stufe wieder nach oben. Zählen Sie dabei rückwärts von zehn bis eins. Treten Sie wieder durch die Tür in Ihr Zimmer, und verschmelzen Sie wieder mit der Person, die dort auf Sie wartet. Öffnen Sie langsam die Augen. Lösen Sie nun den magischen Kreis auf.

Mit ein wenig Übung können Sie so auch in kurzen Pausen Entspannung und Erholung finden. Es ist ein direkter Zugang zu Ihren inneren Kraftquellen. Gehen Sie jedes Mal an denselben Ort zurück. Er wird mit der Zeit da-

Anderwelt nannten die Kelten die märchenhafte Welt, in der sich ihre Mythen abspielten. Man erreichte sie entweder über eine Regenbogenbrücke oder über eine Brücke aus Schwertern.

durch immer kraftvoller und schöner. Sie werden neue Details entdecken oder sich schaffen, bis es Ihr ganz privater magischer Zufluchtsort ist, der Ihnen jederzeit offen steht.

Trancereisen

Das Besuchen des privaten Ortes der Kraft ist schon ein großer Schritt zu der nächsten Übung, den Trancereisen. Solche Reisen sind eine hinreißende Art, zwischen den Welten, dieser und der Anderwelt, zu wandern und dort die zauberhaftesten Dinge zu erleben. Es ist ein Film, bei dem Sie selbst in den Handlungsablauf eingreifen können, in dem Sie die Richtung bestimmen, in die Sie gehen, und mit allen Geschöpfen sprechen können, die Sie treffen.

Und trotzdem verlieren Sie nie den Bezug zur Wirklichkeit, wenngleich Sie Ihren Körper nicht oder kaum mehr spüren. In der Trance sind Sie beschützt, denn Ihre Sinneswahrnehmungen sind hellwach und melden jede Gefahr von außen.

Verborgene Ängste

Andererseits muss ich an dieser Stelle eine Warnung aussprechen. Sie begeben sich auf eine Reise in Ihr Inneres, das vermutlich an vielen Stellen Neuland für Sie ist. Dort gibt es auch dunkle Ecken, in denen verborgene Ängste lauern, Ängste, die Sie in Ihrem Tagesbewusstsein ausgeschaltet haben. Es kann Ihnen passieren, dass sie Ihnen als Hindernisse oder gar als Schreckgestalten begegnen. Sie müssen ihnen früher oder später begegnen, doch auch hier sind Sie geschützt, wenn Sie die Regeln befolgen, die man auch in der Tageswelt auf unbekanntem Gebiet einhält:

- Wenn Ihnen jemand begegnet, der Ihnen unsympathisch ist, machen Sie einen Bogen um ihn.
- Gehen Sie keine Wege, die Ihnen unheimlich erscheinen.
- Wenn Sie jemand verfolgt, drehen Sie sich um, und sagen Sie ihm, er solle verschwinden.
- Nennen Sie nie Ihren Namen.

Und noch etwas zu Ihrer Beruhigung: Sie werden einen Führer finden, der Sie beschützt und darüber wacht, dass Sie sich nicht in Kammern verirren, die Sie noch nicht betreten sollten, und nicht in Situationen geraten, die Sie noch nicht bewältigen können. Ihr innerer Führer ist bei Ihnen.

Wenn Sie irgendeine Art von Befürchtung haben, bitten Sie einen guten Freund, während einer solchen Reise bei Ihnen zu sein und Sie, wenn nötig, in die Realität zurückzuholen. Es wird Ihnen ein Gefühl der Sicherheit verleihen, notwendig ist es jedoch nicht, wie Sie sehen werden. Und jetzt nehmen Sie Ihren Mut zusammen, um über den Zaun zu klettern. Haben Sie keine Angst, über den Regenbogen zu gehen und im Reich der Märchen zu wandern. Sie werden alten Bekannten begegnen, den Hirten und Barden, den Prinzen und Piraten, den Königinnen und den weisen Alten. Sie werden sich mit Tieren und Pflanzen unterhalten können, Sie werden mühelos laufen und klettern, schwimmen und vielleicht sogar fliegen können. Es ist keine leere Versprechung, es ist wirklich so wie im Märchen.

Zaunreiterinnen, Hagazussa, wurden in alten Zeiten die weisen Frauen genannt, die den Zaun zwischen den Welten überqueren konnten.

Die Grenzen zum Traum und zum Unbewussten sind fließend. Hinreißende fantastische Welten sind zu entdecken.

Auf Trancereisen begegnen Ihnen Figuren aus Märchen und alten Mythen, die manchmal auch unsympathisch und angsterregend sein können. Wie in der Alltagswelt können auch auf Trancereisen Ängste und Gefahren durch Flucht oder Umgehung unheimlicher Orte gebannt werden.

Der Einstieg in die andere Welt

Nach dem Ritual des magischen Kreises erfolgt der Einstieg wiederum durch eine Tür und die Treppe hinunter. Sie können entweder Ihren Ort der Kraft als Ausgangspunkt nehmen oder einen anderen, aber immer gleichen Ort. Er sollte allerdings an einem Wasser liegen, denn das Wasser ist die Grenze zum Unbewussten. An diesem Ort legen Sie alle Probleme des Tages ab.

◉ Ein Meer brandet an einen weiten, weißen Strand mit Felsklippen, und es wiegt sich grünes Gras auf den Dünen.

◉ Ein gewaltiger Strom fließt majestätisch vorbei, und am Ufer neigt sich geschmeidiges Schilf.
◉ Ein Gebirgssee schimmert inmitten hoch aufragender Felsen bodenlos und blau in der Sonne.

Der innere Führer
Vertrauen Sie darauf, dass jemand kommt, um Sie zu führen. Wer das ist, ob ein Bekannter oder ein Fremder, ein Mensch oder Ihr Schutzengel, das wird sich zeigen. Als ich das erste Mal wanderte, war es eine Katze. Sie sprach nicht mit mir, aber sie lief vorweg und führte mich über alle Hindernisse. Das hat sie aber nur einmal gemacht, seither wartet auf mich ein alter Mann in einem Kapuzenumhang. Ich habe sein Gesicht noch nie gesehen, aber ich weiß, dass er mich anlächelt, wenn ich an meinem Strand ankomme. Lassen Sie sich überraschen, wer sich Ihrer annimmt. Folgen Sie Ihrem Führer, und sollten Sie ihn verlieren, rufen Sie nach ihm.

Die Rückkehr
Wenn Sie umkehren wollen, sagen Sie einfach, dass Sie zu Ihrem Ausgangsplatz zurückwollen. Gehen Sie den gleichen Weg zurück, schließen Sie alle Türen hinter sich, die Sie geöffnet haben, lassen Sie an dem Ausgangsplatz all das liegen, was Sie auf Ihrer Reise erhalten haben, bedanken und verabschieden Sie sich von Ihrem Führer. Steigen Sie langsam die Stufen wieder empor, und zählen Sie dabei von zehn zurück nach eins. Dann treten Sie durch die letzte Tür und befinden sich in Ihrem Zimmer. Lösen Sie den magischen Kreis, den Sie gebildet haben, auf.

Schreiben Sie in Ihr Tagebuch, was Sie erlebt haben.

Ein Ritual sollte immer am Beginn und Ende einer Trancereise stehen, damit Sie wieder in die Alltagswelt zurückfinden. Denn auf Trancereisen kann man die »normale« Zeit leicht vergessen.

Machen Sie es so bald wie möglich, denn das Erlebnis in der anderen Welt verblasst so schnell wie ein Traum. Eine Warnung muss aber ausgesprochen werden: Machen Sie bitte nie derartige Trancereisen, ohne vorher und nachher das Ritual durchgeführt zu haben. Es kann unangenehme Folgen haben, wenn Sie sich im Alltagsgeschehen aus dem Hier und Jetzt entfernen, weil Sie dort, wo Sie dann sind, ein anderes Gefühl für Zeit und Raum haben – und damit auch Pflichten und Verabredungen vergessen können.

Verändern der Realität

Sie mögen sich fragen, wozu diese eher passive Technik für die Magie nützlich ist. Nun, sie ist eine Grundtechnik. Wenn Sie genug Übung haben und sich in Ihren inneren Welten etwas auskennen, werden Sie dort gestaltend eingreifen können. Und damit ist ein entscheidender Schritt getan. Denn indem Sie das Bewusstsein gestalten, verändern Sie die Realität. Der zweite magische Grundsatz, den Sie jetzt lernen, heißt:
  Die Energie folgt den Gedanken.
  In Trance fließt die Energie frei. Wenn Sie mit etwas Übung in der Lage sind, sie zu kanalisieren, sie auf Ihre Gedanken zu fokussieren, dann wirken Sie Zauber.

Träume – Verbindung zu den Symbolen

Der Trance verwandt ist der Traum, sein Vorteil ist, dass Sie das Träumen nicht erst üben müssen. Alle Menschen und auch Tiere träumen – das ist erkennbar an den schnellen Augenbewegungen in der REM-Phase des Schlafes. Allerdings müssen Sie sich an das Geträumte auch erinnern, und das mag hin und wieder schwierig sein. In Traumbüchern wird oft empfohlen, sich Papier und Bleistift ans Bett zu legen und immer, wenn man aus einem Traum aufwacht, sofort alles niederzuschreiben. Ich habe das ausprobiert, aber ich weiß nicht, wie es Ihnen ergeht – ich konnte jedenfalls am Morgen meine »Blindenschrift« nicht mehr entziffern. Ich versuche lieber, den Trauminhalt noch einmal zu rekapitulieren und mir die wichtigsten Bilder einzuprägen. Es gelingt mir anhand dieser Bilder dann auch tagsüber noch, den Traum zurückzuholen. Probieren Sie trotzdem auch die Aufschreibmethode aus. Träume sind die direkte Straße ins Unbewusste, in das eigene und das kollektive. Aber nicht jeder Traum ist gleich wichtig für die Belange der Magie. Versuchen Sie, Ihre Träume entsprechend der nachfolgenden Gliederung zu analysieren und zu trennen.

> Kein Schlaf vergeht ohne Traum, aber nicht jeder Traum hat auch eine Bedeutung für die magische Entwicklung. Wichtige Träume hingegen vergisst man auch nicht, wenn man aufwacht.

Magisch unbedeutende Träume

Da ist einmal die Tagesrestverarbeitung, die große geistige Müllentsorgung. Freuen Sie sich, dass es sie gibt, aber schenken Sie ihr keine besondere Aufmerksamkeit.

Träume, die von äußeren Umständen während des Schlafes angeregt werden, erkennen Sie ebenfalls sehr schnell. Wenn Sie im Traum bibbernd vor der offenen

Kühlschranktür sitzen, dann ist das kein Symbol für Einsamkeit und Gefühlskälte, sondern dann hat Ihr Partner Ihnen schlicht die Decke weggezogen. Weckträume, also solche, die Sie daran hindern, einen wichtigen Termin zu verschlafen, sind eine nette Geste Ihres Unbewussten, und Sie sollten ihm dafür dankbar sein, mit Magie haben sie aber wenig zu tun.

Alpträume

Dann gibt es noch eine unangenehme Art des Träumens, und das sind die Alpträume. Entweder ist es ein Horrortripp aus dem Sie schreiend erwachen, oder Sie erleben die sehr viel widerlicheren Träume, die regelmäßig wiederkehren und Sie beklommen und hilflos aufwachen lassen. Ein solcher Tag fängt dann meist nicht gut an.

Sehr belastend für einen gesunden Schlaf sind Alpträume. Manchmal gelingt es, sie mit Magie zu verscheuchen. Bei lang anhaltenden Problemen mit Alpträumen sollte man allerdings sachkundige professionelle Hilfe in Anspruch nehmen.

Wenn Sie unter solchen Träumen leiden, wenden Sie die Regeln an, die bei der Trancereise unangenehme Begegnungen vermeiden helfen. Rekapitulieren Sie den Traum, und sagen Sie dem, der Sie verfolgt oder unterdrückt, er soll verschwinden. Wenn es Ihnen gelingt, seinen Namen zu erfahren, haben Sie so gut wie gewonnen. Denn was man mit Namen kennt, kann man beherrschen, sagt die Magie! Stellen Sie sich der Situation, die Ihnen Angst macht, und erfinden Sie eine Lösung, die den Traum gut ausgehen lässt. Nicht immer ist die Magie allerdings ein Ausweg. Bei dauerhaften Problemen mit Alpträumen sollten Sie sich nicht scheuen, mit einem Fachmann darüber zu sprechen.

Magische Träume

Für die Entwicklung magischer Fähigkeiten sind die großen Träume, die luziden Träume und die Lehrträume wichtig. Sie erkennen sie daran, dass Sie sie, wenn auch nur in Bruchstücken, behalten und meist das große Bedürfnis verspüren, mit jemandem darüber zu sprechen. Erinnern Sie sich an solche Träume aus Ihrer Vergangenheit? Wenn ja, notieren Sie diese in Ihrem magischen Tagebuch.

Große Träume

An Wendepunkten im Leben erscheint manchmal ein großer Traum. Wenn Sie sich in einem solchen befinden, werden Sie tief beeindruckt sein von den vielen Farben, dem Geschehen, den Erkenntnissen, die Sie erhalten. Wenn Sie versuchen, den Inhalt von Großträumen zu beschreiben, wirken sie oft pathetisch, überladen und manchmal sogar wirr. Im großen Traum sprechen die Symbole ihre machtvollste Sprache, sie sind der unmittelbare Zugang zum kollektiven Unbewussten. Ihre Deutung kann Sie ein Leben lang beschäftigen. Große Träume sind selten. Wenn Sie einen solchen Traum haben, dann hat Ihre Seele in der direktesten Form mit Ihnen gesprochen. Lesen Sie als klassisches Beispiel für einen großen Traum die Offenbarungen des Johannes.

Schreiben Sie auf jeden Fall diesen Traum auf, oder, egal ob Sie das Talent haben oder nicht, malen Sie ihn. Wahrscheinlich werden Sie sowieso das Bedürfnis dazu verspüren.

Große Träume grenzen an das Reich der Visionen, manchmal gehen sie in Literatur oder Kunst ein. In lichten oder luziden Träumen ist sich der Träumer darüber bewusst, dass er sich in einem Traum befindet, und fühlt sich trotzdem in der Realität.

Luzide Träume

Eine weniger spektakuläre, jedoch immer noch sehr bemerkenswerte Art des Träumens ist das luzide, das lichte Träumen, in dem der Träumer weiß, dass er träumt, und dennoch alles völlig wirklich erscheint. Geräusche, Farben, Gerüche, Tastsinn, alles vermittelt den Eindruck, in der realen Welt zu sein, und dennoch können Sie mit Ihren Gedanken Handlung, Raum und Zeit beeinflussen – interaktives Träumen, um ein Modewort zu benutzen. Auch sie können von Symbolen und der Beschäftigung mit magischen Praktiken ausgelöst werden. Manchmal auch von dem Ort, an dem Sie schlafen. Achten Sie vor allem darauf, wenn Sie in alten Häusern mit Vergangenheit übernachten. Es ist durchaus etwas an der alten Volksweisheit dran, dass man seine Träume beobachten soll, wenn man das erste Mal an einem fremden Ort schläft.

Schreiben Sie diese Träume auf jeden Fall auf.

Ein Auslöser für luzide Träume kann die Beschäftigung mit Symbolen und symbolhaften Szenen sein, wie sie in der Magie verwendet werden. Aber auch Meditation oder der Besuch eines Kraftplatzes kann einen solchen Traum bewirken.

Lehrträume

Sie lernen in Lehrträumen vor allem magisches, spirituelles Wissen. Sie erkennen solche Träume daran, dass Sie einen Traumführer haben, der Sie in die Situationen begleitet, die Ihrer gegenwärtigen Lernsituation entsprechen. Oft müssen Sie Prüfungen bestehen oder Aufgaben lösen. Manchmal gehen Sie sogar wieder in die Schule. Ihr Traumführer kann derselbe sein wie der, der Sie auch in der Trance geführt hat. Es können aber auch sehr unterschiedliche Führer sein, menschliche oder märchenhafte Gestalten, sogar Tiere.

Wenn Sie eine Prüfung bestehen, kann es manchmal sein, dass Sie ein Geschenk erhalten. Traumgeschenke sind wertvolle Symbole. Ein Schlüssel beispielsweise sagt Ihnen, dass Sie sich etwas Neues erschlossen haben, ein

Bergkristall, dass Sie eine tiefere Einsicht gefunden haben. Lehrträume sollten Sie auch aufschreiben, denn daran können Sie Ihre Entwicklung erkennen.

Déjà-vu-Erlebnisse und Zukunftsträume

Ein merkwürdiges Phänomen, das Ihnen sicher schon vorgekommen ist, ist das so genannte Déjà-vu-Erlebnis. Sie stellen ganz plötzlich fest: »Hier war ich doch schon mal«, obwohl Sie ganz gewiss noch nie in Ihrem Leben an diesem Ort waren. Oder Sie haben das deutliche Gefühl: »Das habe ich doch schon mal erlebt, gleich passiert das und das...!« Sind solche Vorgänge Erinnerungen an die Zukunft?

Schwer zu sagen. Es ist durchaus möglich, dass Sie die besagte Situation zuvor im Traum gesehen haben. Wenn sich solche Déjà-vu-Erlebnisse anfangen zu häufen, sollten Sie auf jeden Fall noch intensiver auf Ihre Träume achten.

> Jeder hat es schon einmal erlebt, und trotzdem gibt es keine zufrieden stellende Erklärung für das Phänomen – gemeint sind Déjà-vu-Erlebnisse. Das Wort kommt aus dem Französischen und bedeutet »schon gesehen«.

Traumdeutung

Grundsätzlich muss man seine Träume immer im Zusammenhang deuten, es macht wenig Sinn, sich nur ein Symbol herauszupicken, um damit den Inhalt zu verstehen. Eine Treppe bedeutet nicht nur stufenweisen Wandel, sie kann nach oben oder nach unten führen. Nach unten bedeutet sicher nicht Abstieg, wenn Sie wie eine Diva im Abendkleid den roten Teppich hinunterrauschen. Verbinden Sie das Symbol mit dem Gefühl, das Sie beim Aufwachen haben. Versuchen Sie, offensichtliche Tagesrestbilder zu erkennen, die keine Bedeutung haben, und filtern Sie sie heraus. Dann können Ihnen Nachschlagewerke eine Hilfe geben. In den Literaturempfehlungen im Anhang finden Sie Hinweise auf derartige Traumbücher.

Magische Ausstrahlung

An Orten der Kraft herrscht eine magische Atmosphäre. Diese Orte sind von den Menschen in der Frühzeit, als sie noch fähig waren, die feinen Schwingungen der Erde wahrzunehmen, zu sakralen Plätzen ernannt worden. Aber auch Menschen, Tiere und Pflanzen haben eine Aura.

Sakrale Orte

Unsere Vorfahren bauten Tempel und Pyramiden an heiligen Orten, errichteten Steinkreise, Dolmen und Menhire, oder sie begruben ihre Toten an geweihten Stätten. Später wurden vielfach Kirchen und Kapellen an solchen Stellen gebaut. Aber auch unscheinbarere Plätze sind heilig. Alte Bäume, Wegkreuzungen, Höhlen und Felsen, Quellen und Bäche, an denen die Menschen seit Jahrhunderten ihre Gebete sprechen, ihre Bitten äußern und ihren Dank darbringen, sind mit ihrer Kraft erfüllt.

Suchen Sie solche Plätze in Ihrer Umgebung. Nehmen Sie sich eine Wanderkarte, und schauen Sie, ob Sie eine Bezeichnung finden, die darauf schließen lässt, dass es ein alter heiliger Platz ist. Da gibt es vielleicht einen »Druidenhain«, ein »Runengrab«, die »Hexenhucke«, die »Buchenbrüder« und ähnliche Ortsbezeichnungen.

Ich fand einmal auf einer Karte die hübsche Bezeichnung »Wunschtanne«. Wie sich herausstellte, war das eine sehr alte, hohe Tanne, an der ein Waldweg entlangführte, der stark von Joggern frequentiert war. Zur Weihnachtszeit hingen mehr und mehr Wunschzettelchen an den Zweigen ... Oft finden Sie auch Kreuze aufgestellt an solchen besonderen Plätzen.

Wenn Sie so einen Platz gefunden haben, nutzen Sie ihn,

Ley-Linien nennt man die Erdkraftlinien, die die uralten heiligen Stätten, die Orte der Kraft, miteinander verbinden. Diese Linien bilden ein Netz der Kraft im Erdboden.

um dort eine Weile zu meditieren. Versuchen Sie, die Stimmung aufzunehmen, Kontakt mit den Schwingungen zu bekommen. Lauschen Sie. In manchen Gebieten ist es üblich, an Quellen kleine Blumengaben zu hinterlassen. Das ist eine wunderhübsche Geste, die den Geist eines jeden heiligen Ortes ehrt. Plastikbecher, Bierdosen, Kerzenstummel, Zigarettenkippen, Glasscherben und andere Picknickreste ehren nichts und niemanden. Vielleicht machen Sie es sich zur Aufgabe, ganz still und demütig Ihren heiligen Platz sauber zu halten, indem Sie den Müll anderer von dort entfernen.

Wenn Sie einen alten Platz gefunden und dort meditiert haben, achten Sie in den nächsten Nächten auf Ihre Träume. Es ist nicht ungewöhnlich, dass Sie Dinge sehen, die einst dort geschehen sind.

Aura von Lebewesen

Nicht nur Orte der Kraft haben eine Ausstrahlung, die man wahrnehmen kann, noch viel stärker haben sie Lebewesen, Pflanzen, Tiere und selbstverständlich Menschen. Sie wissen, dass es Ihnen beispielsweise unangenehm ist, wenn Ihnen ein anderer zu nahe »auf die Pelle« rückt. Er ist in Ihre Aura geraten, den feinstofflichen Bereich, der Sie umgibt. Die Aureolen, die auf religiösen Gemälden die Köpfe der Heiligen umgeben, sind Darstellungen der Aura.

Es gibt Menschen, die in der Lage sind, diesen Bereich als farblich schimmernde Aura zu sehen und daraus sogar abzuleiten, welche gesundheitlichen oder seelischen Probleme diese Person hat.

Es ist für die magische Arbeit nicht wichtig, ob Sie über die Fähigkeit verfügen, diese Aura ebenfalls sehen zu können, wahrnehmen allerdings sollten Sie sie schon. Eine

Die goldenen Heiligenscheine, die die Köpfe der Figuren auf alten christlichen Gemälden oft umgeben, sind die sichtbar gemachte Aura außergewöhnlicher Menschen.

Bei Auraübungen spielen die Hände eine wichtige Rolle.

Möglichkeit besteht darin, sie mit dem Pendel zu »ertasten«. Dazu suchen Sie sich einen netten, aufgeschlossenen Mitmenschen, der so lange stillhält, bis Sie die Grenzen seiner Aura ausgependelt haben. Oder Sie fragen Ihren Hund oder Ihre Katze, möglichst, wenn sie ruhig schlummernd in ihrem Körbchen liegen. Sonst halten sie wahrscheinlich nicht lange genug still. Auch ein Selbstversuch ist möglich.

Eine andere Möglichkeit besteht darin, die Hände kurz aneinander zu reiben und sie langsam über der Versuchsperson zu senken. Sie werden an irgendeiner Stelle einen ganz zarten Widerstand spüren, ein Kribbeln vielleicht oder einen leichten Hauch.

Diese Übungen empfehle ich Ihnen, damit Sie wirklich »begreifen«, dass Sie eine Aura haben. Wenn Sie Ihre Aura »begriffen« haben, wissen Sie, wie sich dieser feinstoffliche Bereich anfühlt, und Sie können nach und nach besser die Aura anderer spüren. Sie werden dann auch merken, wann sich negative Gedanken anderer in Ihrer Aura einnisten wollen, die sich störend auf Ihr Wohlbefinden auswirken können.

Übung: Kleine Aurareinigung

Wenn dunkle Wolken Sie umgeben, weil Sie müde und erschöpft sind, negative Stimmungen von Ihnen Besitz ergreifen, machen Sie folgende kleine Übung:

Reiben Sie Ihre Handflächen kurz aneinander, bringen Sie dann die Fingerspitzen auf Stirnhöhe, und streifen Sie, ohne die Haut zu berühren, mit den gespreizten Fingern rechts und links das Gesicht hinunter. Schütteln Sie die Hände aus, als ob Wassertropfen daran hingen. Reiben Sie die Handflächen noch einmal aneinander, und beginnen Sie diesmal von der Stirnmitte nach hinten bis zum Hals die Aura zu »kämmen«, ohne Haare oder Haut zu berühren. Hände ausschütteln. Wiederholen Sie die Übung dreimal. Sie werden sich erfrischt fühlen.

> Machen Sie sich bewusst, dass alle Menschen, aber auch Tiere und Gegenstände eine Aura haben. Sie können lernen, mit Ihrer eigenen Aura und der anderer Menschen richtig umzugehen.

Aurakontrolle

Wenn Sie sich erst einmal Ihrer Aura bewusst sind, können Sie sie natürlich auch kontrollieren. Sie können sie willentlich vergrößern, verkleinern oder ihr eine Form geben, die Sie wünschen. Ein sehr praktischer Einsatz der verkleinerten Aura ist es, sich für andere unscheinbar zu machen. Ich sage bewusst nicht unsichtbar, denn im Spiegel werden Sie sich noch immer selbst sehen. Aber unscheinbar sein ist eine gute Annäherung an das, was Sie damit bewirken. Es gibt genügend Situationen, in denen man lieber nicht die Blicke anderer auf sich ziehen will. Beispielsweise, wenn man in Gesellschaft ungestört sein Frühstücksbrot verzehren will. Ziehen Sie Ihre Aura ganz zusammen, machen Sie sie ganz klein, schicken Sie keine Gedanken nach außen. Niemand wird Sie bewusst registrieren. Vergessen Sie aber bitte nicht, sich, wenn die Pause vorbei ist, wieder auf Ihre normale Größe auszudehnen, es könnte sonst sein, dass Sie dauerhaft übersehen werden. Vergrößern können Sie Ihre Aura natürlich auch, und es ist wahrscheinlich, dass Sie dann auf einmal hören: »Sie haben eine ungeheure Ausstrahlung!«

Psychometrie

Die Aura der Menschen ist ein Erinnerungsspeicher, Gegenstände, die lange Zeit nahe an einem Menschen waren, übernehmen Teile dieser Erinnerungen. Psychometrie nennt man die Fähigkeit, diesen Speicher anzuzapfen und die Bilder, die dort enthalten sind, vor dem inneren Auge sichtbar zu machen.

Die Aura eines Menschen hängt mit seiner Persönlichkeit zusammen. Wer sich klein und schwach fühlt, wirkt auch auf andere so. Umgekehrt kann man auch eine große Ausstrahlung besitzen.

Gut funktioniert das mit allen Gegenständen, die ein Mensch lange nahe an seinem Körper getragen hat, Uhren beispielsweise oder Schmuckstücke. Wenn Sie eine solche Übung machen, ist es am besten, wenn Sie einen Partner haben, der protokolliert, wenigstens aber konzentriert zuhört.

Nehmen Sie den Gegenstand, den Sie erfühlen wollen, in die Hand, setzen Sie sich in Ihre Meditationshaltung mit aufrechter Wirbelsäule, und schließen Sie die Augen. Versuchen Sie, eine leichte Trance zu erzeugen, und warten Sie dann auf die Bilder, die vor Ihrem inneren Auge aufsteigen. Sprechen Sie sofort aus, was Sie sehen. Es wird Ihnen zunächst als völlig wirres Zeug vorkommen, aber wenn Sie anschließend mit dem Besitzer des Gegenstandes oder einer Person, die den Besitzer kennt, darüber reden, werden Sie erstaunliche Feststellungen machen. Üben Sie diese Fähigkeit, und notieren Sie Ihre Ergebnisse in Ihrem magischen Tagebuch.

Kommunikation mit Pflanzen und Tieren

Eine weitere Fähigkeit sollten Sie kultivieren, um Ihre Umgebung und die Verknüpfung aller Dinge miteinander immer deutlicher wahrzunehmen und auch auf sie einwirken zu können – Ihre Verständigungsmöglichkeiten mit Pflanzen und Tieren. Im Weltbild der Industrienationen werden Bäume als Lieferanten für Baustoffe und Papierherstellung betrachtet, hält man Sonnenblumen für Ölquellen, sieht man in einem Schwein nur den Produzenten von Schnitzeln, und Katzen werden als Versuchstiere für Haarshampoos missbraucht. In diesem Weltbild – das auch unsere Gesetze und Verhaltensweisen bestimmt – wird der Natur das Recht auf Leben weitgehend abgesprochen.

Sie müssen nun, um Magie auszuüben, nicht zum Vegetarier oder gar zum konsequenten Veganer werden. Aber Sie müssen Achtung für alle Formen des Lebens entwickeln. Sie werden sehr schnell belohnt dafür.

Naturgeister

Unsere keltischen und germanischen Vorfahren hatten eine sehr naturverbundene Sichtweise auf die Welt, die noch heute auch in unseren Märchen und Sagen fortwirkt. Da wohnen Elfen in den Blüten der Blumen, hausen Trolle in den Wäldern, jede Quelle, jeder Brunnen hat seine Nixe, die Sylphen wirbeln in einem kleinen Lufthauch auf, die Bäume stehen auf, um zu kämpfen, und Götter verwandeln sich in Tiere.

Was ist dran an diesen Mythen? Der keltische Dichter Talisien sagt von sich: »Ich war in vielen Gestalten, bevor

Alles, was es auf der Welt gibt, hat Bewusstsein, und alles ist miteinander verbunden. In diesem Satz liegt der Grundgedanke der Magie. Und auch in unserer modernen Welt setzt sich diese Idee immer mehr durch oder sollte es zumindest tun – in der Ökologie.

ich die passende Form fand... Ich war ein Tropfen in der Luft. Ich war ein leuchtender Stern. Ich war eine Brücke zum Überschreiten von dreimal zwanzig Flüssen. Ich bin gereist als Adler...«

Zu einer sehr ähnlichen Erkenntnis kam der Sufi-Mystiker und Gründer des Derwischordens, Rumi. Er schrieb: »Ich starb als Mineral und wurde Pflanze, als Pflanze starb ich und wurde Tier, als Tier starb ich und wurde Mensch...«

Ganz nüchtern betrachtet ist alles, was auf diesem Planeten Erde existiert, dem Zerfall unterlegen. Sie essen beispielsweise einen Salat, dieser Salat hat seine Blätter aus den Mineralien und organischen Stoffen des Erdbodens aufgebaut. Dieser Erdboden wurde mit Kompost gedüngt, ihn haben die Regenwürmer zersetzt. Und so weiter. Moleküle aus all diesen Existenzen nehmen Sie auf. Und irgendwann wird auch Ihr Körper wieder zu Erde. Dann nehmen die Regenwürmer Moleküle von Ihnen auf.

Inkarnationen der Seele

Das ist die materielle Seite der Betrachtung. Die magische sieht so aus, dass sich die Seele in vielen Formen inkarniert, um sich weiterzuentwickeln. Sie wird Stein, Mineral, Berg und Erde. Sie wird Alge, Farn, Blume und Baum. Sie wird Schnecke, Maus, Leopard und Kuh. Irgendwann in dieser Reihe wird sie sich ihrer selbst bewusst. Als Kristall, als Farn. Oder Maus. Wir können nichts beweisen, und man streitet ja sogar noch darum, ob Tiere ein Bewusstsein haben.

Wenn Sie in Ihren Trancen reisen, werden Sie manchmal seltsame Erlebnisse haben. Sie werden sich als Weidenbaum fühlen, dessen Äste im Wasser spielen, Sie werden die Säfte in Ihrem Stamm aufsteigen und den Wind in

Ihren Blättern rascheln fühlen. Und dabei werden Sie sich sehr bewusst sein, dass Sie Weidenbaum sind.

Übung: Mit Pflanzen sprechen
Kaufen Sie sich zwei gleiche Topfpflanzen, und lassen Sie beiden dieselbe Pflege zukommen – Wasser, ein sonniges oder schattiges Plätzchen, Dünger und so weiter. Die eine Pflanze ignorieren Sie ansonsten, mit der anderen führen Sie einmal am Tag oder häufiger Gespräche. Loben Sie sie, wenn sie wächst und Blüten bekommt, streicheln Sie ihre Blätter, seien Sie nett zu ihr. Wenn Sie Kinder haben, erzählen Sie ihnen, dass in dieser Pflanze eine kleine Elfe wohnt, und lassen Sie sie mit ihr sprechen. Betrachten Sie nach einem Monat den Unterschied. Sie werden feststellen, dass die Pflanze, die nur genug Wasser und Dünger bekam, ansonsten aber wenig beachtet wurde, lange nicht so prächtig gediehen wie die Pflanze, mit deren »Seele« Sie sich beschäftigt haben.

Die Findhorn-Gesellschaft in Schottland hat es geschafft, durch persönliches Eingehen auf die Pflanzen ein karges Land in einen üppigen Gemüsegarten zu verwandeln.

Haustiere, wilde Tiere und Krafttiere
Wenn Sie ein Haustier haben, werden Sie ohnehin schon festgestellt haben, dass es nicht zum »Inventar« gehört. Haustiere sind eigenständige Persönlichkeiten, die ihren Platz in der Familie, in der Gemeinschaft haben. Sie können sich verständigen, sie können sehr deutlich zum Ausdruck bringen, was sie bewegt, sie haben ihre Launen und ihre Ticks, ihre Spielchen und ihren Humor. Sie können vor allem ihre Liebe zeigen. Und wenn das kein Beweis dafür ist, dass sie mehr als ein Bündel Fell und Knochen mit Hunger und Durst sind! Sprechen Sie mit Tieren, grüßen Sie sie höflich. Wenn Sie in der freien Natur wilde Tiere sehen, bleiben Sie stehen und schicken Sie ihnen aus der

Entfernung gedanklich ein paar nette Worte. Ich traf einmal ein sehr scheues Eichhörnchen und blieb stehen, um mich mit ihm in Gedanken zu unterhalten. Es hielt in seiner überstürzten Flucht den Baum hinauf auf meiner Kopfhöhe inne und sah mich dann gebannt an. Es lief auch nicht fort, als Spaziergänger und Radfahrer, die sich laut unterhielten, vorbeikamen, es huschte erst davon, als ich mich verabschiedete. Es kann natürlich sein, dass Sie Vorübergehende bei solchen Plaudereien für etwas närrisch halten, aber dann erinnern Sie sich bitte daran, was diesen Menschen alles entgeht.

In Trancereisen werden Ihnen sprechende Tiere begegnen. Die schamanische Tradition nennt sie Krafttiere. Auch die indianischen Totemtiere haben hier ihren Ursprung. Fürchten Sie diese Tiere nicht, stellen Sie ihnen Fragen, und lauschen Sie auf die Antworten. Lassen Sie sich von ihnen führen. Es kann durchaus sein, dass Sie sie immer wieder treffen, und wenn Sie später einmal bei einem Zauber Ihre Kraft brauchen, können Sie sie um Hilfe anrufen.

> Das Wort »Totem« kommt aus der indianischen Sprache und leitet sich von »ototeman« ab. Es bedeutet: »Er gehört zu meiner Verwandtschaft.« Totemtiere gibt es sowohl bei den indianischen Völkern als auch allgemein in schamanischen Praktiken.

Magische Lernprozesse

Sie haben inzwischen das eine oder andere ausprobiert und dabei schon Ergebnisse erzielt. Nicht alles hat vermutlich gleich beim ersten Mal funktioniert. Das soll Sie aber nicht enttäuschen. Ihr inneres Kind hat wahrscheinlich jahrelang im Verborgenen gelebt, seine Regungen wurden unterdrückt, weil sie leider in einer leistungsorientierten Gesellschaft eher belächelt werden. Wer nicht ernst genommen wird, traut sich auch nicht so recht, sich zu äußern. Versuchen Sie, liebevoll Ihr Unbewusstes zu ermuntern. Betrachten Sie die Entwicklung der verborgenen Kräfte als ein Spiel, eine heitere, keine verbissene Beschäftigung. Wenn Sie Freunde haben, die magischen Praktiken aufgeschlossen gegenüberstehen, spielen Sie gemeinsam, tauschen Sie Ihre Erfahrungen aus, sprechen Sie über Bilder und Träume. Sie werden erkennen, dass sich manche Dinge gleichen, Sie werden Bestätigung für Ihre Fähigkeiten finden, und gerade das ist der Weiterentwicklung besonders förderlich.

Hindernisse auf dem Weg

Ihre Entwicklung geht stetig voran, aber es ist ein Aufbauen, Stufe für Stufe. Manchmal machen Sie große Sprünge, an anderen Stellen werden Sie einfach nicht weiterkommen. Das passiert aus gutem Grund so, denn dann sollen Sie einen Bereich weiter vertiefen. Es ist ein Lernprozess, nicht anders als die Ausbildung zum Autofahren. Auch dabei müssen Sie erst Ihr Fahrzeug geradeaus steuern können, bevor Sie auf dem Nürburgring starten. Wenn Sie gleich mit hoher Geschwindigkeit durchstarten wollen, wird Sie der Fahrlehrer zu Ihrem eigenen

Auf Trancereisen verlassen Sie die Wirklichkeit und begeben sich in surreale Welten, in die innere Welt Ihrer Seele.

Wenn Ihnen Hemmungen auf dem magischen Weg begegnen, bedeutet dies nicht einfach Unfähigkeit. Sie sollen dann nur noch tiefer und intensiver mit einem Thema arbeiten.

Schutz bremsen, damit Sie sich nicht um den nächsten Betonpfeiler wickeln.

Der innere Führer

Sie werden inzwischen vielleicht auch schon Ihrem inneren Führer, dem Lehrer in Ihnen selbst, begegnet sein. Hören Sie auf ihn, und respektieren Sie seine Warnungen. Der Führer verhindert, dass Sie sich in Bereiche begeben, die unangenehm für Sie werden können.

Das innere Kind leidet

Noch ein letzter Hinweis, dann verlassen wir für eine Weile den Bereich der inneren Bilder und Landschaften, die Sie bis jetzt erforscht haben. Wenn Sie Schwierigkeiten mit den bisher genannten Techniken haben, wenn die Bilder nicht aufsteigen wollen oder wenn bedrohliche oder hässliche Szenen entstehen, dann prüfen Sie Ihre Lektüre und das, was Sie aus Filmen und Fernsehen konsumieren. Ihr inneres Kind ist unschuldig geblieben, es ist nicht abgestumpft gegenüber Horror und Brutalität, auch wenn Ihnen solche Szenarien nur noch ein mildes Nervenkitzeln verursachen. Das Kind hat Angst davor und graut sich. Und das macht es Ihnen bewusst, indem es beklemmende Träume verursacht und Entsetzen Erregendes hochkommen lässt.

Das soll nicht heißen, dass Sie sich vor den harten Realitäten des Lebens verschließen sollen. Im Gegenteil, Sie sollen offen werden für wirkliche Not und mitfühlend versuchen, mit allen Kräften, die Ihnen zur Verfügung stehen, zu helfen. Das ist weiße Magie.

Aber schränken Sie die Aufnahme von Bildern ein, die nur dazu dienen, mit Angst und Schrecken zu unterhalten. Nehmen Sie sich vor, eine Woche nicht fernzusehen.

Sagen Sie nicht: »Ja, aber ich muss doch auf dem Laufenden bleiben!« Sie können die Nachrichten auch im Radio hören. Und sagen Sie schon gar nicht: »Ja, aber ich muss doch wissen, wie es in der Serie weitergeht!« Nehmen Sie sich vor, das Gerät eine Woche lang nicht anzumachen. Wollen Sie es!

Wir nehmen unbewusst eine ungeheure Menge Bilder in uns auf – nicht immer nur angenehme. Manchmal wird es dem inneren Kind zu viel, und es leidet an der Fülle und Gewalt der Bilder.

Auf einen Blick

◉ Für die Magie relevant sind große Träume, luzide Träume und Lehrträume. Im großen Traum sprechen die Symbole ihre machtvollste Sprache, sie sind der unmittelbare Zugang zum kollektiven Unbewussten. In luziden, lichten Träumen weiß der Träumer, dass er träumt, doch alles erscheint völlig wirklich. Lehrträume vermitteln vor allem magisches, spirituelles Wissen; ein Traumführer begleitet Sie. Schreiben Sie Ihre Träume in das magische Tagebuch, und prägen Sie sich die Bilder ein.

◉ Trance ist eine schlafähnliche Loslösung von der Außenwelt, in der sich Inhalte des Unbewussten zeigen. Die Basis der Trance sind Entspannung und Meditation. In der Trancereise begeben Sie sich an einen Ort der Kraft. Sie wandern zwischen den Welten und finden einen Führer, der Sie beschützt.

◉ Entwickeln Sie Ihre Verständigungsmöglichkeiten mit Pflanzen und Tieren. Entfalten Sie das innere Kind in einem stetigen Lernprozess. Vermeiden Sie dabei störende äußere Einflüsse.

Die Macht des Wollens und die Art des Wünschens

Etwas zu wollen scheint im ersten Augenblick ganz leicht. Und trotzdem kommen wir jetzt zu einem recht schwierigen Gebiet.

»Hier gibt es so viel Auswahl, ich weiß nicht, was ich nehmen soll!« Sie gehen ohne etwas gekauft zu haben aus dem Laden und müssen am nächsten Tag wieder in die Stadt. Oder Sie ärgern sich hinterher, dass Sie so viel Geld für Unnötiges ausgegeben haben. »Wenn ich nur wüsste, womit ich anfangen soll. Es gibt so viel zu tun!« »Eine größere Wohnung wäre wirklich besser, aber mich schreckt der Umzug...!« »Ich würde so gerne zehn Kilogramm abnehmen, aber ich muss ja für die Familie kochen!«

Jetzt seien Sie einmal ganz ehrlich mit sich selbst – es sieht und hört ja niemand zu –, und ergänzen Sie diese Liste nach Laune.

Etwas wirklich zu wollen und dann auch auszuführen ist gar nicht so einfach, wie man annehmen könnte. Zum Thema Wollen liefert Ihnen diese einfache Aufräumübung wertvolle Erkenntnisse.

Üben Sie das Wollen!

Einer der magischen Grundsätze lautet: »Tu, was du willst!« Nein, nicht abschätzig: »Mach doch, was du willst.« Die Betonung liegt auf dem Wollen. Fehlender Wille lähmt. In die Tat umgesetzter Wille kann Berge versetzen. Beginnen Sie mit einer einfachen praktischen Übung: Sie nehmen

Bild links: Ein fester Wille ist der wichtigste Faktor, um etwas zu erreichen.

sich fest vor, eine Kleinigkeit innerhalb eines Tages zu erledigen, die Sie seit Wochen oder gar Monaten anstreben, ohne sie je gemacht zu haben. Vielleicht den Kleiderschrank nach Stücken für die Altkleidersammlung durchsehen. Oder den Keller, den Speicher oder die Garage aufräumen. Wenn das den Umfang eines Tagewerkes sprengt, was nicht auszuschließen ist, dann räumen Sie Ihren Schreibtisch, das Bücherregal, ein paar Schubladen oder einen Vorratsschrank in der Küche auf. Oder suchen Sie sich etwas anderes, das schon lange nach einer ordnenden Hand ruft. Aber verwechseln Sie dieses Aufräumen bitte nicht mit den täglichen Routine(Haus-)arbeiten.

Die Übung mag Ihnen auf den ersten Blick trivial erscheinen und nichts mit Magie zu tun haben. Hat sie aber doch. Zuerst **wollen** Sie aufräumen, und dann **machen** Sie es auch. Ohne eine Ausrede zu suchen! Denn es gibt einen Teufel, und der heißt nicht Satan oder Luzifer, sondern er hört auf den Namen »Ja, aber...«.

Wenn Sie wirklich in einem Bereich Ordnung geschaffen haben, sind damit verschiedene Dinge passiert. Ganz real erkennbar haben Sie die Macht Ihres Willens über die Materie bewiesen. Sie haben aber auch eine symbolische Handlung betrieben, und wie wir gesehen haben, lebt die Magie davon. Indem Sie einen Teil Ihrer Umgebung aufgearbeitet haben, haben Sie auch einen Teil in sich selbst geordnet. Keine Handlung ist so wirkungsvoll für die Selbstfindung wie Aufräumen oder dunkle Ecken ausfegen. Man findet übrigens häufig hochinteressante Dinge beim Aufräumen.

Magische Reinigung

Die Reinigung ist eine der grundsätzlichen Aufgaben, die man durchführen sollte, um erfolgreich Magie praktizieren zu können. Denn der Wunsch, der sich erst durch gedankliche Gerümpelhaufen winden muss, um auf die Substanz zu treffen, die ihn erfüllen soll, hat es schwer, kann stecken bleiben und sich verirren.

Die magische Reinigung eines Ortes oder einer Person wird Clearing genannt. Sie bringt den Energiefluss in Bewegung und neutralisiert störende Fremdenergien.

Die magische Dusche

Nachdem Sie sich durch die Garage oder den staubigen Keller gearbeitet haben, werden Sie sich selbstverständlich nach einer säubernden Dusche sehnen. Gönnen Sie sich diese, lange und heiß.

Und wenn Sie danach völlig entspannt auf dem Bett liegen, mit geradem Rücken, die Arme rechts und links ausgestreckt, dann stellen Sie sich vor, wie Sie sich von den Füßen angefangen bis zum Kopf hinauf mit Lagen von strahlend weißem Licht umgeben, etwa so, wie eine Mumie gewickelt ist. Sie können auch sitzend oder stehend das weiße Licht vom Kopf aus über sich gießen und sich darin einhüllen. Üben Sie diese Fähigkeit, sie hilft Ihnen, sich vor negativen Gedanken – eigenen und fremden – zu schützen. Negative Gedanken und Gefühle gehören zu dem Gerümpel, das aufgeräumt, geordnet und vielleicht beseitigt werden muss.

Magische Leitsätze

Die auf den ersten Blick so trivial erscheinende Aufräumübung beinhaltet drei wesentliche magische Kern-

Mit einem Sprichwort ausgedrückt lautet diese Maxime der Magie: »Wie der Herr, so's Gescherr.« Das bedeutet, unsere Ideen und Gedanken, seien sie positiv oder negativ, sind Meister der Realität.

sätze. Der erste Grundsatz der Magie lautet folgendermaßen:

Die Realität besteht aus unseren materialisierten Gedanken.

Überprüfen Sie diese Erkenntnis anhand Ihrer Aufräumübung. Sie werden bald feststellen: Nicht die Müllabfuhr ist schuld, nicht der Nachbar, nicht Tante Martha, die Ihnen ihre Koffer zum Aufbewahren gegeben hat, nicht der Innenarchitekt und nicht das Möbelhaus, sondern das, was **Sie** um sich herum geschaffen haben, im Guten wie im Schlechten. Wenn Sie Ihre Umgebung schön finden, wenn Sie sich wohl fühlen in Ihren vier Wänden, wenn Sie im Einklang mit den Räumen, der Einrichtung, der Dekoration leben, seien Sie stolz auf sich. Das haben Sie geschaffen! Wenn Sie unzufrieden mit den Umständen sind, ändern Sie sie. Und erinnern Sie sich daran, der Teufel heißt: »Ja, aber…!«

Der Wille ist Gedankenkraft

Mit gezieltem Willen kann man vieles schaffen, auch wenn es manchmal etwas Zeit braucht. Der Wille ist Gedankenkraft. Gedanken führen zur Tat. Die Tat führt zur Realität.

Dieses Prinzip der Magie haben bereits die Griechen der Antike sehr klar und unmissverständlich über das Orakel von Delphi geschrieben. Es betrifft das innere Aufräumen, die Ordnung der Seele, und heißt so schlicht wie schwierig:

Erkenne dich selbst!

Wenn Sie das Erste mit dem Zweiten verbinden und danach leben, wird man Ihnen unumwunden magische Fähigkeiten nachsagen. Das hört sich dann in etwa so an: »Die oder der bekommt immer alles, was sie/er will!«

Wenn Sie sich selbst erkannt haben, das heißt, sich Ihrer Stärken bewusst sind und Ihre Schwächen lokalisiert haben, dann sind Sie in der Lage, an den Schwächen etwas zu ändern und Ihre Stärken gezielt ins Spiel zu bringen. Neu aktivierte Fähigkeiten, die Sie bisher vielleicht nicht in dem Maße eingesetzt haben, wie Sie es könnten, führen dazu, dass Sie Ihre Aufgaben ganz anders anpacken oder dass Sie mit größerem Mut an neue Aufgaben herangehen. Schwächen sind keine Schande, wenn Sie sich diese Minuspunkte eingestehen. Geben Sie Ihren Schwächen Namen, denn es ist ein weiterer magischer Grundsatz, dass man über alles das Macht hat, dessen Namen man kennt.

Das, was wirklich schlimm ist, und was unweigerlich zum Scheitern jedes Zieles in der Magie führt, ist, sich selbst anzulügen. Sie müssen sich bei Ihrer Selbstbetrachtung keinem Menschen gegenüber rechtfertigen, keine peinliche Befragung über sich ergehen lassen, keine demütigenden Strafen auf sich nehmen. Sie müssen nur sich selbst gegenüber ehrlich sein. Wirklich ehrlich. Versuchen Sie nicht, sich etwas vorzumachen oder Ihre Fehler zu beschönigen. Dann können Sie den dritten magischen Satz anwenden:

Wer sein Bewusstsein verändert, verändert die Realität.

Dieses magische Prinzip hat auch umgekehrt Gültigkeit, denn wenn sich etwas in der Realität verändert, verändern auch Sie sich. Denn alles ist miteinander verbunden. Wenn Sie aufgeräumt haben, haben Sie etwas in Ihrer Umgebung verändert. Aber Sie haben vielleicht auch einen alten Brief gefunden von einem Freund, an den Sie schon lange nicht mehr gedacht haben, und ihn

Magie kann nicht losgelöst von der Persönlichkeit des Zauberwirkenden ausgeübt werden. Sie wird immer dann scheitern, wenn man sich in seinen Zielen und Wünschen selbst belügt.

anschließend angerufen. Oder Sie haben ein vergessenes »Mensch-ärgere-dich-nicht«-Spiel gefunden und verbringen den Abend höchst vergnüglich mit Ihren Kindern.

Der magische Hauptsatz

Zurück zur Magie heißt: Wenn Sie sich etwas wünschen, und der Wunsch geht in Erfüllung, dann wird die Erfüllung Sie verändern. Darum lernen Sie hier den wichtigsten magischen Grundsatz kennen, der Ihnen auf den ersten Blick vielleicht sehr merkwürdig vorkommen wird:

Seien Sie vorsichtig mit dem, was Sie sich wünschen, es könnte in Erfüllung gehen!

Wunder erkennen

Kein noch so perfekt ausgeführter Zauber hilft uns weiter, wenn wir uns anschließend zurücklehnen und warten, dass ein Wunder geschieht. Wunder geschehen wirklich. Aber sie verlangen auch, dass wir zugreifen, wenn sie eintreten. Und darum heißt es:

Tu, was du willst!

Um Missdeutungen zu verhindern, muss diese Regel ergänzt werden: **Tu, was du willst, und schade niemandem.** Denken Sie einmal darüber nach, wie dieser Satz gemeint ist.

»Der Wille ist die Brücke zwischen dem Wunsch und der Wirklichkeit«, schreibt Katja Wolf in ihrem Buch über die Magie als die Kunst des Wollens. Dieser Satz sagt eine ganze Menge aus. Denken Sie darüber nach, und erinnern Sie sich an Situationen in Ihrem Leben, wo ein klarer, eindeutiger Wille von Ihrer Seite aus zur Erfüllung eines Wunsches beigetragen hat. War es Zufall? Kann man den

Die Tarotkarte mit der Bezeichnung »Der Ritter der Stäbe« verkörpert einen stark ausgeprägten Willen.

Willen trainieren? Gut, nicht jeder von uns ist der Ritter der Stäbe, das Feuer des Feuers, der personifizierte Wille. Und selbst die, die sich diesen willensstarken Idealen annähern – die großen Macher dieser Welt, die Manager und Führer –, haben ihre schwachen Stunden. Aber eben weniger häufig als andere Menschen.

Es gibt übrigens eine Verwandtschaft zwischen Managern und Magiern. Glauben Sie nicht, dass gute Manager nur deshalb erfolgreich sind, weil sie einen Stab von Leuten haben, die willig die Vorhaben in die Realität umsetzen, die sie befehlen. Ein Manager, der nicht einen knallharten Willen hat, setzt nichts durch. Höflicherweise verpackt er oder sie die Fäuste in flauschige Handschuhe, aber dahin-

Die Karten des Tarotspiels entfalten ihre Welt in oft drastischen Bildern. Der Ritter der Stäbe ist eine der Personenkarten des Tarot und versinnbildlicht die Dynamik und die Willensstärke.

ter lodert der Wille. Er ist weder gut noch schlecht. Willenskraft ist eine neutrale Kraft. Man kann sie einsetzen, um seine Mitarbeiter zu schikanieren. Dann missbraucht man sie. Man kann sie aber auch einsetzen, um einen Menschen zu heilen, um einen in Not Geratenen zu retten. Aber es braucht eine ganze Menge Willenskraft, um an einem Unfall nicht gaffend vorbeizufahren, sondern seine Zeit zu opfern und den Verletzten in Schmutz, Blut und Elend zu helfen.

Unscharfe Wunschbilder

Prüfen Sie Ihre Willenskraft, denn wenn da zu wenig ist, hat die Magie keine Chance. Die magische Substanz wird durch Willenskraft aktiviert, sie schafft im astralen Bereich, im Feinstofflichen ein Gegenstück zu dem Ereignis, das Sie erwirken wollen. Je deutlicher Ihr Ziel vor Ihrem inneren Auge entsteht, je intensiver, zielgerichteter, detaillierter und unbeirrter die Botschaft ist, die Sie an Ihr Unterbewusstsein senden, desto größer ist die Chance, dass sich Ihr Wunsch in der Form materialisiert, die Sie sich vorgestellt haben.

Die Radiotechnik kennt den Begriff des Hintergrundrauschens, das sind störende Nebengeräusche, die den eigentlichen Empfang verzerren. So ähnlich ist es bei der Magie auch. Unklare, nicht vollständig bewusste Wünsche geben verschwommene Bilder ab, verschwommene Bilder ergeben ungenaue Wunscherfüllung. Schlimmer ist es noch, wenn unbewusste Wünsche mit auf den Weg gegeben werden. Die werden auch erfüllt, meist buchstäblich.

> Wenn der Wille auch den Antrieb zum magischen Handeln bildet, darf man doch niemals vergessen, dass nicht er allein, sondern auch Verstand und Gefühl bei allem Wollen in der Magie beteiligt sein müssen.

Den Willen trainieren

Das ist ein Grund mehr, seinen Willen zu trainieren. Täglich, vor allem an Kleinigkeiten. Es geht aber – um das noch mal ganz deutlich zu machen – nicht darum, dass Sie Ihren Willen anderen gegenüber durchsetzen, sondern sich selbst gegenüber. Wenn Sie das schmutzige Geschirr vom Vortag ärgert – dann wollen Sie doch, dass es sauber im Schrank steht, oder? Dann gibt es nur einen sicheren Weg: Tun Sie, was Sie wollen. Waschen Sie es ab! Es ist so erschreckend einfach – wenn da nicht der Teufel »Ja, aber…« wäre. Er verhindert nur zu oft, dass der Wunsch nach kurzer Zeit stecken bleibt, nicht zur Tat werden kann.

Der eigene Wille im Dienst eines anderen?

Sie werden die Ansicht gehört haben, dass die weiße Magie nur eingesetzt wird, um anderen zu helfen. Doch das ist ein zweischneidiges Schwert. Stellen Sie sich folgende Situation vor: Ein Freund erzählt Ihnen mehrmals, wie unzufrieden er mit seinem Chef ist. Der ist fordernd und anspruchsvoll, nervt in Besprechungen, und bei der Beförderung hat er ihn auch übergangen. Sie möchten ihm gerne helfen, denn Sie mögen den Freund und können nur zu gut mit ihm fühlen, weil Sie auch schon einmal unter einem despotischen Vorgesetzten zu leiden hatten.

Da Sie inzwischen einige magische Techniken kennen, formulieren Sie für Ihren Freund den Wunsch nach einem weniger harten Abteilungsleiter. Der Wunsch wird auf den Weg gebracht und beginnt sich zu materialisieren. Es braucht einige Zeit, denn auch die Magie muss sich an Kündigungsfristen halten, dann bekommt Ihr Freund einen

> An dieser Stelle muss eine Warnung ausgesprochen werden: Einen Menschen gegen seinen Willen zu beeinflussen, nennt man Manipulation, und die ist schon knapp an der Grenze zur schwarzen Magie.

neuen Chef. Und ist kreuzunglücklich. Der Vorgesetzte ist ein rückgratloser Drückeberger, der alle und jede Verantwortung auf seine Mitarbeiter abwälzt. Dafür sind die Aussichten auf Beförderung inzwischen gänzlich vom Horizont verschwunden.

Wenn Sie etwas genauer hingehört hätten, würden Sie aus den Klagen Ihres Freundes entnommen haben, dass er so unzufrieden mit dem alten Chef gar nicht war, sondern viel mehr frustriert über die Tatsache, dass er nicht befördert worden ist.

Den eigenen Willen zu ergründen, ist eine schwierige Aufgabe, den Willen eines anderen Menschen zu erkennen, ist mit großen Risiken behaftet. Solange Sie nicht den ersten Schritt getan, nämlich bei sich selbst aufgeräumt haben, sollten Sie nicht Magie für andere Menschen einsetzen oder wenigstens auf die unschädlichste Art für andere wirken. Wünschen Sie etwa Ihrem Freund, dass er genügend Selbstbewusstsein entwickelt, um mit seinem Chef über die Probleme seiner Beförderung zu reden.

Grenzen der Wunscherfüllung

Die Welt bewegt sich nur durch Willenskraft. Wo wären wir, wenn niemand etwas wollte? Der Wille kann ungeheuer viel bewirken. Gutes und Böses. Aber es gibt auch Bereiche, wo seine Macht endet. Trotz größter Anstrengung gehen manche Wünsche eben nicht in Erfüllung. Trotz allen investierten Gefühls, glasklarer Visualisierung, trotz Einsatzes unterstützender Hilfsmittel klappt es mit dem Karrierewunsch in dem Beruf, den Sie derzeit ausüben, nicht.

Oder der Mensch, der all die Eigenschaften hat, die ihn zu Ihrem Traumpartner machen würden, tritt einfach nicht in Ihr Leben.

Karma und Inkarnation

Sie erinnern sich, dass die Person, das Ich oder Ego, Rollen spielt. Wenn Ihr Wunsch also nur zur Verschönerung der Maske dient, also in seinem Ursprung egoistisch ist und nicht im Einklang mit dem Selbst steht, wird nicht viel passieren. Magie ist ein spiritueller Weg. Es ist der Weg der Seele, des Selbst, zurück zu ihrem göttlichen Ursprung. Sie hat schon viele Leben gelebt, ist durch viele Inkarnationen gegangen. In jeder hat sie etwas dazugelernt, aber auch Fehler gemacht. Man beschreibt die Entwicklung der Seele mit dem Begriff des Karmas. Der Begriff Karma beinhaltet keine Strafe und kein Lob, sondern nur Konsequenzen. Aus ihm resultiert für jedes neue Leben eine neue Aufgabe. Es kann sein, dass Ihre Seele in dieser Inkarnation, also in ihrem jetzigen Dasein, eben einem solchen Menschen nicht begegnen will oder in diesem Beruf nicht den strahlenden Erfolg haben soll. Das heißt nicht, dass Sie keinem Menschen begegnen, der Sie liebt und Ihr Freund und Partner sein wird. Nur eben wird er andere Eigenschaften haben. Es heißt auch nicht, dass Sie keinen Erfolg haben. Nur wird es vielleicht auf einem anderen Gebiet sein. Sie haben gelernt, Ihre inneren Fähigkeiten zu entdecken, Sie haben gelernt, auf Ihren inneren Führer zu hören. Fragen Sie ihn – in Meditationen und Trancen –, wo die Ziele liegen, mit denen Sie im Einklang leben können.

> Die Seele eines Menschen hat schon viele Leben durchschritten und dabei eine Entwicklung durchgemacht. Die Vorstellung des Karmas beinhaltet weder das Aufrechnen guter oder böser Taten noch Strafe oder Belohnung, denn Karma ist neutral.

Nicht jeder Wunsch ist erfüllbar

Das Gleiche gilt für Krankheiten. Es gibt Heilzauber. Sie wirken auch, denn sie wecken die eigenen Heilungskräfte. Aber manche Krankheiten müssen durchlebt werden, weil durch sie neue Erkenntnisse gewonnen werden. Bei ihnen versagt auch ein noch so gut durchgeführter Heilungszauber. Es gibt Talsohlen, durch die Sie gehen müssen, da hilft kein Erfolgswille. Ihre Seele hat sich vorgenommen, in diesem Leben bestimmte Erfahrungen zu machen. Vielleicht gibt es dafür in diesem oder einem anderen Leben einen Grund. Wenn Sie lauschen und darauf achten, träumen Sie irgendwann einmal davon.

Schadenszauber

Nun eine Warnung vor einem dunklen magischen Kapitel, dem Schadenszauber. Er ist ein zweischneidiges Schwert. Natürlich ist mit Magie auch Schaden für andere zu bewirken. Aber dieser Weg zur Erfüllung von Rachegelüsten ist mit großen Gefahren verbunden, auch für den, der den Zauber ausschickt. Der magische Grundsatz zum Thema Schadenszauber lautet deshalb:

Was Sie aussenden, bekommen Sie zurück.

Manche Magier sagen, das Böse bekommt man sogar dreifach zurück, aber da mag häufig schon die einfache Portion reichen. Aber wenn Sie ein Lächeln aussenden, ein ehrliches Gefühl des Verständnisses und der Zuneigung, bekommen Sie auch das zurück. Viel mehr als nur dreimal. Das ist weiße Magie.

Magie erfüllt unsere Wünsche meist ganz buchstäblich. Das kann zu unerwünschten Ergebnissen führen. Versichern Sie sich deshalb mit reiflicher Überlegung, ob Sie das Ergebnis des Zaubers auch wirklich wollen.

Positive Wunschformulierung

Wir kennen inzwischen schon eine ganze Sammlung von magischen Techniken und eine Reihe von Kernaussagen

in der Magie. Und eine Warnung tauchte auf, die auf den ersten Blick paradox erscheinen mag. Doch nach einigem Überlegen werden Sie wissen, was damit gemeint ist, wenn Ihnen geraten wird:
Geben Sie Acht, was Sie sich wünschen, es könnte in Erfüllung gehen!
Erinnern Sie sich an die Geschichten von Till Eulenspiegel? Ein lästiger Geselle, der jeden Befehl buchstäblich ausführte. So ähnlich arbeitet die Magie auch. Darum ist es bei der Formulierung des Wunsches so wichtig, wie er formuliert wird. Je deutlicher man sagt, was man will, desto exakter wird es manifestiert. Andererseits sind zu eingeschränkte Vorschriften für das »Wie« schädlich, denn damit reduziert man die Kanäle, durch die das Wunder geschehen kann.

Sie sind frei bei der Formulierung, doch etwas müssen Sie beachten: Ein Wunsch muss immer positiv formuliert werden. Die magische Substanz und Ihr Unbewusstes verstehen keine Verneinungen. Wenn Sie also sagen: »Ich will nicht krank werden!«, dann wird verstanden: »Will krank werden!« – und Sie werden dann auch krank. Also wünschen Sie sich: »Ich will gesund bleiben!«

Wie Magie Wünsche erfüllt

Alle magischen Modelle gehen davon aus, dass es so etwas wie eine Substanz gibt, die unsere Wünsche aufnimmt, formt und in unsere materielle Welt entlässt. Sie tut es unerbittlich, weshalb jeder, der sich einmal mit der praktischen Seite befasst hat, die oben genannte Warnung beherzigt.

Ein einfaches Beispiel: Sie wünschen sich Geld für ein neues Auto. Sie füllen ein entsprechendes Beutelchen mit den Zutaten, visualisieren den Scheck oder die Scheine. Dann binden Sie den Zauber und warten ab. Zwei Tage später kracht Ihnen an der roten Ampel ein anderer Verkehrsteilnehmer auf den Wagen, und Sie landen mit einem schmerzhaften Schleudertrauma und einer gebrochenen Nase im Krankenhaus. Die Versicherung zahlt die gewünschte Summe. Sie merken, die Warnung ist nicht ganz sinnlos. In diesem Kapitel werden Sie sehen, wie man ohne überraschende Nebenwirkungen Wünsche erfüllt bekommt.

Nehmen wir einen anderen Fall an. Stellen Sie sich vor, Sie wünschen sich eine größere Wohnung. Das ist ein wunderbarer Anlass, den »Zufall« für sich arbeiten zu lassen. Und wie bei dem vorherigen Beispiel geht die Erfüllung des Wunsches daneben, denn kurz darauf wird Ihnen die jetzige gekündigt, und Sie sitzen in der größten Wohnung, die es gibt, nämlich unter freiem Himmel. Sie ahnen jetzt schon, was da falsch gelaufen ist, und erkennen, wie wichtig es ist, etwas genauer vorzugehen. Planen Sie Ihren Wunsch so sorgfältig wie möglich, das erspart Ihnen hinterher üble Überraschungen.

> Richtiges Wünschen ist eine schwierige Angelegenheit. Denn Wünsche gehen ganz wörtlich in Erfüllung, was zu unangenehmen Überraschungen führen kann. Planen Sie Ihren Wunsch deshalb so sorgfältig wie möglich.

Präzise Wünsche materialisieren

Ihr Wunsch muss präzise sein. In dem Fall der Wohnungssuche machen Sie sich darum einen ganz genauen Plan von der Wohnung oder dem Haus, das Sie **wollen**, etwa Anzahl der Zimmer, der Quadratmeter. Stellen Sie sich die Lage vor und das Alter des Hauses. Ob es einen Garten oder Balkon haben soll, wie hoch die maximale Miete oder der Kaufpreis sein darf, den Einzugstermin und was Ihnen sonst noch wichtig erscheint. Sprechen Sie vor der Visualisierung auf jeden Fall auch mit Ihren Mitbewohnern.

Das Visualisieren oder Imaginieren haben Sie im Kapitel über die Entwicklung magischer Kräfte gelernt und geübt. Um den Wunsch noch mehr zu verstärken, bringen Sie ihn jetzt wieder als Modell in die Realität. Materialisieren Sie ihn je nach Talent und Veranlagung. Wenn Sie gerne

Wünsche planen und loslassen

◎ Das sollten Sie beim Wünschen beachten:
1. Genaue, detaillierte Planung des fertigen Ergebnisses
2. Bildliches Vorstellen des fertigen Zustandes, des erfüllten Wunsches
3. Anfertigen eines Modells
4. Aufbauen des Gefühls, das mit dem Wunsch in Verbindung steht

◎ Das Modell des Wunsches können Sie
1. in einem Säckchen verschnüren und aufheben, bis sich der Wunsch erfüllt
2. verbrennen und die Asche im Wind verstreuen, wenn sich etwas lösen soll
3. vergraben, wenn etwas begraben werden oder keimen und wachsen soll
4. in fließendes Wasser geben, wenn etwas weggespült werden soll

◎ Das Modell des Wunsches dürfen Sie NIE in den Müll werfen!

Eine Maxime der Magie lautet: Wünsche müssen immer positiv formuliert werden. Wie Sie Ihren Wunsch materialisieren, hängt ganz von Ihnen ab, Hauptsache, er wird exakt formuliert.

formulieren, schreiben Sie Ihren Wunsch auf ein Blatt Papier. Es ist angeraten, ihn in Reimform zu verfassen. Der Vers muss nicht dichterische Qualität haben und darf ruhig stolpern. Aber er hat zwei Vorteile: Einerseits beschäftigen Sie sich dadurch noch mehr mit der Formulierung, und andererseits prägt sich Gereimtes besser ein. Denn bei dem Ritual im flackernden Kerzenschein wirkt es ein bisschen komisch, wenn man seinen Text abliest. Er soll aus dem Herzen – by heart, wie die englische Sprache das auswendig Gelernte bezeichnet – kommen. Also mit Gefühl! Außerdem sollten Sie darauf achten, dass Sie keine negativen Formulierungen verwenden, sondern nur positive Aussagen machen. Also nicht: »Keinen Nordbalkon«, sondern: »Der Balkon soll nach Süden gehen.« Wenn die Worte Ihnen weniger flüssig auf das Papier kommen, können Sie auch eine Zeichnung machen und sich dabei die gewünschte Wohnung vorstellen. Oder Sie kneten das Haus in Wachs oder Ton. Sie können auch ein entsprechendes Bild aus einem Magazin ausschneiden und es auf ein Stück Papier kleben. Wie Sie Ihrem Wunsch Form verleihen, da ist Ihrer Phantasie und Kreativität keine Grenze gesetzt. Nur bitte verwenden Sie biologisch abbaubare Werkstoffe. Geben Sie nicht an, auf welche Art diese Wohnung zu Ihnen kommen soll, denn der Zufall kennt viele Wege.

Binden des Zaubers

Das Planen und Formulieren war der erste Teil des magischen Aktes zur Wunscherfüllung, jetzt folgt der zweite Teil. Sie schicken den Wunsch auf den Weg, an die magische Substanz, auf dass sie Wunder wirke. Egal, ob es sich nur um eine stille »Wunschminute« handelt oder eine Zeremonie mit Kerzenschein, Räucherwerk und magischem

Gerät, jetzt müssen Sie den Wunsch loslassen. Nur wenn er, mit dem Pfeil des Willens abgeschossen, in den feinstofflichen Bereich gelangt, kann er dort wirken.

Sie haben bislang eine symbolische Handlung durchgeführt, um ein Modell des Ziels zu erstellen. Eine mögliche symbolische Handlung, um den Wunsch loszulassen, ist, dass Sie das Papier, auf dem der Wunsch steht, mit den unterstützenden Kräutern oder Gegenständen in ein Beutelchen stecken und dieses mit einem Band verknoten. Der Knoten bindet oder fixiert den Zauber. Dann vergessen Sie bitte den Wunsch!

Machen Sie kein Zauberbeutelchen, sondern eine andere Art von Zauber, können Sie den Knoten auch visualisieren. Dazu stellen Sie sich ein Band vor, das Sie um den Zauber schlingen und fest mit einem Knoten binden. Weitere symbolische Handlungen sind Vergraben, Verbrennen, ins Wasser gießen, je nachdem, ob man etwas loswerden will oder auflösen möchte. Überlegen Sie selbst, was bei dem jeweiligen Wunsch sinnvoll ist. Werfen Sie aber bitte das Modell nicht einfach in den Müll. Wer weiß, wer es findet.

Damit sich das Ergebnis Ihres Wunsches in der Realität manifestieren kann, muss man den Wunsch loslassen, vergessen heißt das im Klartext. Alles Weitere übernimmt die Magie.

Zauber gewirkt, und was jetzt?

Wenn man diese Vorgehensweise wählt, reicht es natürlich nicht, sich etwas zu wünschen und dann mit angehaltenem Atem darauf zu warten, dass das Wunder eintritt. Jetzt muss man auf die Zeichen achten. Als Wohnungssuchende sollten Sie natürlich schon den Immobilienteil weiter durchstöbern und vielleicht einen Makler beauftragen. Zufällig hat der nämlich gerade das Objekt an der Hand, das Sie suchen. Oder vielleicht erzählt Ihnen auch ein flüchtiger Bekannter, dass seine Schwägerin gerade ins

Ausland geht und einen Nachmieter für die Wohnung sucht. Seien Sie offen für alles, was geschieht. Dann handeln Sie!

Schadensbegrenzung

Noch einmal – was man sich wünscht, geht wortwörtlich in Erfüllung. Auf diese Wirkung der Magie müssen Sie achten, wenn Sie Ihren Wunsch formulieren. Wenn Sie ein neues Auto brauchen, bauen Sie die Klausel ein, dass das ohne Schaden für Sie selbst oder andere geschieht. Wenn Sie sich die Begegnung mit Ihrem Lebenspartner wünschen, dann stellen Sie sich eine harmonische Begegnung vor, sonst könnte Ihr Traummann der Prozessgegner in einem Rechtsstreit sein. Wenn Sie einen neuen Arbeitsplatz suchen, vermeiden Sie Formulierungen, die zu einem Schleudersitz führen können. Stellen Sie sich immer den gewünschten Zustand so vor, als wäre er schon eingetreten, und beachten Sie dann, was dabei für Risiken auftreten können. Man kann nicht jeder Unannehmlichkeit aus dem Weg gehen. Wir tragen ein Risiko, was immer im Leben wir auch tun, wir lernen aus Fehlern. Aber wir können eines anstreben: Wir können versuchen, sie so gering wie möglich zu halten.

> Beginnen Sie Ihre magische Praxis mit kleinen Schritten. Üben Sie zunächst mit kleinen Wünschen und nicht mit den großen, die Ihr ganzes Leben auf den Kopf stellen, wenn es nicht unbedingt sein muss.

Auf einen Blick

◉ Alle magischen Modelle gehen davon aus, dass es so etwas wie eine Substanz gibt, die unsere Wünsche aufnimmt, formt und in unsere materielle Welt entlässt.

◉ Imaginieren und visualisieren Sie Ihre Wünsche präzise, und verwenden Sie positive Wunschformulierungen. Binden Sie den Zauber, und lassen Sie ihn los.

◉ Warten Sie auf Zeichen der Wunscherfüllung. Nutzen Sie sich eröffnende Chancen.

◉ Nicht alle Wünsche sind erfüllbar, manchmal dient es Ihrer Entwicklung besser, wenn sie unerfüllt bleiben.

Magische Hilfsmittel

Wir begeben uns jetzt noch ein wenig tiefer auf die Ebene der Analogien und beschäftigen uns mit der Bedeutung der vier Elemente in der Magie. Sie sind sehr eng mit den magischen Werkzeugen Schwert, Stab, Kelch und Scheibe verbunden.

Die vier Elemente

Die vier Elemente sind nicht zu verwechseln mit den chemischen Elementen, die Sie aus den Naturwissenschaften kennen. Denn bevor diese gefunden wurden, galten sie als die Grundstoffe, aus denen sich die Welt zusammensetzt. Es sind die Elemente Luft, Feuer, Wasser und Erde. Heute sind diese vier Elemente Sinnbilder für eine ganze Reihe von Erscheinungen und erklären in der Magie viele Zusammenhänge.

Um wirkungsvoll mit der Magie umgehen zu können, sollten Sie eigene Erfahrungen mit den Qualitäten der verschiedenen Elemente sammeln. Es verbirgt sich uraltes Wissen hinter ihnen, Wissen, das wie vieles in der Magie im Lauf der Zeit bewusst verschlüsselt wurde oder sich in verkleideter Form in Brauchtum und Volksweisheiten wiederfinden lässt.

Die Vorstellung von vier Elementen, aus denen sich die materielle Welt zusammensetzt, ist in vielen Schöpfungsmythen und der antiken Philosophie verankert. Auch in den magischen Systemen tauchen Feuer, Wasser, Luft und Erde in der einen oder anderen Form auf.

Bild links: Wichtige Arbeitsgeräte der Magie: Räucherwerk, Schwert, Glaskugel und Kelch.

Luft – die Schärfe des Verstandes
Luft sieht man nicht. Luft ist beweglich, schwer zu fassen. In Stürmen braust sie über uns hinweg, sie bringt schnei-

Magische Hilfsmittel

dende Kälte oder liegt brütend über dem Land. Luft dringt überall ein. Wir atmen sie ein. Wir lassen uns frischen Wind um die Nase wehen, auf einem Spaziergang pustet sie uns den Kopf frei. Wer quirlig und wendig ist, ausweicht, einfach nicht zu fassen ist und ständig neue Ideen hat, ist ein Luftikus.

Suchen Sie in Spruchweisheiten, in Bauernregeln und in Zitaten nach dem, was darin die Luft bedeutet. Achten Sie auf Ihre eigenen Formulierungen, die Sie in Gesprächen und Schriftstücken verwenden. Werden Sie sich bewusst, wann Sie die Eigenschaften der Luft zur Erklärung verwenden. Sie werden feststellen, dass die Luft sehr oft mit der Qualität des Geistes, mit dem beweglichen, schnellen Verstand verbunden wird. Die Gedanken kennen keine Grenzen, sie durchdringen, wie die Luft, alles. Ein sehr moderner Begriff aus dem Management ist das Brainstorming – Gedankenstürme, mit denen man neue Lösungen

Die Luft kann sanft säuseln oder sich zum Sturm zusammenbrauen; sie ist unser Lebenselixier.

sucht. Luftschlösser bauen wir in Gedanken, aber wenn einem die Luft wegbleibt, kann man keinen klaren Gedanken mehr fassen.

Versuchen Sie, die Luft bildlich darzustellen. Wie würden Sie es anfangen, ein Bild zu malen, das die Luft darstellt? Wenn Sie Lust haben, probieren Sie es, die Luft auch wirklich zu zeichnen oder zu malen. Es könnte ein blauer Himmel mit fantasievollen Wolkengebilden werden, ein sturmgezauster Baum oder Seifenblasen, die schillernd über eine Wiese schweben. Seien Sie kreativ. Sammeln Sie Dinge, die für Sie einen Bezug zur Luft haben. Ein Luftballon, ein Papierflieger, Federchen oder eine Tüte Berliner Luft? Ihrer Fantasie sind keine Grenzen gesetzt.

Setzen Sie sich auch umweltbewusst mit der Luft auseinander. Was bedeuten Spraydosen, Zigaretten, Fabrikschornsteine, Autoabgase für die Luft, die Sie atmen? Gibt es Konsequenzen, die Sie daraus ziehen wollen?

Stellen Sie sich der Luft, gehen Sie an einem windigen Tag spazieren, schnuppern Sie, fühlen Sie die Luft, die Sie umgibt.

Nehmen Sie das, was Sie so gleichgültig einatmen, bewusst wahr, und analysieren Sie Ihre Umwelt. Beobachten Sie genau, und beurteilen Sie möglichst scharfsinnig, was Sie sehen.

Scharfsinnig ist der Geist, und darum verkörpert ihn das Schwert.

Die der Luft zugehörige Himmelsrichtung ist der Osten, mit ihr verbunden sind die aufgehende Sonne und das Frühjahr.

> In der Naturmagie werden die vier Elemente verschiedenen Naturgeistern zugeordnet. In den Lüften tanzen die Sylphen. Diese zarten Luftgeister schweben auf Sonnenstrahlen dahin und können sich in alle Gestalten verwandeln.

Magische Hilfsmittel

Feuer – die Macht des Willens

Funken entzünden das Feuer, das Licht und Wärme spendet. Manch einer hat einen brennenden Ehrgeiz, andere haben einen feurigen Liebhaber, bei dem die Flammen der Leidenschaft hoch auflodern. Wenn Sie in einer Sache stark engagiert sind, halten Sie flammende Reden, gelten bisweilen sogar als Feuerkopf. Schicken Sie Ihrem Partner ein paar glutvolle Blicke, um ihn seinen schwelenden Zorn vergessen zu machen. Feuer wird auch reinigend und läuternd eingesetzt, was in einem Extrem dazu führte, dass man böse Hexen und unbequeme Schriftstücke verbrannt hat. Eine saubere Lösung!

Auch dem Feuer sollten Sie im Gebrauch unserer Sprache nachgehen. Sie werden sicher sehr schnell fündig werden, denn das Feuer ist schon immer als heilig angesehen worden. In vielen Mythen wurde es den Menschen von den Göttern gegeben, manchmal auch von ihnen gestohlen. Malen Sie das Feuer. Welche Farben wählen Sie? Das Gelb der sauerstoffreichen, flackernden Lohe, Kirschrot und Schwarz der Glut, das tanzende Blau der sterbenden Flamme, das fedrige Grau der erkalteten Asche? Sammeln Sie Gegenstände, die das Feuer darstellen. Kerzenstummel, verkohlte Zweige, Streichhölzer und Glühbirnen, Brennnesseln und Zunderschwamm. Feuer ist Licht und Wärme, Asche und kalter Rauch.

Feuer – Energie – ist lebenswichtig für uns. Aber sie hat auch ihre negativen Auswirkungen. Energiemissbrauch führt zur Vernichtung von wertvollen Ressourcen. Fahrlässiger Umgang mit dem Feuer – auch dem atomaren – führt zur Vernichtung der Welt, in der wir leben. Stellen Sie sich dem Feuer. Wenn Sie einen Kamin haben oder ein Lagerfeuer anzünden können, schauen Sie in die Flammen und

---

Zum Element Feuer gehören Fabeltiere. Der Salamander hat in dieser mythischen Welt nichts mit den kleinen Amphibien zu tun, sondern ist ein Wundertier, den das Feuer nicht verbrennt. Der Vogel Phönix verbrennt sich und wird aus der Asche wieder geboren, und dann gibt es noch den Feuer speienden Drachen aus dem Märchen.

spüren Sie ihre Kraft. Aber auch eine Kerzenflamme reicht, um das Feuer bewusst wahrzunehmen. Die Kerze leuchtet uns in der Dunkelheit, die Fackel erhellt unseren Weg. Voran auf den Weg treibt uns unser Wille.

Der Stab, oft als Fackel dargestellt, ist das Sinnbild des Willens. Die dem Feuer zugewiesene Himmelsrichtung ist der Süden, zu ihm gehören die brennende Sonne im Zenit und der Sommer.

Wasser – die Tiefe der Gefühle

Wasser fließt, weicht aus und sucht sich seinen Weg. Stille Wasser gründen tief und verbergen Geheimnisse. Wer sehr gefühlvoll ist, hat nah am Wasser gebaut, und Tränen schwemmen Angst und Trauer fort. In trüben Wassern zu fischen führt meist dazu, dass etwas Scheußliches an die Oberfläche kommt. Doch in den Tiefen des Rheins wurde der Nibelungenschatz versenkt und wartet noch heute darauf, gehoben zu werden. Und wenn wir an die Quellen zu-

Wasser versinnbildlicht das Unbewusste und birgt oftmals Geheimnisse in der Tiefe.

Nixen, Seejungfrauen, Undinen und Nymphen bewohnen Meere, Flüsse, Seen und Brunnen. Diese Naturwesen verführen die Menschen und ziehen sie in ihr feuchtes Wasserreich hinab.

rückgehen, werden wir finden, dass alles Leben aus dem Wasser stammt. So weit sind sich Naturwissenschaftler und Mystiker zumindest schon mal einig.

Sie werden es nicht schwer haben, in unserer Sprache auf Wasser zu stoßen. Das geht ganz ohne Wünschelrute. Wenn Sie malen, muss es ja nicht gleich das klassische Seestück sein, auf dem ein Segelschiff die schäumenden Wogen durchpflügt. Regentropfen am Fenster, sechsstrahlige Schneesternchen, die Träne auf der Wange eines Kindes oder ein blauer See zwischen lichten Bäumen tun es auch. Wenn Sie Dinge sammeln wollen, die Sie mit dem Wasser in Verbindung bringen, denken Sie vermutlich als Erstes ans Muschelsammeln. Wer immer an einem Strand war, wird sich dieser Beschäftigung nicht entzogen haben. Aber Sie können auch rund gewaschene Flusskiesel, eine Schüssel voll Regenwasser, ein paar Eiswürfel (sie lassen sich leider nicht besonders gut aufheben), ein Schiffchen aus Blättern oder Hölzchen gefertigt oder einen Schilfstängel für Ihre Sammlung nehmen. Seien Sie kreativ! Sicher entdecken Sie noch viele Bezüge zum Lebenselement Wasser.

Reinheit des Wassers

Wasser reinigt, aber nicht immer ist Wasser rein. Achten Sie darauf, wo Wasser verschmutzt wird, wo es verschlammt, zur stinkenden Kloake wird. Wo Fische sterben und Vögel mit ölverklebtem Gefieder zugrunde gehen. Wo Müll und Abfall an den Strand geschwemmt werden und brauner Schaum sich an den Ufern bildet.

Fühlen Sie das Wasser, wenn Sie duschen, wenn Sie schwimmen gehen. Gehen Sie im Regen spazieren, und lauschen Sie dem Wellenschlag der Brandung. Bei den eintönigen Geräuschen, die durch Wasser entstehen, sei es das Tropfen des Regens ans Fenster, das Tosen eines Wasserfalls, das Rauschen des Meeres, ist es sehr leicht, in Trance zu fallen und damit den Zugang zum Brunnen des Unbewussten zu finden.

Das Wasser steht für die Kräfte des Inneren, sein Gefäß ist der Kelch. Die dem Wasser zugehörige Himmelsrichtung ist der Westen, zu ihm gehören die am abendlichen Horizont abtauchende Sonne und der Herbst.

Wie das Element Luft ist auch das Wasser besonders stark von zerstörender Umweltverschmutzung bedroht. Wir alle sollten sorgsam mit dem Wasser umgehen, denn ohne Wasser ist kein Leben möglich.

Erde – Schutz und Materie

Sie stehen – hoffentlich – noch immer mit beiden Beinen fest auf der Erde. In Zeiten der Turbulenzen sind Sie für Ihre Freunde ein Fels in der Brandung, und dann setzen Sie Himmel und Erde in Bewegung, um Ihr Ziel zu erreichen. Wir alle suchen unsere Wurzeln, wenn wir die Vergangenheit aufrollen.

Die Erde, damit ist nicht nur dieser schöne Planet ge-

Die Erde gibt uns eine Basis für unser Leben.

meint, auf dem wir leben, das ist auch alles, was auf ihr wächst und grünt. Berge und Täler, Wälder und Wüsten, die grüne Wiese, Ton, aus dem unser Geschirr gebrannt wird, der Komposthaufen im Garten, die Blumen in der irdenen Vase.

Alle Materie um uns herum stammt von dieser Erde, ein paar Meteoriten nichtirdischer Herkunft können wir vernachlässigen.

Prüfen Sie, wann Sie erdnahe Formulierungen verwenden, mit welchen Bildern Sie Ihre Verbindung zur Erde beschreiben. Stellen Sie die Erde mit dem Zeichenstift dar. Entsteht dann ein Steinhaufen, ein grünes Blättergewirr, die majestätische Silhouette eines Gebirges oder ein Häusermeer? Schauen Sie sich einfach um, Sie sind umgeben von Materie, von Erde. Es ist einfach, Dinge zu sammeln, die zum Element Erde gehören. Jeder Stein, jede Pflanze, Tannenzapfen, Nüsse, bizarre Wurzeln, aber auch Kristalle und Metalle gehören zu ihr. Wir sind zu Gast auf dieser Erde, aber höfliche Gäste sind wir nicht. Wir beuten unsere Gastgeberin aus, wir reißen ihr Wunden, wir kleistern sie mit Asphalt und Beton zu und vergiften ihre Wälder. Wir erklären sie zu unserem Eigentum und machen sie uns untertan. Geht man so mit der Hausherrin um?

Machen Sie einen langen Spaziergang, und nehmen Sie die freundlichen Gaben der Erde wahr. Fühlen Sie den bemoosten Stamm eines alten Baumes, lassen Sie Sand durch Ihre Finger rieseln, und zerkrümeln Sie ein Stück schwarzen Ackerbodens. Wenn Sie die Möglichkeit haben, suchen Sie eine Höhle auf, und nehmen Sie Verbindung mit dem Mutterschoß der Erde auf. In Höhlen suchen Tiere Unterschlupf, mit Gräben, Wällen und Mauern schützen wir uns vor Eindringlingen und Unbilden der Natur.

Erdgeister bewachen in alten Mythen die Schätze der Erde. Die Zwerge schmieden Gold und andere Metalle der Erde und meiden das Sonnenlicht. Lieblicher sind die zarten Elfen, die in hellen Nächten ihre Erdhöhlen verlassen, um im Mondlicht zu tanzen.

Der Schutzschild und das Pentagramm sind das Symbol der Erde. Die der Erde zugehörige Himmelsrichtung ist der kühle Norden, zu ihr gehören die Mitternachtssonne und der Winter.

Magische Geräte

Magie wirken wir durch unseren Willen, aber es gibt, wie wir bereits bei Analogien und Symbolen gesehen haben, Hilfs- und Verstärkungsmittel. Bisher haben Sie die Zutaten kennen gelernt, jetzt werden wir uns den Arbeitsgeräten zuwenden. Es sind im Wesentlichen das Schwert, der Stab, der Kelch und die Scheibe, die in den magischen Ritualen benötigt werden. Über ihren Einsatz erfahren Sie in diesem Abschnitt die Grundzüge.

Wie wir bereits sahen, sind die vier Elemente sehr eng mit den magischen Werkzeugen verbunden. Sie haben durch Ihre Beschäftigung mit den Elementen inzwischen schon ein gutes Gefühl dafür, warum das so ist. In diesem nächsten Schritt wird es konkret, Sie werden sich Ihre eigenen Hilfsmittel schaffen, um sie dann in Ritualen einsetzen zu können. Es kommt jedoch nicht darauf an, sich jetzt eine Kollektion exotischer Gegenstände zu kaufen und sie demonstrativ auf den Wohnzimmertisch zu legen, sondern um den praktischen Einsatz dieser Geräte in der Magie.

> Kaum hatte die Menschheit das Metall zu bearbeiten gelernt, wurden leider auch schon Waffen daraus hergestellt. Die ältesten Schwerter stammen aus der Bronzezeit.

Das Schwert

Eine Faszination geht noch immer von Schwertern aus. Jeder historische oder Fantasyfilm, der etwas auf sich hält, hat mindestens eine prächtige Schwertkampfszene zu bieten. Das Schwert ist eine der frühesten Waffen und hat eine viel längere Tradition als die Schusswaffen. Noch Anfang des Jahrhunderts wurde es ernsthaft bei kriegerischen Auseinandersetzungen oder im Duell geführt, und sogar heute noch gehört in einigen Armeen der Galadegen zur Uniform. Das Schwert hat bei seinen Trägern das Selbstwertgefühl ungemein aufgewertet, war es doch nicht so einfach zu erhalten. Ritterschlag und Schwertweihe waren jahrhundertelang große Ereignisse, sie machten den Knaben zum mächtigen Ritter. Darum ist es nicht verwunderlich, dass das Symbol Schwert mit großer Kraft aufgeladen ist. Wenngleich es auch Schwertmaiden gab und die Germaninnen und Keltinnen durchaus fachgerecht mit dieser Waffe umgehen konnten, trägt es doch einen überwiegend männlichen Charakter. Einen sehr deutlichen Einsatz der Kräfte des Schwertes bei Verwicklungen hat Alexander der Große bewiesen, als er den Gordischen Knoten zerschlug.

Mit dem Schwert wird geschnitten, getrennt, und es werden Grenzen gesetzt. Wenn Sie also ganz konkret mit diesen Fähigkeiten in Verbindung treten wollen, verwenden Sie das Schwert.

Im praktischen magischen Gebrauch ist die kleinere Ausführung des Schwertes, der Dolch oder das Messer, erheblich praktischer. Es geht darum, ein Symbol für den messerscharfen Verstand einzusetzen, der Situationen erkennt und einordnet, der Konsequenzen durchdenkt und Planungen vornimmt.

Ein Vorurteil, mit dem alle die zu kämpfen haben, die sich mit esoterischen Themen auseinander setzen, ist, dass man von ihnen glaubt, dass sie sich auf einer völlig abgehobenen Ebene befinden, dass sie nur aus ihrer Intuition und »aus dem Bauch« leben und handeln. Weit gefehlt, denn das Schwert des Verstandes darf auch von den Wanderern auf dem spirituellen Weg nicht zur Seite gelegt werden. Es wird allerdings nicht einseitig eingesetzt, wie es sich in unserer Lebensweise eingebürgert hat, sondern im Zusammenhang mit den drei anderen Gegenständen – oder Fähigkeiten, nämlich dem Willen, dem Gefühl und der Tatkraft.

Wann immer Sie magisch arbeiten wollen, soll Sie also das Schwert oder seine kleineren Verwandten daran erinnern, Ihren Verstand zu gebrauchen.

Der Stab

Nun kommen wir zu einem typischen Werkzeug der Magie: Bekannt ist Ihnen sicher der Zauberstab, der einfach zu einem Magier gehört. Selbst Bühnenmagier verwenden ihn, um ihn effektvoll zu schwingen und dann das Kaninchen aus dem Hut zu ziehen.

In dieser Form ist er sicher als das geläufigste magische Werkzeug erhalten geblieben, wenn auch in einer völlig zusammenhanglosen Form. Denn der Stab steht noch für viele andere Bedeutungsebenen. Der Stab ist auch Hirtenstab und wird nicht nur von den Hütern echter Schafherden benutzt, sondern auch von den Herdenführern der Kirche. Auf einen Stock kann man sich stützen, ein Wanderstab ist auf dem Weg, wo auch immer hin, sehr hilfreich. Man kann sich mit einem derben Stecken wehren. Wenn er zur Lanze wird, sogar recht heftig. Der brennende Stab dagegen ist eine Fackel. Und den Freundinnen des alten, weiblichen Weges der Magie ist er selbstverständlich auch in Form eines Besens zur Hand.

Ein Stab ist einfach zu beschaffen, sofern man in einen

> Der Stab kann ein Insignium großer Machtfülle sein, wenn man an das Zepter der Könige denkt. Durch ihn fließt die Energie, was er berührt, wird zum Leben erweckt – er symbolisiert die Schöpfungskraft schlechthin.

Wald kommt. Aber schnappen Sie sich jetzt bitte nicht die Kettensäge und fetzen ein Dutzend Äste von lebenden Bäumen. Die meisten Bäume sind so nett und legen Ihnen passende Stäbe zu Füßen. Schön ist es, wenn Sie einen alten Baum auf Ihrem Grundstück oder vor Ihrer Haustür haben, zu dem Sie ein persönliches Verhältnis aufgebaut haben. Lachen Sie nicht, auch das gehört zur Magie. Erinnern Sie sich an die Grundaussage der Magie: Alles ist miteinander verbunden! Der Stab leitet die Kraft und führt sie wie der Hirte die Herde. Wenn Sie in ein Konzert gehen, beobachten Sie einmal den Dirigenten, wie er mit seinem Stab die Energie der Musik führt!

Ein Blitzableiter ist übrigens auch ein Stab, der gewaltige Energien leitet. Gewisse Analogien lassen Sie hier sehr schnell ebenfalls schließen, dass der Stab vom Charakter her männlich ist.

Das Wehrhafte, das Leiten der Kraft, das Leuchten der brennenden Fackel ist mit dem Willen gleichzusetzen. Wann immer Sie also die Kraft des Willens benötigen, um Ihre Wünsche zu unterstützen, werden Sie sich an den Stab erinnern und ihn einsetzen.

Auch ein Schreibgerät, etwa Bleistift, Pinsel oder Feder, ist ein Stab, und nicht umsonst sagt das Sprichwort: »Die Feder regiert das Schwert«, was bedeutet, dass der Gedanke die Taten lenkt.

Der Kelch

Kelche haben eine buchstäblich »tiefe« Bedeutung. Denken Sie an den Heiligen Gral, den Abendmahlskelch, das Taufbecken und den Hexenkessel. Als Kelch werden zunächst einmal alle Gefäße betrachtet, die Wasser oder auch den Ritualwein enthalten können. Sie müssen sich also nicht gleich einen kostbaren, geschliffenen Kelch aus venezianischem Glas besorgen oder einen edelsteinbesetzten Silberpokal.

Der Kelch ist das Symbol für die Gefühle und die Intu-

Im Kelch wird die Flüssigkeit gesammelt und gemischt, der Abendmahlskelch hat liturgische Bedeutung, der Begrüßungstrunk aus dem Kelch war ein Zeichen der Gastfreundschaft.

ition, wenn Sie ihn verwenden, rufen Sie diese Kräfte hervor.

Der Kelch ist auch das Becken, der Bauch, in dem das Leben wächst und aus dem das Kind geboren wird. Ganz allgemein ist der Kelch von seinem Charakter her weiblich. Der Kelch nimmt auf, in ihm wird vermischt, im Kessel wird gekocht, werden Substanzen zusammengerührt und gehen eine neue, andersartige Verbindung ein. Das ist es, was sich auch in Ihrem Unbewussten abspielt. Sie nehmen wahr, Sie verarbeiten das Wahrgenommene, vermischen es mit dem, was bereits vorhanden ist. Das ist der Vor-

In der Alchemie wird das Wesen der Erde und des Menschen, der Mikrokosmos, als Abbild des Weltganzen, des Makrokosmos, gesehen und in Symbolen ausgedrückt. Die Substanzen werden in einem Destillationsprozess geläutert. Solve et coagula – löse und verbinde, das ist das alchemistische Verfahren, das im Kelch geschieht.

gang, der beim Begreifen passiert. Sie haben mit Ihrem Verstand ein Pensum gelernt, doch es will noch keinen rechten Zusammenhang ergeben. Erst wenn die Lektion »verinnerlicht« ist, wenn Erfahrungen und vorhandenes Wissen zusammenkommen, passen die einzelnen Puzzleteilchen ganz plötzlich zusammen. Dann ergibt sich die Lösung eines Problems ganz ohne Ihr bewusstes Zutun, und es fällt eine Entscheidung.

Alle Entscheidungen, auch wenn sie noch so rational begründet werden, sind gefühlsmäßige Entscheidungen. Mag sein, dass Sie das jetzt nicht glauben, aber prüfen Sie sich das nächste Mal, wenn Sie in einer Entscheidungssituation stehen, ob Ihr Gefühl wirklich nicht dabei ist. Achten Sie vor allem darauf, wenn Sie sich bewusst gegen Ihr Gefühl für etwas entscheiden! Der Kelch bedeutet, dass wir nicht nur mechanisch Lösungswege verfolgen sollen, sondern unsere Intuition mit einbeziehen. Er weist uns darauf hin, dass wir die Weisheit des inneren Kindes und die Führung des inneren Lehrers beachten sollen.

Die Scheibe

Die Scheibe kann in zwei Richtungen ausgelegt werden. Wenn wir bei den Waffenbegriffen Schwert und Lanze bleiben, ist in diesem Zusammenhang die Scheibe der runde Schild. Schutz soll er uns gewähren. Weniger martialisch als der Schild, und auch heutzutage erheblich leichter zu beschaffen, ist ein runder Spiegel. Er hat auf eine subtilere Art die gleiche Wirkung wie der Schild, denn er reflektiert die Lichtwellen, sie prallen an ihm ab wie Steine am Schild. Und dann gibt es noch einen weiteren Schutzschild, der wirklich sehr magisch ist, und das ist das Symbol des Pentagrammes, das in der Magie traditionell eine wichtige

Rolle spielt. Sie haben es bereits kennen gelernt. Aber die Schutzfunktion ist nur ein Aspekt der Scheibe.

Vergessen wir nicht, das magische Werkzeug Scheibe bezieht sich auf das Element Erde. Nicht, weil die Anwender der Magie glauben, die Erde sei eine Scheibe, sondern weil es alle Materie darstellt. Das Zeichen für »Alles« ist aber der Kreis. Achten Sie auf Ihre Gestik, wenn Sie sagen: »Alles das gehört mir!« Oder auf den Stift, wenn Sie auf einem Plan oder in einer Anzeigenliste etwas markieren, das Sie haben wollen. Meist wird es ein mehr oder weniger runder Kringel. Kurzum, die Scheibe ist auch dafür geeignet, den Gedanken (das mit dem Kringel darum will ich haben) zu konkreter Energie werden zu lassen, auf dass er sich in Materie manifestiert.

Münzen sind auch kleine Scheiben, nicht wahr? Mit genügend Münzen kann man auf ganz unmagische Weise abstrakte Wünsche zu sehr fassbaren Gegenständen ma-

> Das Pentagramm wird häufig als Pentakel oder Drudenfuß bezeichnet, es ist der fünfzackige Stern. Sie finden es in diesem Buch auf vielen Seiten.

Schwert	Stab	Kelch	Scheibe
Luft	Feuer	Wasser	Erde
Verstand	Wille	Gefühl	Materie/Tat
Morgen	Mittag	Abend	Nacht
Osten	Süden	Westen	Norden
Frühling	Sommer	Herbst	Winter
männlich	männlich	weiblich	weiblich
gelb	rot	blau	grün

chen. Nicht zuletzt sind alle irdenen Scheiben, alle aus Ton, Steingut oder Porzellan gefertigten Teller oder Platten ein Abbild dieses magischen Werkzeugs, und es eignet sich neben dem Schutz auch zum Anrichten von Nahrung oder Opfergaben. Schutz und Nahrung finden wir als Lebewesen zuallererst bei unserer Mutter – die Scheibe ist, wie Mutter Erde, weiblich. Sie sehen, wir sind tief im analogen Denken gelandet. Auf Seite 131 finden Sie eine Übersicht über die Zusammenhänge.

Am Beginn eines jeden Rituals steht die Anrufung von Feuer, Wasser, Luft und Erde. Versuchen Sie eigene Bilder zu finden, die zu den Begriffen der vier Elemente gehören, und schreiben Sie Ihre Vorstellungen in das magische Tagebuch.

Anrufung der Elemente

Sie haben bereits gelernt, den magischen Kreis um sich zu ziehen, bevor Sie eine magische Handlung durchführen, und dabei die Kräfte der Himmelsrichtungen gegrüßt. Erweitern Sie jetzt Ihre persönliche Formel mit den Analogien, die Sie hier vorfinden. Machen Sie ein kurzes Gedicht oder Lied daraus, um die vier Kräfte zu bitten, Ihnen bei allem, was Sie tun, zu helfen. Etwa so:

Luft

Bei sanfter Brise, Bö und Sturm,
bei Wirbelwind und Wolkenturm,
bei Blitz und Donner, Windgefauch,
bei Laubgeraschel, kühlem Hauch
ruf ich dich an, die Kraft der Luft!
Leben schwebt, es atmet ein,
ein Hauch vergeht, wird immer sein.

Wasser

Bei Quelle, Fluss und stillem See,
bei Nebel, Raureif, Tau und Schnee,
bei Regen, Hagel, Eiskristall,
bei Welle, Woge, Wasserfall
ruf ich dich an, des Wassers Kraft!
Leben trinkt den Himmelswein,
Totes sinkt, wird immer sein.

Die vier Elemente und die vier magischen Geräte finden Sie in vielen magischen Systemen, aber auch in Märchen und Mythen. Insbesondere im Sagenkreis um König Arthurs Tafelrunde spielen der Gral, also der Kelch, das Schwert Excalibur, die Lanze, die den Fischerkönig verwundete, und der geheimnisvolle Königsstein eine entscheidende Rolle. In den kleinen Arkana des Tarot tauchen Schwert, Kelch, Stab und Scheibe ebenfalls auf. Die vier Elemente werden in der Astrologie den Tierkreiszeichen zugeordnet. So sind Widder, Löwe und Schütze Feuerzeichen, und ihre Vertreter zeichnen sich oft durch einen dynamischen Charakter aus. Stier, Jungfrau und Steinbock sind Erdzeichen, und die unter diesem Zeichen Geborenen sind häufig beharrlich und ausdauernd. Zwillinge, Waage und Wassermann sind Luftzeichen, ihre Vertreter schnelle und analytische Denker. Krebs, Skorpion und Fische hingegen gehören dem Element Wasser an und sind intuitiv und gefühlvoll.

Feuer

Bei Kerze, Licht und Sonnenschein,
bei Ofen, Herd und heißem Stein,
bei Flamme, Asche, Funkenflug,
bei Rauch und Qualm und roter Glut
ruf ich dich an, des Feuers Kraft!
Leben brennt im Feuerschein,
wer's Licht erkennt, wird immer sein.

Erde

Bei Hügel, Tal und Felsgestein,
bei Wiese, Hecke, Feld und Hain,
bei Ast und Strauch und grünem Laub,
bei Humus, Kiesel, Sand und Staub
ruf ich dich an, der Erde Kraft!
Leben bricht das Felsgebein,
kommt ans Licht, wird immer sein.

Umgang mit magischem Gerät

Jetzt kennen Sie die magischen Werkzeuge und haben vielleicht das Bedürfnis, diese vier Geräte zu besitzen. Es gibt ein paar grundlegende Dinge, die man bei der Beschaffung und dem Umgang mit diesen fundamentalen magischen Hilfsmitteln beachten sollte. Lösen wir zuerst das nicht ganz einfache Problem, wie man heutzutage an derartige Gegenstände kommt.

Je persönlicher Ihre Beziehung zu Ihrem magischen Werkzeug ist, desto größer ist seine Kraft. Darum sollten Sie auch einen gekauften Gegenstand mit Ihrem persönlichen Signum versehen.

Beschaffung magischer Geräte

Es gibt verschiedene Vorgehensweisen, um sich magische Geräte zu beschaffen, je nachdem, für welche Ausführung Sie sich entscheiden. Wenn Sie die theatralische Richtung lieben – und es spricht nichts dagegen – und wirklich mit Schwert, Stab als Lanze, Kelch und Schild arbeiten wollen, dann haben Sie jetzt eine echte Aufgabe. Und wohl auch eine echte Ausgabe – billig sind diese Geräte nicht, wenn Sie sie kaufen. Denn ein magischer Grundsatz gilt für die Beschaffung: Sie müssen immer den Preis zahlen, der verlangt wird. Bei dem Erwerb Ihrer magischen Utensilien darf nicht gehandelt werden.

Machen Sie sich auf die anregende Suche. Sie finden Ihre Werkzeuge in Antiquitätengeschäften, auf mittelalterlichen Märkten oder in manchen Esoterikläden. Oder Sie haben Zugang zu dem Fundus eines Theaters. Reproduktionen berühmter Schwerter habe ich in Andenkenläden in Nordfrankreich gesehen, es gibt sie in manchen Waffenhandlungen auch bei uns. Wenn es also König Arthurs Excalibur sein soll, dann seien Sie auch so konsequent und nehmen Sie Unterricht, um es seiner Bestimmung nach zu führen. Das ist ganz ernst gemeint. Wenn Ihnen wirklich daran liegt, sollten Sie die damit verbundenen Anstrengungen gerne in Kauf nehmen.

Magische Geräte selbst machen

Besser als kaufen ist es natürlich, wenn Sie sich Ihre Werkzeuge weitgehend selbst machen. Denn wie immer gilt, je mehr man sich mit einer Sache beschäftigt, desto wertvoller ist sie für einen – und umso wirkungsvoller ist sie. Das Schneidwerkzeug werden Sie vermutlich nicht selbst herstellen können, außer Sie sind so ambitioniert, Ihr Schwert selbst zu schmieden. Aber warum nicht? Sie werden sicher viel dabei lernen.

Wer sucht, der findet. Wenn die Notwendigkeit da ist, findet man auch das richtige Werkzeug. Beim Ausmisten der Garage oder des Speichers beispielsweise. Manchmal wird es sogar verschenkt. Achten Sie darauf. Es kann aber auch durchaus sein, dass Sie das eine oder andere schon lange haben und benutzen.

Ein Messer zum Beispiel, das Ihnen besonders gut in der Hand liegt. Ob das ein Tranchiermesser oder ein Taschenmesser, ein Schnitzmesser oder ein Brieföffner ist, ist völlig gleichgültig. Da gutes Kochen ein magischer Akt ist, ist ein Küchenmesser nie verkehrt.

Bei dem Stab, der zwischen 30 Zentimeter und eigener Körpergröße lang sein darf, ist Selbermachen kein Problem. Aber wie gesagt, sammeln, nicht abschneiden. Wählen Sie auch einen für Sie passenden Baum. Eiche ist kraftvoll und erdverbunden, Weide biegsam und dem Wasser verbunden, Zauberhasel spricht für sich selbst. Der schlichten, aber wirksamen Haushaltsmagie steht der Besen nicht fern, vielleicht sogar ein selbst gebundener Reisigbesen. Ein Gefäß, das Ihnen als Kelch dient, können Sie,

Magische Werkzeuge nutzen sich nicht ab, sondern gewinnen durch wiederholten Gebrauch immer mehr an Stärke. Je häufiger Sie ein magisches Gerät seiner Bestimmung nach verwenden, desto größer wird seine Kraft.

wenn Sie die technische Möglichkeit haben, ebenfalls selbst herstellen. Töpfern Sie oder drechseln Sie. Andererseits haben Sie vielleicht ein Glas, das Ihnen etwas bedeutet, eine Schale oder gar einen handgeschmiedeten Kupferkessel. Eine Scheibe kann ein Teller, ein Tablett, ein Spiegel sein, ein rundes Holzbrettchen oder ein von Ihnen bemaltes Stück Pappe. Was immer Sie an magischen Gegenständen wählen, Sie können Ihr magisches Zubehör nach Geschmack verzieren, bemalen, mit Symbolen versehen oder einfach nur für den magischen Gebrauch reservieren.

Das Weihen magischer Werkzeuge

Wenn Sie einen der vier Gegenstände gefunden haben, sollten Sie ihn seiner Bestimmung übergeben, das heißt weihen oder mit Kraft aufladen. Nehmen Sie das Gerät, und grüßen Sie jede Himmelsrichtung und jedes Element mit Ihren eigenen Worten. Setzen Sie sich mit dem Gesicht in die dem Werkzeug zugehörige Himmelsrichtung. Legen Sie das Gerät vor sich, und meditieren Sie über die Kraft, die es wecken soll. Dann stellen Sie sich ein weißes, strahlendes Licht vor und lassen es in das Gerät fließen. Anschließend verbinden Sie sich mit ihm, indem sie Speichel oder ein Blutströpfchen darauf verreiben und sich vorstellen, wie Ihre Kraft in das Werkzeug übergeht. Es kann sein, dass Ihnen, wenn Sie es anfassen, die Finger kribbeln. Vermerken Sie in Ihrem magischen Tagebuch, was Sie wann gefunden und geweiht haben.

Respektieren Sie die magischen Werkzeuge eines anderen Magiers. In jedem Fall gebietet es die Höflichkeit, nicht gleich die Finger auf dessen magisches Gerät zu legen und womöglich eine wie auch immer gut gemeinte Bemerkung zu machen.

Exklusiver Gebrauch magischer Geräte

Noch ein Hinweis: Es gibt zwei Denkungsarten in der Magie, und da sie beide gleichberechtigt nebeneinander bestehen, können Sie sich aussuchen, wie Sie handeln wollen. Die stark zeremoniell orientierten Magier verlangen, dass die magischen Werkzeuge ausschließlich zu magischen Zwecken eingesetzt werden und von niemandem außer dem Besitzer berührt werden dürfen. Diejenigen, die der spontaneren, alltagsnäheren Anwendung zugeneigt sind, betrachten ein Küchenmesser weiter als benutzbares Küchenmesser und einen Wanderstab als Wanderstab, auch wenn sie im Ritual eine andere, zusätzliche Bedeutung haben.

Auf einen Blick

- Die vier Elemente Feuer, Wasser, Luft und Erde spielen in der Magie eine wichtige Rolle. Sie sind sehr eng mit den magischen Werkzeugen Schwert, Stab, Kelch und Scheibe verbunden.

- Sie können sich magische Werkzeuge selbst beschaffen oder herstellen. Lassen Sie Ihre Fantasie spielen.

- Weihen Sie Ihre magischen Geräte, bevor Sie sie in einem Ritual einsetzen.

Magische Techniken und Symbole

Sie haben jetzt Ihre eigenen Fähigkeiten ausgelotet und wahrscheinlich schon einige Übung bei der Reise in Ihre inneren Welten. Sie kennen die wesentlichen Zutaten und Werkzeuge der Magie. Jetzt kommen ein paar Hinweise zur praktischen Anwendung. Dazu zählen zum einen die notwendigen Handlungen, die Sie brauchen, um sich bei der Arbeit abzusichern, aber auch das Verständnis für die Kräfte, mit denen Sie umgehen werden.

Es gibt einige grundlegende Prozeduren, die Sie zu verschiedenen Zwecken in der Magie einsetzen können. Jede dieser Techniken kann für sich wirken oder später im Zusammenhang mit einem großen Ritual mit anderen Methoden kombiniert werden. Daneben sollten Sie sich auch ein Basiswissen über einige Symbole aneignen, die in der Magie eine Rolle spielen, und einen Bezug zur Bedeutung der Farben herstellen, denn diese haben einen nicht zu unterschätzenden Einfluss auf die magischen Handlungen, die Sie durchführen wollen.

Körper und Geist wirken im magischen Akt zusammen. Auch die Körperhaltung bleibt nicht ohne Wirkung, denn die äußere Haltung beeinflusst die innere Gestimmtheit.

Zentrierung

Eine auch im Alltag überaus sinnvolle Übung ist das Zentrieren. Sie hilft Ihnen, fest zu bleiben, wenn die Welt um Sie herumwirbelt. Zentrieren können Sie sich rein körperlich sehr einfach mit der nachfolgend beschriebenen Haltung.

Bild links: Jeder von uns benutzt magische Symbole, oft unbewusst. Schauen Sie bei sich einmal nach.

Magische Techniken und Symbole

Üben Sie diese immer mal wieder, und Sie werden merken, dass sich dabei auch Ihr Geist zentriert und einen Ruhepunkt findet.

Beginnen wir mit der Haltung beim Zentrieren. Wenn Sie sich schon einmal mit Wirbelsäulengymnastik und Rückenschule beschäftigt oder sich sportlich im Tanzen oder Kampfsport betätigt haben, werden Sie diese Haltung schon kennen. Stellen Sie sich möglichst ohne Schuhe aufrecht hin, die Füße etwa schulterbreit auseinander, die Knie leicht gebeugt, das Becken etwas vorgeschoben, die Schultern gerade und leicht nach hinten unten gezogen, den Blick gerade nach vorne gerichtet. Nichts darf sich verkrampft anfühlen, nichts verspannt. Fühlen Sie Ihren Schwerpunkt, pendeln Sie sacht hin und her, um ihn zu fühlen. Sie finden auf diese Weise eine Stellung, aus der Sie so leicht nichts umwirft, die Ihnen aber schnelle Reaktionen erlaubt. Strecken Sie jetzt die Arme nach vorne aus, und atmen Sie zehnmal tief und entspannt in den Bauch

Die magische Erdung basiert auf der Haltung des Zentrierens. Mit ihr können Sie wieder Boden unter den Füßen gewinnen.

ein. Beim Einatmen öffnen Sie die Arme weit, beim Ausatmen führen Sie sie wieder zusammen. Lassen Sie in Ihren Gedanken nichts anderes zu als den Atem.

Erdung

Das Zentrieren ist die Voraussetzung für die magische Erdung. Wann immer Sie Kraft benötigen oder von überschüssiger Kraft überreizt sind, hilft Ihnen die Verbindung zur Erde, wieder Boden unter den Füßen zu gewinnen und sich mühelos in der Realität zurechtzufinden.

Sie bleiben in der zentrierten Haltung und stellen sich vor, dass aus Ihren Füßen Wurzeln wachsen. Sie durchdringen den Untergrund, auf dem Sie stehen, und gelangen zum Mutterboden. Sie durchdringen Betondecken, Stockwerke, Asphalt. Sie verwachsen mit der Erde wie ein Baum.

Aus der Körperhaltung des Zentrierens entwickelt sich die magische Technik der Erdung. Die Verbindung mit dem festen Grund der Erde schafft Stabilität und einen Ausgleich der Kräfte.

Ausgleich der Energie

Wenn Sie sich zuvor müde und energielos gefühlt haben, saugen Sie jetzt durch diese Wurzeln die Kraft der Erde in sich hinein. Fühlen Sie, wie sie emporsteigt und Sie ausfüllt. Wenn Sie an einem Überschuss an Energie leiden, was häufig durch Stress bedingt ist, leiten Sie diesen Überschuss durch die Wurzeln an die Erde ab.

In der magischen Arbeit bauen wir Kräfte auf, um sie für uns einzusetzen, und es ist nach jeder magischen Handlung notwendig, diese Kräfte wieder zu neutralisieren. Darum ist das Erden hier sehr wichtig, denn ansonsten können Sie sich anschließend nervös oder überdreht fühlen oder gar Kopfschmerzen bekommen.

Verbindung zur Erde

Es gibt auch andere Methoden, die Sie anwenden können, um die Kraft der Erde zu nutzen. Ganz buchstäbliche Erdarbeiten gehören dazu. Blumen umtopfen beispielsweise oder den Garten umgraben. Sie können auch einen dicken Baumstamm umarmen und aus ihm Kraft erhalten oder sie darin ableiten. Seien Sie erfinderisch, und vermerken Sie in Ihrem magischen Tagebuch, was Ihnen von allen Möglichkeiten am besten gefällt.

Viele weitere Informationen zur magischen Reinigung und eine Vielzahl von Ritualen finden Sie in meinem Buch »Reinigungsrituale für Haus und Wohnung – Wie Sie Räume von Fremdenergien reinigen«, erschienen 2004 im Südwest-Verlag.

Reinigung

Zum Thema Reinigung haben Sie schon zwei Methoden kennen gelernt: die magische Dusche (siehe Seite 99) und die Aurareinigung (siehe Seite 87). An dieser Stelle werden wir sehen, wie man einen Raum magisch reinigt. Denn negative Gedanken, Nachschwingungen von Streit und Depressionen können unser Wohlbefinden stören und vergiften die Atmosphäre. Beim magischen Wirken sollten solche Schwingungen immer ferngehalten werden.

Methoden der Reinigung

Sie können verschiedene Reinigungsverfahren anwenden, je nach Geschmack und Gegebenheit. Wenn der Geruch niemanden stört, können Sie ein Räuchergefäß mit Weihrauch füllen, um mit Feuer zu reinigen. Bei allen Feuerreinigungen lassen Sie bitte höchste Vorsicht walten, achten Sie darauf, dass sich kein brennbares Material im Raum entzündet! Weniger auffällig und auch für Büroräume geeignet ist Salzwasser.

Was immer Sie wählen, gehen Sie damit in den zu reinigenden Raum. Dort ziehen Sie mit Räucherwerk oder dem mit Salzwasser gefüllten Kelch in der Hand den Kreis von Osten nach Norden und bitten die Kräfte der Himmelsrichtungen um Schutz und Segen. Stellen Sie sich dann wieder das weiße Licht vor, und lassen Sie es in alle dunklen Ecken dringen. Das Salzwasser werden Sie ein wenig mit den Fingern versprühen, mit dem Räucherwerk die Ecken ausräuchern.

Eine ganz persönliche Reinigung mit Salzwasser führen Sie übrigens auch durch, wenn Sie weinen – Tränen sind Salzwasser.

Schutzkreis

Den Schutzkreis können Sie immer dann ziehen, wenn Sie sich von einer Situation bedroht fühlen. Anders als der magische Kreis mit der Anrufung der vier Elemente, den Sie um sich selbst oder die magisch arbeitende Gruppe ziehen, um die Kräfte zu konzentrieren, können Sie den Schutzkreis sehr viel weiter ausdehnen. Sie können ihn um andere mit herumziehen, Sie können ihn im ganzen Zimmer ausweiten oder sogar Ihr Haus damit umgeben. Das Pentagramm kann ebenfalls ein Schutzkreis sein. Beginnen Sie mit dem Schutzkreis im Osten, und visualisieren Sie eine blaue Flamme. Sie werden sie wie einen Lichtschreiber benutzen.

Bitten Sie die Kräfte in einer Anrufung oder einem Gebet um Schutz, und ziehen Sie mit dem Zeigefinger ein Lichtpentagramm in die Luft. Die Richtung, wie Sie das Pentagramm zeichnen, ist dabei wichtig, denn das bannende Pentagramm beginnt unten links, steigt nach rechts

> In geschlossenen Räumen ist bei Feuerreinigungen äußerste Vorsicht nötig, denn es besteht erhöhte Brandgefahr. Reinigungsrituale mit Salzwasser erfüllen ihre Wirkung ebenso gut und sind vielfach vorzuziehen.

oben auf, dann nach rechts unten. Anschließend führt es nach links oben, geht waagerecht nach rechts und zum Ausgangspunkt nach links unten zurück. Dann drehen Sie sich nach Süden, Westen und Norden und zeichnen jedes Mal das leuchtende Pentagramm in die Luft. Wie beim magischen Kreis ist das Pentagramm der magische Schutzschild vor allen von außen kommenden Gefahren.

Magische Symbole

Sie werden erstaunt sein, wie oft Ihnen auch im täglichen Leben magische Symbole begegnen. Aber vielleicht werden Sie sie zukünftig mit etwas anderen Augen sehen. Symbole haben, wie Sie wissen, tiefe Bedeutungen.

Kreis

Der Kreis, die Linie ohne Anfang und Ende, die von der Mitte immer den gleichen Abstand hält, ist eines der universellen Symbole. Er umschließt die Mitte, in ihm sind wir geborgen. Sie haben den Schutzkreis und den magischen Kreis bereits in den magischen Übungen kennen gelernt.

Der Kreis hat noch andere Bedeutungen, die sehr gegensätzlich sind. Die Null, der Kreis in der Mathematik, ist das Zeichen, das das Nichts und die Leere umschließt. Ein Kreis ist auch ein Ring, der verbindet, was zusammengehört. Die traditionell gebräuchlichen Eheringe machen aus zwei Menschen ein Paar.

Die Kreisform von Eheringen symbolisiert die Unendlichkeit der Liebe.

Bei der Gestaltung eines Mandalas sind der Fantasie keine Grenzen gesetzt.

Mandala

Der Kreis mit einem Punkt in der Mitte ist das einfachste Bild eines Mandalas. Es ist das Symbol der Ganzheit und Einheit. Der Punkt ist der Ursprung des Kreises, der Kreis ist der Tanz um die Mitte. »Mandala« ist zwar ein Begriff aus der indischen Glaubenswelt, aber das Symbol findet man überall auf der Welt. Mandala ist nicht nur das kunstvoll hergestellte Bild im buddhistischen Ritual, es ist das Gänseblümchen, das Sie auf der Wiese finden, die Fensterrosette in der Kirche, das Zifferblatt Ihrer Uhr (sofern sie rund ist und Zeiger hat), der Tanz um den Maibaum, der Tropfen, der ins Wasser fällt, das Medizinrad der Indianer und das Zahnrad in der Maschine. Mandalas sind überall. Suchen Sie sich ein Mandala, schaffen Sie es sich selbst, es ist eine wundervolle Übung, um sich zu zentrieren, den eigenen Mittelpunkt in einer chaotischen Welt zu finden. Das Mandala ist eine hervorragende Unterstützung zur

Noch viel wirkungsvoller als Mandalas zu betrachten ist es, mit ihnen künstlerisch zu arbeiten. Das kann vom Ausmalen vorgefertigter Bilder bis hin zu eigenen Kreationen gehen.

Linien und Kreise sind wahrscheinlich die ersten Darstellungen, die die Menschen verwendet haben. Sie finden sich in vielen Artefakten der Frühzeit und in den prähistorischen Höhlenzeichnungen.

Meditation, denn sein Mittelpunkt ist sozusagen die Zielscheibe des Geistes.

Wirkungsvoller ist es, wenn Sie Ihr persönliches Mandala selbst malen. Beginnen Sie mit einem Kreis, der einen Mittelpunkt hat, und füllen Sie dann den Raum aus. Das kann mit geometrischen Formen, Bögen, Kreisen oder Vierecken sein – Sie werden feststellen, dass sich daraus eine Reihe von anderen Symbolen ergibt.

Linie

Ein sehr einfaches, aber aussagekräftiges Symbol ist der gerade Strich. Was bedeutet er Ihnen, wenn er aufrecht steht? Wo blicken Sie hin, wenn Sie die senkrechte Linie sehen? Nach oben weist der stehende Strahl, gen Himmel. Sie haben die senkrechte Linie bereits in Form des Stabes bei den magischen Geräten kennen gelernt. Die Bedeutungen sind ähnlich. Die Linie steht für aufstrebende Energie, für männliche Schöpfungskraft und für Aktivität. In der Mathematik ist die Eins ihr Abbild. Neigt man den Strahl um 45 Grad nach rechts, ist es eine aufsteigende, mehrende Linie, die gerne von Banken in ihrem Logo verwendet wird. Die entgegengesetzte Richtung, 45 Grad nach links, ist die abfallende Tendenz, die ins Negative führt, weshalb Bankhäuser sie sinnvollerweise nicht verwenden. Schauen Sie sich nach der Verwendung derartiger Linien in Ihrer Umgebung um. Welche Bedeutung will man Ihnen damit suggerieren? Gute Marketingfachleute wissen sehr wohl um die magische Kraft der Symbole. Ob sie dieses Wissen allerdings als ein magisches bezeichnen, ist eine ganz andere Frage.

Die Linie kann aber auch waagerecht liegen, dann wirkt sie passiv wie Ihre waagerecht ausgestreckten Hände, mit denen Sie einem Streit Einhalt gebieten wollen oder jemandem signalisieren, sein Tempo zu drosseln. Aufstrebend ist die Linie männlich, liegend ist sie weiblich. Noch deutlicher wird diese Symbolik, wenn die liegende Linie gekrümmt wird und eine Schale bildet.

Yin und Yang

Wir machen an dieser Stelle eine Anleihe an ein östliches Symbol, denn es hat sich auch bei uns inzwischen eingebürgert. Es zeigt in dem geteilten Kreis das Gegensatzpaar Hell und Dunkel. Alles Gegensätzliche wird mit diesen beiden Flächen symbolisiert: Tag und Nacht, Mann und Frau, positiv und negativ, stark und schwach. Ergänzen Sie die Liste nach Belieben. Und dann denken Sie darüber nach, warum die beiden Flächen in einem Kreis gemeinsam dargestellt werden. Der Kreis ist das Symbol der Einheit, das die Zweiheit, die Gegensätze miteinander verbindet. Das klassische Symbol der Dualität weist in dem dunklen Feld einen hellen Punkt, im hellen Feld einen dunklen Punkt auf. Auch das ist bedeutsam, denn es zeigt, dass nichts ganz schwarz oder ganz weiß ist, dass in allem Bösen auch etwas Gutes stecken kann, nichts Gutes wirklich vollkommen ist – es verweist auf die Gegensätze des Lebens, die unauflöslichen Bedingungen menschlichen Daseins.

Yin ist das weibliche Prinzip, Yang das männliche Prinzip. Eins kann ohne das andere nicht sein; sie ergänzen sich gegenseitig.

Über das Yin und Yang lässt sich auch bei uns wunderbar meditieren. Es fordert uns zum Beispiel auf, in Zwistigkeiten über die Gemeinsamkeiten und den gegenseitigen Einfluss nachzudenken und zu neuen Lösungen zu kommen. Denn es symbolisiert wie kaum ein anderes Bild den magischen Grundsatz, dass alles voneinander abhängig ist.

Dreieck

Ein weit verbreitetes Symbol aus den Anfängen der Menschheit ist das Dreieck. Es ist der Berg, dessen Spitze nach oben weist, oder die nach unten gerichtete Spitze, die auf den Schoß der Erde, die Höhle, zeigt. Es fällt nicht

schwer, auch hier das männliche und weibliche Prinzip zu erkennen. Das nach oben gerichtete Dreieck bedeutet Vergeistigung. Wenn es nach unten weist, bedeutet es die Manifestation in der Materie.

Die mittelalterliche Magie versuchte, mit Hilfe des Dreiecks Geister herabzurufen, und verwendete es sozusagen als Trichter, durch den die Götter kommen sollten.

Die heilige Zahl Drei

Doch darüber hinaus hat das Dreieck auch noch eine andere Bedeutung, denn es stellt die heilige Zahl Drei dar. Die Dreifaltigkeit findet sich in vielen Religionen. Sonne, Mond und Erde sind eine Trinität, Vater, Sohn und heiliger Geist ebenso. Die Göttin erscheint als Mädchen, Mutter, alte Frau. Eine Reihe göttlicher Gestalten werden dreiköpfig dargestellt. Der Zyklus Geburt, Leben und Tod, Ver-

gangenheit, Gegenwart und Zukunft, Glaube, Liebe, Hoffnung und die drei Dimensionen der materiellen Welt – Höhe, Länge und Breite –, alles das sind Dreiheiten. Der Volksmund kennt eine Fülle von Hinweisen, man klopft dreimal auf Holz und spuckt dreimal über die Schulter. Aller guten Dinge sind eben drei!

Kreuz

Eines der Ihnen sicher geläufigsten Symbole ist das Kreuz. Es ist in unseren Breiten seit 2000 Jahren das Symbol des Christentums. In seinem Namen sind ungeheuerliche Grausamkeiten geschehen, Kriege geführt und Menschen gefoltert worden. In seinem Namen sind aber genauso große Taten der Barmherzigkeit und Liebe geschehen. Es ist ein mächtiges Symbol, und egal, wie Sie dazu stehen, Sie werden sich damit auseinander setzen müssen.

Gehen wir zurück zu den Ursprüngen des Kreuzes. Eine waagerechte Linie mit einer senkrechten zu kreuzen, das haben bereits die allerersten Menschen in allen Kulturkreisen getan, sie haben es auf Knochen geritzt, an Höhlenwände gemalt und Tontöpfe damit verziert. Versetzen Sie sich in die Geisteswelt unserer Vorfahren, und versuchen Sie herauszufinden, was es ihnen bedeutet hat.

Die waagerechte Linie stellt den Horizont, die Erde dar, die senkrechte weist auf den Himmel. Legt man das Kreuz auf den Boden, zeigen die vier Schenkel in die entsprechenden vier Himmelsrichtungen. Das Kreuz ist das Bild der Welt in seiner Ganzheit. Das gleichseitige Kreuz wird auch Erdkreuz genannt. Waagerecht ist weiblich, senkrecht ist männlich, die Verbindung beider bedeutet Fruchtbarkeit. Das indische Kreuz mit den Haken an den vier Schenkeln ist das Feuerrad, die Swastika, ebenfalls ein uraltes Fruchtbarkeitssymbol. An dieser Form des Kreuzes kann man sehr gut erkennen, welche Kraft in einem Symbol liegt, denn heute traut sich niemand, es als Logo oder als Ziermuster zu ver-

Das Hakenkreuz war ein indisches Fruchtbarkeitssymbol, bevor es missbraucht wurde. Die rechtsdrehende Swastika ist das aufbauende, die linksdrehende Swastika das vernichtende Prinzip.

wenden. Das Hakenkreuz verursacht jetzt nur Entsetzen und Abscheu, und es wird viele Jahrhunderte dauern, bis die negative Aussage, die mit ihm verbunden ist, wieder neutralisiert sein wird. Stellen Sie sich mit geschlossenen Füßen und ausgebreiteten Armen hin. Das Kreuz mit einem längeren Schenkel ist das Abbild des Menschen. Ein schauerliches Abbild ist der gekreuzigte Mensch.

Kreuzwege

Dort, wo zwei Wege aufeinander treffen, bilden sie ein Kreuz. Kreuzwege sind geheimnisvolle Orte, denn dort entscheidet sich, wohin man sich wendet. In der mittelalterlichen Magie wurden sie als Treffpunkte von Geistern angesehen. Manche Kreuzwege lassen die Spuren dieser Tätigkeiten noch spüren. Suchen Sie selbst die Bedeutungen, die das Kreuz noch hat, und notieren Sie diejenigen, die Ihnen wichtig erscheinen, in Ihrem magischen Tagebuch.

Pluszeichen

Ja, und dann gibt es das Kreuz noch als ein mathematisches Symbol, nämlich als das Pluszeichen. In der Mathematik ist seine Bedeutung immer positiv. Sie finden diese positive Bedeutung auf viele andere Bereiche übertragen, nicht zuletzt auf den Stand Ihres Bankkontos. Es ist der Ausdruck der Mehrung, und damit schlechthin der Fruchtbarkeit.

In der mittelalterlichen Zauberei wehrte man mit dem Drudenfuß die Hexen ab. Heute tragen ihn die Hexen oft als Amulett. So wandelt sich manchmal der Einsatz der Symbole.

Pentagramm

Mehrfach fanden Sie bereits das Pentagramm erwähnt. Es wird auch Pentakel oder Drudenfuß genannt und hat eine lange magische Tradition. Das Pentagramm stellt mit vier seiner Ecken die vier Elemente dar, die fünfte Ecke gilt dem Geist, der über diese Gewalten herrscht. Wenn es mit der Spitze nach oben steht, bedeutet es das spirituelle Streben des Menschen und seine Weiterentwicklung.

Das umgedrehte Pentagramm, dessen zwei Spitzen nach oben stehen, verwendet die schwarze Magie. Lassen Sie bitte die Finger von diesem unheilvollen Zeichen.

Eine der bekanntesten Darstellungen in der Kunst ist der Mensch im Pentagramm.

Den Fünfstern, das ausgefüllte Pentagramm, finden Sie auch heute noch sehr oft, denn man trug ihn auf Heerbannern in den Krieg, was der Schutzfunktion entspricht. Ganze Armeen tragen ihn als Abzeichen auf allem möglichen Gerät und auf der Kleidung, außerdem finden Sie ihn auf den Flaggen vieler Länder. Achten Sie mal darauf, auch die Stars der amerikanischen Stars and Stripes sind Pentagramme, und der rote Stern der Kommunisten ist fünfzackig. Sammeln Sie Pentagramme aus Ihrer Umwelt, und überlegen Sie, warum sie verwendet werden. Wer braucht Schutz gegen wen? Achten Sie aber auch darauf, wer ein kleines Schmuckpentagramm trägt. Wahrscheinlich können Sie sich mit demjenigen recht gut über solche Themen wie dieses unterhalten. Und noch ein Tipp: Schneiden Sie mal einen Apfel am Äquator durch, und sehen Sie sich das Kerngehäuse sozusagen von oben an, auch hier finden Sie ein Pentagramm.

Hexagramm

Das Hexagramm hat ebenfalls eine lange Geschichte. Entstanden mag es wohl sein, als ein früher Künstler, der mit einfachen Formen herumexperimentierte, zwei Dreiecke

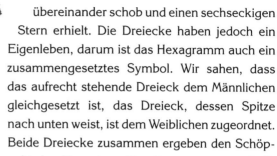

übereinander schob und einen sechseckigen Stern erhielt. Die Dreiecke haben jedoch ein Eigenleben, darum ist das Hexagramm auch ein zusammengesetztes Symbol. Wir sahen, dass das aufrecht stehende Dreieck dem Männlichen gleichgesetzt ist, das Dreieck, dessen Spitze nach unten weist, ist dem Weiblichen zugeordnet. Beide Dreiecke zusammen ergeben den Schöpfungsakt des Menschen. Das Hexagramm symbolisiert aber auch den hermetischen Grundsatz: »Wie oben, so unten«. Was außerhalb von uns ist, ist auch in uns, für alles gibt es Entsprechungen im Menschen. Der Mikrokosmos ist das Abbild des Makrokosmos und umgekehrt. Die Kräfte in den Atomen sind die gleichen, die auch im Universum wirken.

Oder was im Geist geschieht, geschieht auch in der Materie, also ganz klassisch: wie im Himmel, so auf Erden. Auch wird das Hexagramm als Davidschild bezeichnet und kann ähnlich wie das Pentagramm als Schutzzeichen oder Amulett verwendet werden. Man findet den Davidstern im Übrigen auch in der israelischen Flagge.

Siebenstern

Sie haben vielleicht schon bemerkt, dass diese Auswahl der Symbole einer bestimmten Reihenfolge unterliegt. Wir haben beim Kreis, der Null, begonnen und sind jetzt bei der Sieben gelandet.

Die Sieben ist mehr als eine magische Zahl, sie ist auch eine heilige Zahl. Die siebente Tochter einer siebenten Tochter hat übernatürliche Kräfte, sagt man. Sieben Säulen der Weisheit gibt es, auf sieben Planeten beruht die klassische Astrologie, sieben Tage hat die Woche, sieben Chakras jeder Mensch, sieben Farben hat der Regenbogen, sieben Töne die Tonleiter, die sieben Sterne der Plejaden werden die sieben Schwestern genannt, die berühmten sieben Zwerge warten hinter den sieben Bergen, sieben gute und sieben schlechte Jahre wechseln sich ab, und so manches geheimnisvolle Buch hat sieben Siegel.

Siebenjahresrhythmen

Die Sieben gilt als Zahl der heiligen Ordnung, in der sich alles widerspiegelt. Sie ist die Zahl der Weisheit und der spirituellen Wahrheit. Unser Leben ändert sich in Siebenjahresrhythmen. Teilen Sie Ihr Leben einmal in die Siebenerschritte auf, und beurteilen Sie die Ereignisse in diesen Phasen. Mit dem siebten Lebensjahr endet die Kindheit – meist kommen wir in diesem Alter zur Schule und verlassen die Obhut der Mutter.

Bis zum 13. Lebensjahr erlebt man den Höhepunkt der Wissbegier und der Lernfähigkeit. Vom 14. bis zum 21. Lebensjahr ist die Zeit der Pubertät, beginnt das Interesse am anderen Geschlecht, werden die Weichen für das Berufsleben und die Familiengründung gestellt.

Die Zeit zwischen dem 22. und 28. Lebensjahr ist die Phase der Persönlichkeitsfindung und der Machtentfaltung. Sie sind dem Beruf, der Sicherung des Lebensstandards gewidmet. Doch um das 34. Lebensjahr gibt es häufig eine Krise, die zu einem Wandel führt.

Im Alter zwischen 35 und 42 beginnt die Suche nach der Sinnhaftigkeit des Lebens bis hin zur religiösen Suche. Bis zum 49. Lebensjahr festigen sich Lebenserfahrungen, findet sich das Lebensziel. Steht man nicht im Einklang mit

Wenn Sie in der Astrologie ein wenig bewandert sind, dann werden Sie wissen, dass der Saturn alle sieben Jahre in einer besonders lebensbestimmenden Position steht.

sich selbst, wirken sich hier Midlifecrisis und Wechseljahre problematisch aus. Vom 50. bis 56. Lebensjahr festigt sich die Sinnsuche, es kann zu einem »zweiten Frühling« kommen. Mit dem 56. Lebensjahr beginnt der Wechsel zum Alter, erkennt man seine Lebenslügen und wendet sich dem Metaphysischen zu. Vom 63. Lebensjahr bis zum Tod beginnt die Ruhe und Abgeklärtheit – oder der Starrsinn.

Lemniskate

Addiert man zu einer Summe eine Eins und wiederholt diese Maßnahme wieder und wieder, gibt es kein Ende, keine Grenze. Das Zeichen der Unendlichkeit ist in der Mathematik wie in der Magie die Lemniskate, die liegende Acht: Sie ist das Zeichen des unbeschreiblich Großen und der Ewigkeit.

Die Acht selbst findet sich im achtspeichigen Rad des Jahres wieder, das die acht Abschnitte darstellt, die mit den Jahreskreisfesten verbunden sind.

Spirale

Auch die Spirale erscheint bereits früh in der Menschheitsgeschichte als Ornament auf Steinen, Wänden, Tonscherben.

Sie ist ein dynamisches Symbol, das sich zu einem Punkt hinbewegt und uns wie das Mandala zur Mitte führt. In der umgekehrten Richtung wirbelt sie uns nach außen. Die fantastischsten Darstellungen von Spiralen finden Sie, wenn Sie durch ein Teleskop ferne Galaxien betrachten, eine allgegenwärtige Spirale, die Sie zu Ihren Füßen finden können, ist das Schneckenhaus.

In Trancen werden Sie, wenn Sie geübt sind, Spiralen sehen, sich windende Muster aus Licht und Farben. Sie sind der kreiselnde Tanz, die Spirale ist das Leben selbst. Eine kleine Spirale ist die Zahl Neun. Die Neun ist wie die Drei eine heilige Zahl, denn sie verkörpert die Drei dreimal. Neunmalkluge Leute verstehen das.

Magie und Mathematik

Es lohnt sich, einmal ein paar Gedanken über die Verbindung zwischen Magie und Mathematik zu verlieren, denn beide haben denselben Ursprung. Den Weisen und Suchenden aller Zeiten lag daran, die Welt zu verstehen, sie zu beschreiben und sie anderen verständlich zu machen. Ihr Ziel war es, die Kräfte, die das Leben beherrschen, zu erkennen und zu nutzen. Zahlen und Zählen waren die ersten Schritte dazu, dann die Formelsprache, die die Kräfte miteinander in Verbindung setzt. Ein Zauberspruch, der mit magischen Symbolen dargestellt ist, sieht einer Formel aus der höheren Mathematik nicht unähnlich und beschreibt die  Wirkungsweise der Kräfte. Derzeit ist der Computer der Höhepunkt angewandter Mathematik, und wenn Sie wollen, können Sie völlig neue virtuelle Welten erzeugen.

Die magische Bedeutung der Farben

Farben wirken sehr stark auf Stimmung und Gefühle. Wenn Sie in einen weiß gefliesten Raum treten, wird er auf Sie trotz Heizung kühl wirken, ein Erlebnis, das Sie in jedem Krankenhaus haben können. Plüschige rote Einrichtung hingegen strahlt Wärme, wenn nicht gar Leiden-

In der alternativen Medizin werden Farben und Bestrahlungen mit farbigem Licht eingesetzt, und auch die Aura-Soma-Therapie arbeitet mit der Wirkung der Farben.

schaft aus. Ein frühlingsgrüner Wald beruhigt die Nerven, und ein Blick auf grüne Wiesen entspannt die Augen. Farben umgeben uns beständig, Sie haben gewiss auch eine Lieblingsfarbe, die sich in Ihrer Kleidung und in der Gestaltung Ihrer Räume wiederfindet. Weil Farben so intensiv auf uns wirken, haben sie symbolische Wirkung und unterstützen das magische Geschehen.

Übung: Visualisieren von Farben

Sie haben schon bemerkt, dass das Visualisieren, das Sich-vorstellen-Können, die wichtigste Technik in der Magie ist. Üben Sie sie daher beständig. Hier eine einfache Farbmeditation: Nehmen Sie eine aufrechte Haltung ein, schließen Sie die Augen, atmen Sie tief und gleichmäßig. Dann stellen Sie sich ein klares Rot vor. Lassen Sie es leuchten und glühen, halten Sie es, so lange Sie können, und achten Sie darauf, wie Sie sich fühlen. Machen Sie die gleiche Übung mit einem klaren Blau, und vergleichen Sie die Wirkung. Wenn es mit dem Visualisieren nicht sofort klappt, besorgen Sie sich entsprechend farbiges Papier (Bastelabteilungen, Papierwarenläden), konzentrieren Sie sich zunächst mit offenen Augen darauf, und schließen Sie sie dann, um auf Ihre Gefühle zu lauschen.

Rot

Die älteste und aussagekräftigste Farbe ist Rot, von alters her ist sie heilig. Rote Erde, roten Ocker verwendeten unsere Vorfahren, um damit Statuetten zu färben, Wandbilder zu malen und ihre Toten zu bestreuen. Rot ist das Blut, das Leben selbst. Rot ist die Fruchtbarkeit, das rote Herz steht für die Liebe. Rot ist die Glut, die Leidenschaft und der Zorn. Blutrot geht die Sonne auf, rot geht sie unter.

Rot ist ganz sicher die aktivste, auch aggressivste Farbe, die wir haben. Sie macht aufmerksam, warnt und weckt. Manche Leute wirken auf uns wie das sprichwörtliche rote Tuch, das rote Licht der Verkehrsampel warnt uns, jetzt nicht die Straße zu überqueren, in einem roten Kleidungsstück fühlen wir uns unternehmungslustig. Energie und Dynamik liegen im Rot. Rot hat also seine positive Bedeutung in der Lebenskraft und Fruchtbarkeit, seine negative in Zorn und Kampf. Es ist die Farbe des Feuers, der Männlichkeit – sie gilt als warme Farbe.

Rot weckt	Kraft, Leidenschaft, Aktivität, Vitalität, Willenskraft und Initiative.
Rot löst	Frustration, Niedergeschlagenheit, Verwirrung und Antriebsschwäche.

Farben werden in kalte und warme Farben unterschieden, und Künstler machen sich diese Wirkung zunutze, um ihren Bildern einen ganz bestimmten Ausdruck zu verleihen.

Blau

Blau ist dagegen eine kühle Farbe, es ist die Farbe des unendlichen Himmels, er ist tagsüber azurblau, wenn die Sonne untergegangen ist, nachtblau. Blau wird mit der Göttlichkeit und der Unendlichkeit in Verbindung gebracht, mit hohen Idealen, der Inspiration und der Beständigkeit, auch mit der Treue, der Wahrheit und der Aufrichtigkeit. Vergissmeinnicht sind blau, treue Augen auch, genau wie der Mantel der Maria. Blau ist eine weibliche Farbe.

Blau ist die Blume der Romantik, die blaue Stunde ist eine Zeit zwischen den Welten, die blaue Dämmerung ist geeignet zum Träumen, um die Seele baumeln zu lassen. Darum ist Blau auch die Farbe der Heilung. Das Meer ist blau in seiner Unendlichkeit, Taucher bezeichnen die abgründige, gefährliche Tiefe als das »deep blue«. In dieser

Magische Techniken und Symbole

Gerade mit ihrer Kleidung drücken viele Menschen ihren Charakter – bewusst oder unbewusst – aus. Graue Mäuse lieben gedämpfte Töne, strahlende Sieger legen ausdrucksstarke Farben an den Tag.

Tiefe liegt auch die negative Bedeutung des Blaus, im Verschwimmen, im Realitätsverlust, im Abtauchen. Der Zustand des »Blauseins« kann das nicht deutlicher beschreiben. Der blaue Montag, blau machen und ins Blaue hineinleben gehören auch zu diesen Assoziationen.

Blau weckt	Vertrauen, Geduld, Konzentrationsfähigkeit, Verständnis und Weisheit.
Blau löst	Furcht, Verbissenheit, Unruhe, Selbstmitleid und Rachsucht.

Gelb

Gelb hat nicht den besten Ruf, vor allem, wenn es ein grünstichiges Gelb ist. Es wird als giftig und unangenehm empfunden und mit Neid und Eifersucht, Verrat, Feigheit und Geiz verbunden. Gelbe Galle und gelber Eiter wecken Ekel, und die Gelbsucht gehört zu den unangenehmeren Krankheiten. Pesthäuser wurden früher zur Warnung mit einem gelben Kreuz gekennzeichnet. Wird das Gelb jedoch reiner, entsteht Sonnengelb, finden sich die positiven Eigenschaften wieder. Die strahlende, wärmende Sonne weckt Harmonie, Heiterkeit und Gelöstheit. Reife Kornfelder versprechen Fülle und reiche Ernte. Goldgelb stärkt das Selbstbewusstsein, den Mut und Optimismus. Gelb wirkt auch positiv auf die Konzentrationsfähigkeit und die Kommunikation.

Gelb weckt	Fröhlichkeit, Zuversicht, Harmonie, Reichtum und Konzentration.
Gelb löst	Traurigkeit, Nörgelsucht, Bitterkeit und Selbstverachtung.

Grün

Grün ist die Mischung aus Blau und Gelb, die Mischung aus Weisheit und Heiterkeit, aus Tiefe und Realitätssinn. Sie finden es als natürliche Farbe überall in der Natur, es grünt und blüht verschwenderisch im Frühling, es ist die Farbe des Wachstums und des Gedeihens, die Farbe der fruchtbaren Erde. Wenn die Ampel grünes Licht zeigt, geht es voran. Grün ist auch die Hoffnung, der Blick ins Grüne entspannt die angestrengten Augen. Jemandem an die grüne Seite rücken heißt, sich zu seiner Linken, der Herzseite, zu setzen. Der Grüne Mann ist ein alter Vegetationsgott, der bedauerlicherweise zum Teufel degradiert wurde.

Grün ist eine kühle Farbe, die beruhigt und heilt. Grün ist auch die Farbe der Jugend, natürlich auch der Unreife, sofern jemand noch grün hinter den Ohren ist. Giftgrün, also ein gelbliches Grün, weckt ähnliche Vorstellungen wie die unangenehme Seite des Gelbs, weshalb man hin und wieder einem anderen Menschen nicht grün ist.

Wir sind im Alltagsleben von einer überwältigenden Fülle von künstlichen Farbreizen umgeben. Achten Sie in der nächsten Zeit einmal verstärkt auf die Farben der Natur.

Grün weckt	Großzügigkeit, Wachstumswillen, Aufgeschlossenheit, Lebenskraft und Frische.
Grün löst	Enge, Unsicherheit, Ruhelosigkeit und Unentschlossenheit.

Orange

Orange, die Mischfarbe aus Gelb und Rot, zwei warmen Farben, ist mit dem Feuer eng verwandt. Aus Vitalität und Fröhlichkeit entstehen Optimismus, knisternde Lebensfreude und Enthusiasmus. Orange ist eine Beziehungsfarbe. Das kann sich in Gastfreundschaft und heiterem

Familienleben zeigen, aber auch in Konkurrenzdenken und brennendem Ehrgeiz. Orange ist eine Farbe, die nur in kleinen Dosen genossen werden sollte, ein Überschuss macht aggressiv und unruhig. Oranges Licht wird zu Heilzwecken visualisiert.

Orange weckt	Kommunikationsfähigkeit, Fröhlichkeit, Begeisterung und Anziehungskraft.
Orange löst	Einsamkeit, Verstocktheit, Antriebslosigkeit und Distanziertheit.

Violett

Blau und Rot ergeben Violett oder auch Purpur oder Indigo. Die Farbe vereinigt Weisheit und Liebe, geistige Tiefe und dynamisches Leben. Violett ist die Farbe der Inspiration, der Meditation und der Spiritualität, aber auch der Macht – als Purpur. Violett ist das bescheidene Veilchen, das im Verborgenen blüht, violett ist die christliche Demut und das Büßertum, es ist die Farbe der Zurückgezogenheit, der inneren Einkehr und auch der Trauer. Zartes Violett ist melancholisch, ein Hauch gerne getragener Schwermut.

Wenn Sie einen transparenten Bergkristall oder ein schön geschliffenes Glas besitzen, dann versenken Sie sich einmal in die Farbenpracht, die das an den Kanten gebrochene Licht erzeugt.

Violett weckt	Visionen, Sensitivität, Kreativität und die inneren Kräfte.
Violett löst	starke Bindungen an die Realität, Arroganz, Stolz und Verachtung.

Weiß

Die Nichtfarbe Weiß entsteht, wenn man das Licht aller Farben zusammenmischt. Weiß ist alles und nichts. Es ist die unmittelbar selbsterklärende Symbolsprache. Weiß ist die Reinheit, das Licht, die Erleuchtung, es ist Unschuld und die reine Kraft. Weiße Tiere galten überall als heilig, wir kennen den heiligen Geist als weiße Taube, Zeus pflegte als weißer Stier oder gar Schwan auf Freiersfüßen zu gehen. Aber Weiß ist auch kalt, die Schneewüsten, die tödliche Kälte, die Gefühllosigkeit. Manche weiße Tiere verheißen den Tod, mit weißen Blumen schmückt man die Gräber, weiße Trauerkleidung ist in vielen Ländern Tradition.

Weiß weckt	tiefes inneres Wissen, Reinheit, unschuldiges Staunen und spirituelle Einheit.
Weiß löst	Negativität, Engstirnigkeit, Depressionen, Zwänge und Besessenheit.

Schwarz

Schwarz und böse wird gerne in Verbindung gebracht. Schwarze Magie ist böse Magie, schwarz ist der Teufel, die schwarze Katze bringt angeblich Unglück. Notorische Schwarzseher können nur an eine finstere Zukunft glauben, und wenn jemand den schwarzen Peter zugeschoben bekommt, dann sitzt er ganz schön in der Tinte, der schwarzen. Es ist die Farbe der Unbewusstheit, des Nichtwissens. Schwarz sind die Schatten, die uns bedrohen. Doch Schwarz hat auch seine guten Seiten. Schwarze Kleidung schützt einen Trauernden vor weiterem Negativen.

Schwarze Kleidung ist zugleich sehr festlich. Schwarz ist auch verführerisch, sofern man mal unter die Oberbekleidung schaut. Stellen Sie sich eine Welt ohne Schwarz vor, ohne Kontraste, ohne die Geborgenheit im tiefen Dunkel einer warmen Nacht. Sie würden noch nicht einmal die Sterne am Himmel glitzern sehen.

Sie können sich das ausgewählte Symbol auch auf eine Karte zeichnen, es eine Weile intensiv betrachten, dann die Augen schließen und auf die Bilder warten, die aus Ihrem Inneren dazu aufsteigen.

Schwarz weckt	Trauer, Selbstbeherrschung, Würde und Feierlichkeit, aber auch die Versuchung.
Schwarz löst	Leichtsinn, Oberflächlichkeit und Disziplinlosigkeit.

Übung: Wanderung im Garten der Symbole

Um einen ganz persönlichen Zugang zur Bedeutung von Symbolen und Farben zu bekommen, machen Sie wieder eine Trancereise. Wenn Sie darin inzwischen schon ein wenig Übung haben, können Sie sich jetzt ein besonderes Thema vornehmen. Bisher haben Sie sich mehr durch den Zufall leiten lassen, die Landschaften und ihre Bewohner auftauchen lassen, ohne ein bestimmtes Ziel vor Augen. Eine schöne, eindringliche Möglichkeit, sich mit Symbolen auseinander zu setzen, besteht darin, sie zur Aufgabe einer Trance zu machen. Bereiten Sie sich wie üblich mit Ritual und Abstieg zu Ihrem Ort der Kraft vor. Dort angekommen, erschaffen Sie eine kleine Bühne mit einem geschlossenen Vorhang. Halten Sie das Bild eine Weile, dann zeichnen Sie mit Licht das Symbol auf den Vorhang, über das Sie etwas wissen möchten. Wenn Sie das Symbol stabil auf den Vorhang projiziert haben, öffnen Sie ihn und gehen hindurch. Ihre Wanderung wird nun unter diesem Zeichen stehen.

Lassen Sie alles unkommentiert auf sich zukommen, später, wenn Sie die Reise in Ihrem Tagebuch dokumentieren, werden Ihnen die Verbindungen zu dem Symbol klar. Es kann eine sehr kreative und anregende Übung sein, die Sie machen sollten, bevor Sie ein sich Ihnen bisher noch nicht erschlossenes Symbol verwenden wollen.

Magische Kräfte bei der Wahrsagung

Als die Menschen anfingen, sich über sich selbst und ihre Umwelt Gedanken zu machen, suchten sie Erklärungen für die Phänomene um sich herum und deren Zusammenwirken. Sie beobachteten die Sonne und den Mond, Gezeiten und Jahreszeiten, Tod und Wachstum in der Natur. Sie fanden Begriffe für Liebe und Freundschaft, Hass und Begrenzung, Angst und Freude. Aber woher die Kräfte der Natur und der Gefühle kamen, lag für sie im Verborgenen. Dass sie existierten, ließ sich allerdings nicht leugnen. Die Menschen fanden nach und nach auch gewisse Gesetzmäßigkeiten heraus, denn jahrtausendelang beobachteten sie diese Kräfte und fanden gedankliche Modelle für das, was sich ihrem körperlichen Zugriff und der sinnlichen Wahrnehmung entzog. Zum einen wurden daraus, wie Sie bereits gesehen haben, Symbole, Zahlen beispielsweise. Aber über diese Symbole hinaus bildeten sich noch komplexere Gedankenformen.

Eingangs haben Sie gelesen, dass die magischen Kräfte in sehr unterschiedlichen Modellen beschrieben werden – je nach Herkunft und Tradition. Um diese näher kennen zu lernen, begeben wir uns jetzt auf einen Ausflug in die astralen Welten. Das ist notwendig, damit Sie verstehen, welcher Art die Kräfte sind, die Magie bewirken. Die astralen Welten sind Seinsebenen, die parallel zu unserer physischen Welt liegen, sich aber in einem höheren Schwingungszustand befinden. In ihnen sind die Bilder des kollektiven Unbewussten enthalten.

Der Blick in die Zukunft und das Verständnis für die Erscheinungen ihrer Umgebung war für die Menschen immer schon ein wichtiges Anliegen. In der Frühzeit der Menschheitsgeschichte bildeten viele nicht erklärbare Naturphänomene die Basis für ein magisches Weltbild.

*Bild links:
Die Kristallkugel ist ein magisches Orakel, mit dem eine tiefe Trance erzeugt werden kann.*

Die archetypischen Kräfte

Es ist interessant zu beobachten, dass sich die Gedankenformen der magischen Kräfte über alle Kulturen hinweg ähneln. Es liegt also nahe anzunehmen, dass diese Formen bereits vor den Menschen existierten. Es gibt seit einiger Zeit in der Biologie eine interessante Theorie, die von morphischen (oder morphogenetischen) Feldern spricht. Diese Theorie besagt, dass es von allen Wesen oder Dingen, bevor sie sich in der Materie ausbilden, Bilder oder Muster gibt. Eine Muschel beispielsweise existierte sozusagen als Informationsfeld, lange bevor es Leben im Wasser gab. Als dann die Umweltbedingungen für die Manifestation der Muschel günstig waren, wurde die Form mit Energie und Materie gefüllt, die lebendige Muschel konnte entstehen.

Hier nähert sich die Naturwissenschaft sehr stark den magischen und mystischen Vorstellungen, die ebenfalls davon ausgehen, dass in dem ursprünglichen Schöpfungsgedanken bereits alle Formen des Lebens enthalten sind. Sie existierten in jenen Sphären, die außerhalb unserer materiellen Welt liegen, in der Welt des Geistes, in der Welt, aus der der unsterbliche Funke von uns Menschen stammt. Diese anderen Welten, die anderen Seinsebenen, werden auch astrale Welten genannt, sie sind feinstofflicherer Art, unterliegen einer anderen Schwingungsform als die materielle, uns umgebende Welt. In ihnen lassen unsere Gedanken Formen und Bilder entstehen, die, wenn sie genügend mit Kraft gefüllt sind und die Bedingungen geeignet sind, in unsere reale Welt hineinwirken. Das ist die magische Substanz, von der zuvor schon die Rede war.

Die Geburt der Venus

Wir sind in einer entzauberten Welt aufgewachsen, und vermutlich hat man Ihnen als Erklärung für die Götterwelt der Primitiven – in Abgrenzung zur kirchlichen Lehre – die Erklärung gegeben: »Das sind doch nur die von den unwissenden Menschen personifizierten Naturgewalten.«

Natürlich, die armen, ungebildeten Steinzeitleute wussten nichts von statischer Aufladung der Atmosphäre, von Tiefdruckgebieten und Luftelektrizität. Aber wenn Sie ehrlich sind, beeindruckt auch Sie ein Gewitter trotz all dieses Wissens noch immer, vor allem, wenn Sie es ungeschützt im Freien erleben. Was lag also dem Höhlenmenschen und seinen Nachfolgern näher, als sich einen Blitze schleudernden, grollenden Gott vorzustellen. Noch ist uns der Hammer schwingende Thor oder Donar ein Begriff, und auch Jupiter und Zeus warfen im Zorn mit Blitzen um sich. Aber neben den Göttern der Naturgewalten tauchen in der Mythologie auch eine ganze Reihe anderer Götter auf.

Die Götterwelt der Mythologie leitet sich von rätselhaften Naturgewalten ab, die von den Menschen personifiziert wurden. Besonders die Angst erregenden Gewitter mit Blitz und Donner wurden mit Blitze schleudernden, strafenden Göttern in Verbindung gebracht.

Eine Göttinnenstatue gehört auf jeden magischen Altar.

Nehmen wir als Beispiel Venus, die Göttin der Liebe, Fruchtbarkeit, Sexualität und des Wohlstands in der römischen Mythologie. Nun mögen Sie zu Recht sagen, auch die Liebe ist eine Naturgewalt, aber ein kleiner Unterschied zu Sturm und Regen besteht trotzdem: Liebe ist ein Gefühl.

Die erotische Liebe ist das Gefühl, das in irgendeiner Form jedem von uns schon begegnet ist, und es ist eines der stärksten überhaupt. Wer von solchen starken Gefühlen bewegt ist, hat ein Bedürfnis sich mitzuteilen, vor allem, wenn Hindernisse auftauchen. An wen wird sich der verliebte junge Mann gewendet haben, wenn die Frau seiner Sehnsüchte für ihn nicht erreichbar war? An wen das Mädchen, das von einem Mann träumte? An eine »mitfühlende Seele«, eine höhere Macht, die seine/ihre Wünsche erhört. Ein Wunsch, der in der astralen Welt Form annahm. Seit Menschengedenken werden Bitten um Liebe dort empfangen, und sie bildeten dort eine »Gedankenform«, die durch weitere Bitten, Opfergaben und Gebete mehr und mehr Macht gewann und damit zu einem Energiespeicher für Liebe wurde. Liebesgöttinnen kennt jede Religion. Einige aus dem abendländischen Bereich sind Venus und Aphrodite, dazu gehören auch Isis, Freya, Branwen und Maria.

Aber nicht nur Liebe hat formende Kraft in der Astralwelt, auch Erfolg und Macht, Glück und Weisheit, Krieg und Frieden, Schönheit und Fruchtbarkeit, Gerechtigkeit und Barmherzigkeit und viele andere Eigenschaften mehr. Diese Mächte, Energiespeicher oder Götter können angerufen werden, um in dieser Welt wirksam zu werden, und ihre Wirkung kann vorhergesehen werden. Das ist auch heute noch so.

> Die Göttinnen und Götter, die unsere tiefsten Gefühle personifizieren, sind nie gestorben, auch wenn ihre Kulte untergegangen sind, sondern sie haben eine Wandlung durchgemacht. Sie finden sie heute oft als Heilige in den Kirchen.

Manifestationen magischer Kräfte

Götter und personifizierte Urkräfte werden auch Archetypen oder Urbilder genannt. Sie sind im Unbewussten aller Menschen vorhanden. Die Urbilder von Vater und Mutter gehören genauso dazu wie die Naturkräfte. Sie beleben das kollektive Unbewusste, auf das wir alle Zugriff haben. Wir finden die Archetypen in den Mythen und Sagen der Völker als Götter und Helden, in der Astrologie sind sie den Planeten und Sternbildern zugeordnet, und im Kartenspiel, dem Tarot, sind sie in den großen Arkana personifiziert. Die Kabbala, die alte jüdische Geheimwissenschaft, hat sie im Baum des Lebens dargestellt, die nordischen Religionen haben sie den Runen zugewiesen. Die Alchemisten versteckten sie in zum Teil überaus krausen Rezepturen, die zu deuten uns heute schwer fällt.

In unseren Träumen, in den Visionen hellsichtiger Menschen und Propheten oder in religiösen Offenbarungen tauchen die Archetypen seit Menschengedenken auf. Das Wort »Archetypus« stammt aus dem Griechischen und bedeutet Urbild.

Märchen und Sagen

Wenn Ihnen diese Systeme noch nicht viel sagen, finden Sie den einfachsten Zugriff zu den Archetypen in den Märchen. Dort tauchen sie alle auf – der gerechte König, der tapfere Ritter, der närrische Bursche, der habgierige Geizkragen, die schöne Prinzessin, die böse Stiefmutter, die neidische Schwester, die weise Alte. Sie sind Typen, fast immer werden sie auch nur mit ihrem Titel genannt und haben keine Namen. Märchen schildern das Zusammenspiel der Kräfte, und sie wurden den Kindern erzählt, um ihnen an diesen Beispielen das Funktionieren der Welt zu erklären. Darum sind sie oft auch sehr drastisch bis hin zu grausam. Sie stellen sozusagen holzschnittartig die Abläufe dar, und für die feinen Nuancen in den Charakteren, die in Romanen ausgearbeitet werden, ist keine Notwendigkeit da.

Märchen und Sagen offenbaren meist archetypische Kräfte.

Lesen Sie wieder einmal ein Märchen. Sie werden es jetzt mit ganz anderen Augen tun. Analysieren Sie es, und tragen Sie die Archetypen und die mit- oder gegeneinander wirkenden Kräfte, die Sie darin gefunden haben, in Ihr magisches Tagebuch ein. Weniger allgemein sind die Sagen gehalten, hier bekommen Helden und Götter Namen. Oft liegen auch geschichtliche Ereignisse und das religiöse Gedankengebäude des Volkes zugrunde, das sie erzählt.

Ein gewaltiges archetypisches Epos voller Magie und Zauber hat sich über viele Jahrhunderte lebendig gehalten und wird auch heute noch im modernen Gewand immer wieder aufgegriffen – gemeint sind die keltischen Sagen um König Artus und seine Gralsritter.

Kulturelles Umfeld

Unsere heutige Kultur greift auf die griechisch-römische oder die keltisch-germanische Vergangenheit zurück, daher sind die Figuren dieser Epochen in unserem kollektiven Unbewussten am stärksten vertreten. Sie sind uns in ihrer Bündelung von Eigenschaften vertrauter als die Archetypen außereuropäischer Kulturkreise, etwa die der asiatischen oder afrikanischen Mythologien. Aus diesem Grund ist es zunächst nicht ratsam, die Urbilder anderer Kulturen aufsteigen zu lassen. Es mag exotisch sein, sich mit Krishna und Kali Ma auseinander zu setzen, die Weiße Büffelfrau anzurufen oder Kuan Yin um Kindersegen zu bitten, kraftvoller und damit wirkungsvoller werden jedoch immer die Bilder aus der eigenen Umgebung sein. Abgesehen davon können unerwartete Nebenwirkungen bei der Anrufung fremder Götter eintreten, die daher rühren, dass der Gottheit Eigenschaften zugeordnet sind, die uns in dieser Kombination nicht geläufig sind. Versuchen Sie sich also nicht an Voodoogöttern, solange Sie das System nicht verstanden haben, das hinter dem Voodoo steht.

Divination

Damit die Lektüre nicht zu trocken wird, finden Sie hier drei Modelle der magischen Kräfte vorgestellt, und zwar anhand ihres Einsatzes in der Divination, der Zukunftsschau. Das bedeutet allerdings nicht, dass sie nur für diesen Zweck eingesetzt werden können, aber so verbinden wir das Angenehme mit dem Nützlichen. Denn ohne Zweifel wünschen wir uns alle hin und wieder, ein bisschen mehr über die Zukunft zu wissen. Wird das neue Geschäft, das wir in die Wege geleitet haben, Erfolg zeigen? Ist dieser Mann oder diese Frau der richtige Partner? Wird das Kind, das gerade zur Welt gekommen ist, ein glückliches Leben haben?

Es gibt eine Menge Klischeebilder, die mit dem Wahrsagen verbunden sind. Sie kennen die Zigeunerin, die in gebrochenem Deutsch aus bunten Karten liest, dass Sie

> Die Kunst der Weissagung wird Mantik genannt. Es gibt die intuitive Form oder die kunstmäßig betriebene Wahrsagung, die mit den magischen Modellen arbeitet.

Der Blick in die Karten öffnet das Tor zur Zukunft oder besser zu den Möglichkeiten, die in ihr ruhen.

ein goldgelockter Jüngling über das große Wasser entführt, den Astrologen, der mit gerunzelter Stirn über komplizierten Diagrammen der Planetenbewegungen brütet und Sie vor dem Skorpion im achten Haus warnt, und Sie sehen die Wahrsagerin, die in ihrem halbdunklen Zimmer, dekoriert mit staubigem, rotem Plüsch, aus der Kristallkugel reichen Kindersegen verheißt. Was ist dran an diesen Praktiken? Billiger Budenzauber? Oder steckt, wie auch bei den vorher genannten Dingen, ein Körnchen Wahrheit darin?

Es ist natürlich etwas dran an diesen Methoden der Weissagung, wenn auch nicht in der konkreten Form, wie sie uns Scharlatane glauben machen wollen. Ein seriöser Wahrsager wird Ihnen nie die Reise über das große Wasser versprechen oder einen Lottogewinn in der nächsten Woche. Aber Tendenzen und Möglichkeiten können Sie aus den alten Methoden der Zukunftsschau durchaus ablesen.

Wer hat die Fähigkeit zur Weissagung?

Sie werden wissen wollen, ob Sie selbst auch »weissagen« können. Natürlich können Sie es, Sie machen es ständig. Sie sagen voraus, was Sie am Wochenende unternehmen werden, Sie sagen Ihrem Kind wahr, was passiert, wenn es ohne genügend Vorsicht walten zu lassen über die Straße geht, Sie deuten die Zukunft Ihrer Freundin, die sich mit einem verheirateten Mann eingelassen hat. Weissagen, wahrsagen, Zukunftsschau sind das Vorwegnehmen zukünftiger Entwicklungen. Nicht der konkreten Ereignisse!

Faktoren der Zukunftsschau

Die Kunst der Weissagung hängt im Wesentlichen von drei Faktoren ab, die Sie entweder bereits beherrschen oder lernen können:

- Ihre eigenen Erfahrungen, aus denen Sie etwas gelernt haben (nicht die Erlebnisse selbst – aus denen haben Sie nichts gelernt)
- Ihre intuitive Menschenkenntnis
- Die Kenntnis über das Zusammenwirken der magischen Kräfte

Ihre eigenen Erfahrungen sind bewusst oder unbewusst in Ihnen gespeichert und führen zu analogen (den Erfahrungen entsprechenden) Schlüssen in ähnlichen Situationen. Die Erfahrungen alleine sind aber nicht ausreichend, denn wie Sie ganz genau wissen, können sie zu Schubladendenken oder Vorurteilen führen.

Ihre intuitive Menschenkenntnis hat man Ihnen vermutlich schon sehr früh aberzogen. Als Kind hatten Sie sie noch, doch dann haben Sie höchst undiplomatisch mit

Die besten Wahrsager können auf alle Hilfsmittel verzichten, sie kennen das Zusammenwirken der Kräfte. Doch für den Übenden sind Horoskope, Tarotkarten oder andere Systeme, die diese Kräfte darstellen, eine gute Unterstützung.

Ihrem damals schlichten Wortschatz gesagt: »Darüber mag ich nicht lachen, der Onkel guckt so garstig.« Ihnen wurde gesagt, dass dies kindisches Verhalten sei und man höflich zu sein hat, weil der nette Nachbar mit seinen lustigen Witzen jede Party rettet. Peinlich für die Erwachsenen, wenn der oberflächlich so fröhliche Nachbar ein paar Monate später von der Brücke springt. Hätte man Ihrer Weissagung Glauben geschenkt, hätte man vielleicht noch helfen können.

Lernen Sie diese intuitive Menschenkenntnis wieder, verlassen Sie sich auf die Stimme Ihres inneren Kindes, die Ihnen zuraunt, wem Sie trauen können, wer ganz buchstäblich auf Ihrer Wellenlänge liegt und wer nicht. Versuchen Sie immer wieder, die Aura zu spüren, die Schwingungen, die von einem Menschen ausgehen. Erfahrungen und Menschenkenntnis geben Ihnen einen Überblick über den Ist-Zustand der Situation, in der sich ein anderer befindet, das Zusammenwirken der magischen Kräfte zeigt die Konsequenzen aus dem gegenwärtigen Verhalten auf.

Wie diese Kräfte sich darstellen, werden Sie jetzt kennen lernen. Haben Sie keine Angst davor, Sie kennen sie eigentlich alle schon.

Die magischen Kräfte kann man zwar »auswendig« lernen, aber sie müssen Ihnen auch bewusst werden. Erst mit dem Erkennen zusammen kann die Intuition ein Bild der zukünftigen Entwicklungen heraufbeschwören.

Magischer Erfahrungsschatz

Sie sind inzwischen mit dem analogen Denken, dem Denken in Entsprechungen und Bildern, etwas geübt und haben Ihre eigenen Fähigkeiten über das Tagesbewusstsein hinaus erweitert. Sie haben vielleicht die eine oder andere Reise in Traumwelten unternommen und sind dort symbolischen Darstellungen, Personen oder Handlungen begegnet. Sie haben dann versucht, diese Bilder anhand von Nachschlagewerken über Traumsymbole zu deuten, und sie in Bezug zu Ihrer Situation gesetzt. In Ihrem magischen Tagebuch können inzwischen ganze Märchen stehen, wenn Sie regelmäßig über Ihre Trancen und Träume Buch geführt haben. Jetzt beginnen Sie damit, diese Bilderwelt aktiv zu nutzen.

Vergangenheit und Zukunft – die Astrologie

Eines der ältesten und bekanntesten Systeme, das sich der Bilderwelt der Archetypen bedient, ist die Astrologie. Sicher gehören auch Sie zu den 93 Prozent der Bundesbürger, die Ihr Sternzeichen kennen. Die Astrologie ordnet die magischen Kräfte den Planeten zu. Diese wiederum sind traditionell nach den alten Göttern der Römer benannt, die ganz bestimmte Charaktere und Fähigkeiten haben. Götter – Sie wissen es jetzt – sind Gedankenformen bestimmter Kräfte. In der Astrologie gelten auch Sonne und Mond als Planeten, denn sie bewegen sich »um die Erde«. Die Planeten sind Wanderer am Himmel, sie umrunden vom Standort des irdischen Betrachters gesehen den Himmelskreis. Dieser Himmelskreis ist in zwölf Abschnitte geteilt, jeder Abschnitt wird mit dem Sternbild bezeichnet, das in ihm am auffälligsten ist. Dies ist der Ihnen bekannte Tierkreis. Auch diese Sternbilder sind Symbole für wirkende Kräfte, genau wie Planetengötter.

Das Geburtshoroskop

Je nachdem, wo die Sonne sich zum Zeitpunkt Ihrer Geburt befand, sind Sie also unter einem dieser Tierkreiszeichen geboren. Die Sonne symbolisiert das Individuum,

Das Geburtshoroskop wird auch Radix- oder Wurzelhoroskop genannt. Es beschreibt die Möglichkeiten, die sich aus der Planetenkonstellation zum Zeitpunkt der Geburt für das weitere Leben eines Menschen ergeben.

176 Magische Kräfte bei der Wahrsagung

Ein Geburtshoroskop aus den Ephemeriden zu errechnen, ist ein sehr komplizierter Vorgang. Heutzutage übernimmt das Computerprogramm diese Aufgabe.

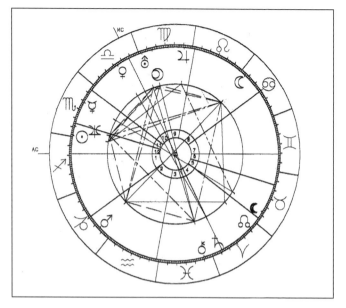

das Ich, Ihre Person. Lesen Sie noch einmal in Ihrem magischen Tagebuch nach, was Sie über die Rollen herausgefunden haben, die Sie mit Ihrer Persona, Ihrer Maske, spielen. Dann vergleichen Sie einmal, was man landläufig Ihrem Sternzeichen als Eigenschaften zuordnet. Das ist aber nur ein Teilaspekt, denn neben der Sonne haben auch die anderen Planeten an ganz bestimmten Himmelspositionen, den Zeichen (Sternbildern) und Häusern, gestanden, als Sie das Licht der Welt erblickten. Diese Planetenpositionen untereinander werden Aspekte genannt und bestimmen mit ihren Kräften ebenfalls das Horoskop. Ihr Geburtshoroskop gibt Ihnen an, welche Anlagen Sie für Ihr Leben mitbekommen haben. Es zeigt die Kräfte, die zu diesem Zeitpunkt wirksam sind und sich über die Lebensjahre hin bemerkbar machen. Sie sind jedoch nicht als unabwendbares Schicksal zu betrachten, sondern beschreiben Ihre Chancen und Möglichkeiten, manchmal auch die Blockaden, die zu überwinden sind.

Archetypen in der Astrologie
Wenn Sie ein Radixhoroskop von sich haben anfertigen lassen, ist es wichtig, dass Sie verstehen, welche Kräfte darin wirken, damit Ihnen das ganze Gebilde keine Angst einjagt. In diesem Buch kann natürlich das Gebiet der Astrologie nur gestreift werden, aber es gibt ausgezeichnete Werke, die Sie, wenn Sie interessiert sind, in die Materie einführen. Hier finden Sie eine Beschreibung der Kräfte als solche, ohne ihre gegenseitige Beeinflussung, die eigentlich erst die Aussage des Horoskops ausmacht. Aber mit diesem Wissen sollten Sie in der Lage sein, einem Astrologen kritische Fragen zu stellen. Denn blind glauben sollten Sie einer Deutung nie.

Manche Eigenschaften, die sich aus dem Geburtshoroskop ablesen lassen, entwickeln sich erst im Laufe des Lebens, andere Charakterzüge hingegen können überwunden oder transzendiert werden.

Der Tierkreis und die Heilsteine sind eng miteinander verbunden.

Tierkreis

Beginnen wir mit dem Tierkreis, der Landkarte der Kräfte am Himmel. Die Sternzeichen sind Sinnbilder für ganz bestimmte Eigenschaften. Der Widder ist energisch, der Stier erdnah, die Zwillinge scharfsinnig und flexibel, der Krebs gefühlvoll, der Löwe mächtig, die Jungfrau ordentlich, die Waage ausgeglichen, der Skorpion hart, der Schütze optimistisch, der Steinbock diszipliniert, der Wassermann ein Idealist, und die Fische sind phantasievoll.

Planeten

Die Planeten selbst haben wiederum ihre eigenen Bedeutungen. Hier erkennen Sie die archetypischen Kräfte besonders gut wieder. Die Sonne ist das männliche, machtvolle, lebensspendende Urprinzip, der Mond das aufnehmende, weibliche, widerspiegelnde. Mars, der Kämpfer, ist aggressiv und dynamisch und Venus, die Liebesgöttin, ausgleichend und liebevoll. Merkur, der Gott der Kommunikation, vermittelt und hat einen schnellen Verstand, Jupiter ist der erfolgreiche Chef der Götter. Saturn setzt Grenzen, diszipliniert und trägt Verantwortung, Uranus ist exzentrisch und unstet. Neptun herrscht über das Meer des Unbewussten, Pluto ist ein Prinzipienreiter, der harte Gott der Unterwelt. Je nachdem, in welchem Sternzeichen welcher Planet steht, beeinflussen sich diese Kräfte. Die gängigen Zeitungshoroskope beziehen sich lediglich auf den Stand der Sonne, die jeweils einen Monat lang in einem Zeichen steht. Naturgemäß können also Horoskope, die sich auf eine Gruppe von Menschen mit dem gleichen Geburtsmonat beziehen, nur sehr oberflächlich sein, denn jeder Mensch hat ja noch elf weitere Kräfte, die in ihm wirken.

> Lesen Sie einmal wieder die griechischen Sagen, nicht nur in angestaubten Übersetzungen, sondern durchaus auch modern aufbereitet. Sie werden erstaunt sein, wie viele Erkenntnisse über die Astrologie Ihnen diese Lektüre vermitteln wird.

Eigenschaften der Planeten

Die Sonne, das Urprinzip des Lebens, bestimmt also Ihre Person, die Rolle, die Sie in diesem Leben spielen. Der Merkur beispielsweise macht sich in Ihrer Fähigkeit bemerkbar, sich nach außen hin darzustellen, zu kommunizieren. Sollten Sie diesen Planeten im Himmelsabschnitt mit dem Sternzeichen Zwillinge stehen haben, werden Sie sich scharfsinnig ausdrücken können.

Diese Tabelle zeigt Ihnen in einer Übersicht, wie Sie die Planetenstände Ihres Horoskops deuten können, beispielsweise Venus im Krebs. Der Krebs steht für das Fühlen, Venus hat mit Liebe und Erotik zu tun.

Sternzeichen		Motto	Planet	Eigenschaft
Widder	♈	Ich will	Mars	Energie und Kampf
Stier	♉	Ich erwerbe	Venus	Liebe und Erotik
Zwillinge	♊	Ich denke in	Merkur	Kommunikation
Krebs	♋	Ich fühle	Mond	Tiefe und Spiegel
Löwe	♌	Ich mache	Sonne	Leben und Kraft
Jungfrau	♍	Ich ordne	Merkur	Kommunikation
Waage	♎	Ich harmonisiere	Venus	Liebe und Erotik
Skorpion	♏	Ich transformiere	Pluto	Prinzipien
Schütze	♐	Ich verstehe	Jupiter	Macht und Gerechtigkeit
Steinbock	♑	Ich erkenne	Saturn	Grenzen und Verantwortung
Wassermann	♒	Ich träume von	Uranus	Wahrheit und Erkenntnis
Fische	♓	Ich glaube an	Neptun	Spiritualität

Planetenpositionen

Aber auch die Positionen der Planeten zueinander sagen sehr viel über Charakter und Möglichkeiten eines Menschen aus. Zwei oder mehrere Planeten können an der gleichen Position am Himmel stehen (Konjunktion) oder sich gegenüberstehen (Opposition). Sie können in bestimmten Winkeln zueinander stehen, und alle diese Aspekte haben ihre Wirkungen. Ein detailliertes Geburtshoroskop ist demzufolge eine recht aufwändige Angelegenheit und erstaunlich in seiner Aussagefähigkeit.

Das Prognosehoroskop

Zukunftsschau in der Astrologie ist eine magische Technik, die auf ganz bestimmten Fakten basiert, auch wenn die naturwissenschaftlich geschulten Geister unter Ihnen an dieser Stelle aufheulen werden, weil nichts davon bewiesen ist. Es funktioniert eben nur.

Das Geburtshoroskop, in dem die Kräfte eines Augenblicks, nämlich des Zeitpunkts Ihrer Geburt, festgeschrieben sind, ist Basis für die Prognosen, die für das weitere Leben daraus abgeleitet werden. Die Planeten bewegen sich ja ständig weiter, und die ihnen zugeordneten Kräfte wirken auf die Konstellation bei Ihrer Geburt ein. Aus dem Zusammenwirken der planetarischen Kräfte kann der geübte Astrologe ablesen, welche Potenziale zu einem bestimmten Zeitpunkt vorliegen, und daraus Prognosen ableiten. Ein Zeitungshoroskop betrachtet dagegen nur, welcher Planet jeweils mit der Sonne in Ihrem Geburtshoroskop in Verbindung steht, und vernachlässigt alle anderen Konstellationen. Darum ist ein solches Horoskop nichtssagend. Sie können daraus gar nichts für Ihr Leben und Ihren Alltag ableiten. Glauben Sie es einfach nicht.

Umlaufzeiten der Planeten

Alle zwölf Planeten wandern mit unterschiedlicher Geschwindigkeit um den Tierkreis. Die Dauer einer Umlaufbahn variiert extrem stark: Der Mond umrundet den Tierkreis einmal im Monat, die Sonne, der Merkur und die Venus brauchen jeweils ein Jahr dafür. Der Mars hat eine Umlaufzeit von knapp zwei Jahren, der Jupiter von knapp zwölf Jahren. Der Saturn kehrt alle 29 Jahre an seine Ursprungsposition zurück, der Uranus nach 84 Jahren, Neptun nach 164 und Langläufer Pluto erst nach 245 Jahren. Eine der aufschlussreichsten Betrachtungen in jedem Horoskop liefert die Stellung des Saturn. Etwa alle sieben Jahre steht er in einem interessanten Verhältnis zur Anfangsposition. Es sind meistens damit gewisse Einschnitte im Leben verbunden. Erinnern Sie sich an die Siebenerschritte des Lebens im Kapitel über die Symbole?

Transit nennt man die Überquerung eines Planeten über den Standort im Geburtshoroskop. Ein Transit aktiviert die entsprechenden Kräfte der Planeten, die er passiert.

Analoges Denken

Astrologie ist auf der einen Seite ein umfangreiches Rechenwerk, die Deutung der Konstellationen jedoch verlangt das analoge Denken der Magie. Wenn Sie ein Prognosehoroskop erstellen, und das ist mit einem Computerprogramm heutzutage jedem möglich, ist die Deutung nur mit Kenntnis der sich hinter den Planeten verbergenden Kräfte möglich. Natürlich sind daraus zukünftige Entwicklungen erkennbar, konkrete Ereignisse wie Lottogewinne oder einen erfolgreichen Vertragsabschluss werden Sie allerdings nicht ablesen können. Wenn Sie die Möglichkeit haben, lassen Sie sich von einem Computerprogramm Ihr Geburtshoroskop errechnen, damit Sie ein Gefühl dafür bekommen, welche Aussagen darin stecken. Sie können es auch anhand von Tabellenwerken selbst berechnen, aber das ist sehr aufwändig und verlangt schon tiefe Kenntnisse der Methode.

Was Sie ohne tieferes Wissen über die Wirkungsweise nicht gleich vornehmen sollten, ist die Prognose und ihre Deutung. Wenn es Sie aber interessiert, wie die Zukunftsschau mit der Astrologie vorgenommen wird, dann besuchen Sie Kurse, oder lesen Sie sich in die entsprechende Literatur zum Thema Astrologie ein. Astrologie ist ein umfangreiches Wissensgebiet, das eines intensiven Studiums bedarf. Dafür sind die Ergebnisse auch beachtlich.

Das weise Kartenspiel Tarot

Etwas leichter als mit der Astrologie haben Sie es mit dem Befragen des Tarot, dem Blick in die Karten, die die Zukunft vorhersagen können. Der Tarot ist mit gutem Grund als der Einstieg in die weiße Magie bekannt geworden. Darum behandeln wir ihn hier auch ein wenig ausführlicher.

Mit dem Fachausdruck »Deck« bezeichnet man die oft künstlerisch gestalteten 78 Karten des Tarot. Dieses zukunftsweisende Kartenspiel ist eng mit der weißen Magie verbunden.

Ursprung

Woher die Karten mit ihren einprägsamen Bildern kommen, liegt weitgehend im Verborgenen. Sie tauchten im 14. Jahrhundert erstmals nachweislich auf und verbreiteten sich rasch. Sie entwickelten sich auf zwei Wegen weiter. Einmal in Form des Kartenspiels, das der Unterhaltung diente und noch heute überall zu finden ist. Auf der anderen Seite ging es, wie viele Hilfsmittel der Magie, in den Untergrund und wurde von Geheimbünden unter Verschluss gehalten. Eine Ausnahme gibt es, und das sind die Zigeuner. Das fahrende Volk, das sich ja den Einflüssen der

Tarotkarten offenbaren in oft drastischen Bildern den Weg durch das Leben. Wählen Sie die künstlerische Gestaltung, die Sie am meisten anspricht.

kirchlichen Bevormundung entziehen konnte, benutzt es zum Zweck der Zukunftsschau und Lebensberatung. Daher stammt die abgegriffene Vorstellung von der Karten legenden Zigeunerin, die reichen Kindersegen mit einem dunkelhäutigen Fremden vorhersagt.

Tarotarten

Heute erhalten Sie in gut sortierten Buchhandlungen unterschiedlichste Tarotdecks. Es gibt solche mit traditionellen Motiven, wie etwa den Marseiller Tarot oder den Lenormand, den Zigeunertarot. Weniger altmodisch gestaltet und oft in Gebrauch sind der Rider-Waite- oder Crowley-Tarot, ganz moderne Ausführungen, zum Teil mit geradezu übermächtigen Bildern, sind Röhrig oder Haindl. Die Freundinnen des alten Weges mögen oft den Tarot der weisen Frauen oder Motherpiece.

Welches Deck Sie für sich wählen, hängt ganz von Ihrem Geschmack ab. Je mehr Sie die Bilder ansprechen, desto besser werden Ihre Ergebnisse sein.

> Es gibt zwei wichtige Kartenreihen im Tarotdeck, sie heißen die kleinen und großen Arkana. Der Ausdruck leitet sich vom lateinischen Begriff »arkanum« ab, der »Geheimnis« bedeutet.

Archetypen im Tarot

Der Tarot besteht aus zwei Teilen, den kleinen und den großen Karten. Sie werden auch kleine und große Arkana genannt. Die kleinen Arkana sind fast deckungsgleich mit den Spielkarten für das Rommé zum Beispiel. Es gibt vier Farben mit je zehn Zahlkarten und dazu jeweils vier Personenkarten. Und jetzt werden Sie erinnert an die magischen Grundlagen! Die vier Farben nämlich nennen sich Schwerter, Stäbe, Kelche und Scheiben. Pik entspricht den Schwertern, Kreuz den Stäben, Herz dem Kelch und Karo den Scheiben. Im gewöhnlichen Kartenspiel sind sie also verwandelt. Können Sie die Verwandlung nachvollziehen? Schulen Sie Ihr bildhaftes Denken.

Die Personenkarten – im Tarot werden sie als Hofkarten bezeichnet – sind Prinzessin, Prinz, Königin und Ritter, wahlweise auch Tochter, Sohn, Mutter und Vater genannt. In alten Tarotdecks gibt es auch die Bezeichnung Page für die Prinzessin.

Den kleinen Arkana sind die Eigenschaften der vier Elemente zugeordnet, den Schwertern also die Luft, den Stäben das Feuer, dem Kelch das Wasser, den Scheiben die Erde. Sie können jetzt mit etwas Kombinationsgabe schon nachvollziehen, welche Eigenschaften beispielsweise die Königin der Stäbe hat. Sie steht für eine willensstarke Frau mittleren Alters und alles, was eine solche Persönlichkeit charakterisiert.

Die kleinen Arkana stellen die unterschiedlichen Aspekte der vier Elemente dar, doch die 22 großen Karten des Tarot sind von noch tieferer Bedeutung. Sie bezeichnen den stetigen Entwicklungsweg des Menschen, stehen für die archetypischen Kräfte, die in seinem Leben eine Rolle spielen.

Tarot als magischer Wegweiser

Wenn Sie schon ein Tarotdeck besitzen, dann legen Sie die großen Arkana von 0 bis 21 vor sich aus. Wenn nicht, gehen Sie jetzt einfach anhand der Bezeichnungen weiter. Machen wir uns auf den Weg durch das Leben!

Der Narr (0) beginnt wie das neugeborene Kind unbelastet sein Leben. Alle Chancen und Risiken liegen noch offen vor ihm. Ab jetzt beginnt seine Entwicklung.

Der Magier (I) erkennt wie das Kind, dass er zum Handeln fähig ist, dass seine Wünsche Gestalt annehmen und er aktiv nach außen wirken kann.

Die Hohepriesterin (II) lernt ihr inneres Wissen kennen, die Gefühle auszudrücken und empfänglich zu sein.

Die Kaiserin (III) ist die Mutterfigur, die das Kind liebevoll erzieht, aber auch Grenzen zu setzen weiß.

Der Kaiser (IV) ist der Vater, der dem Kind die Notwendigkeit der Verantwortung zeigt und gerecht und tolerant Autorität ausübt.

Der Hohepriester (V) ist der Lehrer, der dem Kind den Weg durch die Welt weist und ihm die Regeln mitgibt.

Die Liebenden (VI) sind die erste Begegnung mit dem anderen Geschlecht – und die Entscheidung, ob man das schützende Elternhaus verlässt.

Der Wagen (VII) ist der Schritt in die Selbstständigkeit, das In-die-Hand-Nehmen des Lebens, der mutige Schritt vorwärts.

Hier endet die erste Entwicklungsphase des Menschen, der vom Kind zum Erwachsenen wurde und sich in der Welt bewährt hat. Erinnern Sie sich an die Sieben-

erschritte? Früher oder später kommen wir an einen Punkt, wo wir über mehr nachdenken als über den täglichen Kampf um Erfolg und Gehalt.

Die folgende Phase ist schwieriger zu bewältigen, birgt aber völlig neue Chancen.

Die Kraft (VIII) ist die Freude und Stärke, sich im Leben zu bewähren, Herausforderungen anzunehmen, aber auch die Leidenschaft zu bändigen.

Der Eremit (IX) bezeichnet den Beginn der Selbstbesinnung, das Zurückziehen und sich auf die Suche nach dem Selbst Begeben.

Das Rad des Schicksals (X) verspricht einen Wandel, der neue Chancen im Leben eröffnet.

Die Gerechtigkeit (XI) lässt uns daher Rechenschaft ablegen über unsere Handlungen und die unterschiedlichen Kräfte in Balance bringen.

Der Gehängte (XII) (er ist kein Gehenkter!) wird also die Welt aus einem anderen, neuen Blickwinkel sehen und kann damit flexibler auf sie reagieren.

Der Tod (XIII) ist nicht der Tod des Leibes, sondern das natürliche Ende einer Phase, vielleicht einer überkommenen Weltanschauung, die den Keim des Neubeginns in sich birgt.

Die Mäßigkeit (oder Kunst) (XIV) ist dieser Neubeginn, indem die eigenen Kräfte neu gemischt werden, in neue Zusammenhänge einfließen können.

Hier endet die zweite Phase des Lebens. Wir haben unsere Potenziale ausgelotet, wir haben abgewogen, Altes über Bord geworfen, Änderungen vorgenommen, gute Vorsätze geschaffen und sind bereit für einen neuen Abschnitt.

Der Schwierigkeitsgrad wird in dieser Phase erhöht, der

Preis bei der Erreichung des Zieles ist dafür aber umso wertvoller.

Der Teufel (XV) ist die Auseinandersetzung mit dem »Ja, aber ...«. Im neuen Lebensabschnitt müssen wir damit beginnen, uns den Schatten zu stellen, den eigenen dunklen Ecken, die man so gerne ignorieren möchte.

Der Turm (XVI) zeigt, dass es meistens Niederlagen in diesem Kampf gibt. Doch sind die alten Strukturen erst einmal zusammengebrochen, ist reiner Tisch gemacht, auf dem sich das neue Leben entfalten kann.

Der Stern (XVII) leuchtet über diesem Leben. Er ist die berechtigte Hoffnung auf das Gelingen, die Zuversicht und das Selbstvertrauen, dass man es schaffen wird.

Der Mond (XVIII) zeigt, dass das Abtauchen in die unbekannten Tiefen der Seele, die Auseinandersetzung mit den inneren Bildern jetzt möglich ist, und fördert Kreativität und Erkenntnis zutage.

Die Sonne (XIX) ist der neue Mensch, der in sich ruht, zentriert wie die Sonne im Planetentanz, strahlend von Vitalität und Optimismus.

Das Gericht (XX) ruft noch einmal zum Urteil auf. Es fordert den Lebensüberblick und setzt den reifen Menschen selbst zum Richter ein, der sich von der Vergangenheit und von Schuldgefühlen befreit, um spirituell zu wachsen.

Die Welt (XXI) ist die letzte Karte der großen Arkana, sie bedeutet das höchste Ziel, das ein Mensch erreichen kann: die volle Entfaltung der Persönlichkeit, das Leben in der Einheit mit sich selbst, im Einklang mit dem Kosmos. Das ist das Ziel der weißen Magie.

Übung: Magischer Lebensweg

Sie haben in Ihrem magischen Tagebuch an Ihrem Lebenslauf schon eine ganze Reihe von Entwicklungen erarbeitet. Nehmen Sie jetzt den Tarotwegweiser zur Hand, und schauen Sie, welche Stationen Ihnen bekannt vorkommen. Ein kleiner Hinweis – wir durchlaufen sie oft mehrmals, jeweils zu anderen Lebensthemen. Es kann also sein, dass Sie auf der beruflichen Seite noch am Teufel hängen, in der Partnerschaft aber schon den Stern über sich funkeln sehen. Oder umgekehrt. Daher haben Sie nach dieser Analyse eine erste Möglichkeit, in die Zukunft zu schauen und sich auf die kommenden Ereignisse einzustellen.

Nur eines sollten Sie natürlich wissen – der Weg führt weiter, und Schummeln durch Abkürzungen gibt es nicht. Trotzdem bekommen wir nicht mehr Schwierigkeiten aufgebürdet, als wir tragen können. Auch wenn Ihnen das manchmal so scheint. Aber dann sollten Sie sich wie der Gehängte innerlich auf den Kopf stellen und sehen, ob es nicht aus einem anderen Blickwinkel doch eine Lösung gibt. Sie erinnern sich an den magischen Leitsatz: **Wer das Bewusstsein ändert, ändert die Realität!**

Übung: Trauminkubation

Hier die praktische Anwendung der Tarotkarten, um die nächtlichen Träume selbst zu bestimmen, wodurch sie spannender werden als jedes Kinoprogramm. Einprägsame Bilder wie die des Tarot wirken dabei quasi als Inkubationskeime, wie biologische Keime, mit denen man Petrischalen mit Nährlösung impft, in der sie dann wachsen und sich vermehren.

Suchen Sie sich eines der Tarotbilder, das Sie besonders

anspricht, und betrachten Sie es vor dem Schlafengehen. Bitten Sie dann Ihr Unbewusstes, Ihnen einen Traum dazu zu schicken. Vielleicht müssen Sie die Betrachtung anfangs an einigen Abenden wiederholen, aber Sie werden bestimmt belohnt. Mit etwas Übung geht das Träumen dann immer leichter.

Blauäugig wie ich war, hatte ich, als ich mein erstes Tarotdeck in der Hand hielt, ungewollt diese Übung gemacht. Ich kann Ihnen versprechen, dass Sie absolut überwältigende Träume haben werden. Mir zumindest ging das so – und ich war noch nicht einmal vorbereitet auf das, was da passierte.

Frage und Antwort im Tarot

Zurück zur Weissagung und Lebensberatung mit den Tarotkarten. Der Entwicklungszyklus der großen Arkana, wie Sie ihn eben gelesen haben, ist eine allgemeine Form der Vorhersage. Die Befragung zu aktuellen Themen durch Kartenlegen ist die nächste Möglichkeit. Denn zu jedem Lebensthema stehen Sie an einer ganz bestimmten Stelle auf diesem Weg, und die Karten zeigen uns, welche Kräfte hier wirksam werden.

Es gibt verschiedene Legesysteme, mit denen die gemischten Karten aufgedeckt werden und in denen jede Position eine bestimmte Bedeutung hat. Menschen, die sich oft und viel mit den Karten beschäftigen, entwickeln ihre eigenen Methoden. Wenn Sie ein Tarotdeck erworben haben, spielen Sie damit. Sie wissen ja, Ihr inneres Kind erfreut sich an den Bildern und erkennt ganz instinktiv die Bedeutung für Sie.

Wenn Ihnen die Karten und Bilder bereits gut vertraut sind, können Sie Fragen stellen. Sie mischen das Spiel und

Die rätselhaften und manchmal drastischen Bilder der Tarotkarten sind inzwischen auch vielfach tiefenpsychologisch gedeutet worden und werden zur Lebensberatung eingesetzt.

ziehen verdeckt entsprechend dem gewählten Legesystem. Vertrauen Sie darauf, dass Ihr Unbewusstes Sie die richtigen, auf das Problem bezogenen Karten ziehen lässt. Heißt die Frage etwa: »Ich habe Schwierigkeiten mit meinem Partner, ich überlege sogar schon, ob ich die Beziehung beenden soll«, dann können Sie in einem ganz einfachen Legemodell drei Karten ziehen. Die erste Position in der Mitte beschreibt dann die derzeitigen Kräfte, die bei diesem Thema wirken, die zweite Position rechts davon sagt, was günstig ist, die dritte Position links von der Mitte beschreibt, was ungünstig ist.

Erhalten Sie zum Thema den Hohepriester, dann sollten Sie sich fragen, ob Sie vielleicht zu intolerant auf bestimmten Regeln des Zusammenlebens bestehen, zu lehrerhaft auftreten. Ist als »günstig« der Kaiser aufgetaucht, spricht er für Vernunft, Reife und Toleranz. Der Stern auf der Position »ungünstig« warnt davor, einfach zu hoffen, dass alles gut wird. Der Rat, den Ihnen die Karten geben, heißt also, nicht hoffen und abwarten, sondern die eigenen Toleranzgrenzen prüfen und ändern.

So genau sind die Karten. Aber auch nicht genauer. Und sie fordern hin und wieder auch unangenehme Maßnahmen, solche, bei denen Sie zunächst mit Abwehr reagieren. »Wieso noch mehr Toleranz? Ich bin es leid, immer nachzugeben!«, mag wohl der Fragende auf den Rat antworten. Der geübte Kartenleger wird sich genau in diesem Augenblick ein Lächeln verkneifen müssen.

Die Karten sind nicht höflich. Vorsichtig formulieren kann höchstens der Kartenleger, wenn er die Deutung in Worte fasst. Darum ist es, wenn Sie beginnen, mit den Karten zu arbeiten, nicht auszuschließen, dass Sie sich selbst beschwindeln. Schreiben Sie darum die gezogenen Karten

> Das Lesen der Tarotkarten muss immer im Kontext mit der Fragestellung geschehen – auf eine unsinnige oder nicht ernst gemeinte Frage wird man nie eine befriedigende Antwort erhalten, da sind die Karten streng mit dem Fragesteller.

und ihre Deutung in Ihr magisches Tagebuch, und prüfen Sie einfach hin und wieder, was Sie davon befolgt haben und was sie »schöngedeutet« haben. Das erzieht sehr wirkungsvoll zur Ehrlichkeit sich selbst gegenüber!

Einen Fall gibt es jedoch, bei dem die Karten gänzlich unwirksam bleiben. Der Antwort, die Sie von ihnen erhalten wollen, muss ein ernsthaftes Fragen vorausgehen. Die Karten sind keineswegs dazu da, jede kleine, ganz unbedeutende Entscheidungsunsicherheit zu beantworten. Bei der Frage muss ein echtes Anliegen dahinterstehen, nur zum Spaß gibt es keine Antworten.

Die Kabbala

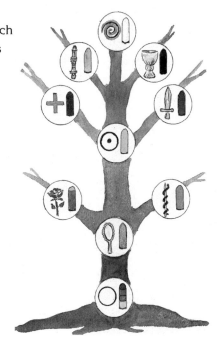

Eines der faszinierendsten, aber auch ein sehr komplexes magisches Ordnungssystem ist die jüdische Kabbala. Der Begriff hat in der nichtmagischen Welt den Nimbus des Unheimlichen, fast noch schlimmer als der der Hexen, denn lange Jahrhunderte hindurch wurden die Juden als der Abschaum der Menschheit betrachtet, und man schob ihnen die entsetzlichsten Gräueltaten unter. Kinder sollen sie geschlachtet, Brunnen vergiftet haben, Krankheiten und Seuchen sollen von Ihnen verbreitet worden sein. Alles, wovor die Menschen Angst

Die jüdische Kabbala ist ein äußerst komplexes und stark verschlüsseltes magisches System, das über viele Jahrhunderte als Geheimnis von einem Eingeweihten zum anderen weitergegeben wurde. Das Hauptbuch der Kabbala, der Sohar, wurde um 1280 niedergeschrieben.

hatten, wurde ihnen zugerechnet. Ihre religiösen Schriften und vor allem die Kabbala, so munkelte man, beinhalteten schwärzeste Magie. Gerüchte, Ignoranz, Angst und Dummheit sind die wahren Zutaten der schwarzen Magie. Die Kabbala kann weiter nicht davon entfernt sein. Viele magische Orden und Logen haben ihre Lehre auf der Kabbala aufgebaut.

Die Kabbala wusste sich schon immer selbst zu schützen. Wie ihr übersetzter Name sagt, wurde sie »von Mund zu Ohr« weitergegeben, und das auch nur denen, die auch die Fähigkeit hatten, ihre Geheimnisse zu durchdringen. Sie ist in der Tat nicht ganz einfach zu verstehen, denn sie ist nicht nur hoch komplex, sondern auch noch stark verschlüsselt. Doch auf ihr beruht eine Vielzahl magischer Praktiken. Sie haben sich in diesem Buch bis hierher vorgewagt und noch nicht das Interesse an der Magie verloren.

Wagen Sie es jetzt, den geheimnisvollen Baum des Lebens zu erklettern.

Der Lebensbaum und seine Stationen

Die Weisen der Juden haben ein Schaltbild der Welt gezeichnet, anhand dessen man alles, was ist, erklären kann. Unglaublich, aber wahr. Es sieht verführerisch einfach aus, das Bild des Lebensbaumes, und trotzdem birgt es nicht auslotbare Möglichkeiten. Wir machen es uns an dieser Stelle einfach und beschränken uns auf einen praktischen und nützlichen Aspekt. Der Lebensbaum besteht aus zehn Stationen, den Sephiroth (Einzahl Sephira). Wenn Sie dieses Wort etwas vernuschelt aussprechen, kommt nicht von ungefähr »Sphäre« dabei heraus. Sie werden im Folgenden zehn Vokabeln lernen müssen, um diese Sephiroth richtig bezeichnen zu können. Hinter jeder Sephira verbirgt sich eine Kraft, genau wie hinter den Planeten oder den Arkana des Tarot. Auch das Tarot kann in Verbindung mit dem Lebensbaum gebracht werden. Die kleinen Arkana entsprechen den zehn Sephiroth, die Trümpfe den 22 Wegen dazwischen. Die Sephiroth werden in der Form von Erzengeln dargestellt. Diese Engel dürfen Sie nicht mit den himmlischen geflügelten Wesen vergleichen, die ab Dezember durch die irdischen Schaufenster flattern. Die Sephiroth sind gewaltige Mächte, die man sich als farbige Säulen der Kraft vorstellen kann, durch die magische Energie fließt. Aber je nach Ausbildung Ihrer Visualisierungsfähigkeit können sie auch Gestalt annehmen.

Sephira **Kether** ist die erste Station, sie ist die Krone des Lebensbaums. Kether heißt Krone, und in ihr ruhen alle Möglichkeiten der Schöpfung. Ihr Symbol ist die Swastika oder die Spirale.

Der zugehörige Erzengel ist Metatron, der Fürst der Umfassung, er ist eine Säule höchster farbloser Brillanz, das reine Licht.

Sephira **Chockmah** ist die zweite Station, sie ist die Energie, in der die Möglichkeiten wirken können. Ihr Symbol ist der magische Stab. Der Erzengel ist Raziel, der von Gott ausgesandt ist. Er ist der Engelfürst der höchsten Mysterien, eine graue Säule, durch die die Geheimnisse der Schöpfung herabströmen.

Sephira **Binah** ist die dritte Station, sie birgt die Form aller Möglichkeiten. Energie und Form sind der Beginn der Realität. Ihr Symbol ist der Kelch. Der Erzengel dieser Sphäre

Die Schöpfung geht nach den Vorstellungen der Kabbala wie ein Blitz durch den Lebensbaum. Ausgehend von der Sephira Kether durchdringt sie die zehn Stationen des Lebensbaums und trifft in der Sephira Malkuth auf die Wurzeln in der Erde.

ist Zaphkiel, das Auge Gottes. Seine Kraft kann dazu führen, dass wir unserem Schicksal in die Augen sehen. Er stellt sich als schwarze Säule dar.

Sephira **Chesed** ist die vierte Station, sie ist die erste Stufe der Manifestation, des Sichtbarwerdens, die erste Darstellung der Ordnung. Ihr Symbol ist das gleicharmige Kreuz. Der zugehörige Erzengel nennt sich Zadkiel, der Gerechte Gottes, wobei unter dieser Gerechtigkeit weniger die richterliche Instanz als die Ausgewogenheit und Harmonie zu verstehen sind. Er wird als königsblaue Säule visualisiert.

Sephira **Geburah** ist die fünfte Station, sie kontrolliert die entstandene Manifestation und grenzt sie auf das notwendige Maß ein. Ihr Symbol ist das Schwert. Geburahs Erzengel ist Kamael, das Schwert Gottes. Er ist derjenige, der strafend in das Bewusstsein der Menschen eingreift, die gegen die kosmischen Gesetze verstoßen haben. Stellen Sie ihn sich als flammend rote Säule vor.

Mit den vier Erzengeln Michael, Raphael, Gabriel und Uriel können Sie unproblematisch magisch arbeiten, für die Arbeit mit höheren Erzengeln brauchen Sie eine solide magische Praxis.

Sephira **Tiphereth** ist die sechste Station, in ihr haben wir nach dem Zurechtstutzen in Geburah ein harmonisches Ergebnis erzielt. Tiphereth liegt im Zentrum des Lebensbaumes. Das Symbol ist der Punkt in der Mitte eines Kreises oder das keltische Kreuz. Hier treffen Sie vermutlich auf den ersten Ihnen bekannten Erzengel. Es ist Michael, der Fürst des Lichtes. Er wird in Gemälden gegen den Drachen kämpfend dargestellt. Seine Farbe ist Sonnengelb. In Gefahr und Not kann er zu Hilfe gerufen werden.

Sephira **Netzach** ist die siebte Station, in ihr beginnt die Welt der Formen, hier wird das Ergebnis aus Tiphereth Gestalt annehmen. Ihr Symbol ist die Rose. Haniel ist der zugehörige Erzengel, die Verkörperung des lebendigen Gottes. Durch ihn können wir das Bewusstsein für wahre Schönheit erwerben und in die Zusammenhänge der Welt eindringen. Dieser Erzengel erscheint als smaragdgrüne Säule mit einer rosa Spitze.

Sephira **Hod** ist die achte Station, hier werden die Regeln aufgestellt und Ordnung geschaffen in den Manifestationen. Ihr Symbol ist der Name, aber auch der Caduceus, der Äskulapstab. Von dem Erzengel Raphael, dem Heiler Gottes, werden Sie vermutlich schon gehört haben. Er wird angerufen, wenn Kranke geheilt und Ordnung wieder hergestellt werden soll. Seine Farbe ist Orange.

Sephira **Yesod** ist die neunte Station und wird zu Recht das Fundament genannt, auf dem alles ruht. Das Symbol ist die Sandale oder der Spiegel. Den Erzengel Gabriel, der Starke aus Gott, kennen Sie als denjenigen, der Maria die Geburt ihres Sohnes verkündet. Über ihn können wir mit unserem Unbewussten in Verbindung treten. Seine Darstellung ist eine den Himmel und die Erde verbindende lila Säule mit Silberflimmer.

Sephira **Malkuth** ist die zehnte Station, sie wurzelt in der Erde, hier ist die Manifestation greifbare Materie geworden. Ihr Symbol ist der Kreis. Sandalphon ist der Name des zugehörigen Erzengels, die Intelligenz der Erde. Er bestimmt Geschlecht und Persönlichkeit des Menschen vor der Geburt. Er wird auch mit dem Wächterengel gleichgesetzt, der dem Menschen den Zugang zu seinem Selbst ermöglicht. Wenn Sie so wollen, stellt er den inneren Führer

> Den kabbalistischen Lebensbaum mit seinen Sephiroth, den farbigen Säulen der Kraft, und den ihnen zugeordneten Erzengeln kann man sich nur schwer vorstellen. Vertrauter wird die Kabbala, wenn man sie in das Bild des Hausbaus übersetzt.

dar. Seine Farben sind Gelb, Grün, Braun und Schwarz. In einer anderen Tradition wird dieser Sephira der Erzengel Uriel zugeordnet, das Licht Gottes, der als Offenbarer von Geheimnissen wirkt.

Hausbau kabbalistisch

Das ist sehr abstrakt beschrieben, doch es wird Ihnen sicher »ein Licht aufgehen«, wenn wir gemeinsam einmal eine ganz unmagische Schöpfung durchführen. Wir werden ein Haus bauen!

Ein Haus – das ist Kether. In ihm stecken alle Möglichkeiten eines Hauses. Ein Wolkenkratzer, eine Holzhütte, ein Bungalow, ein Palast, eine Wellblechbude, eben alles, was denkbar ist.

Ich will ein Haus – das ist Chockmah. Sie bringen die Energie des Wollens auf, und damit wird es **Ihr** Haus. Nicht meines, nicht das von nebenan, nicht das Ihrer Eltern.

Ich will ein Haus bauen – das ist Binah. Nämlich ein Haus in der Form erwerben, dass Sie es bauen wollen. Nicht kaufen, nicht mieten, nicht erben – bauen!

Jetzt verlassen Sie die rein geistige Sphäre, denn Sie nähern sich der konkreten Planung – **Sie stellen das Haus dar**. In Worten, Zeichnungen, Berechnungen. Groß soll es sein, einen Südbalkon soll es haben, am Waldrand liegen, so gut wie nichts kosten ... Das ist Chesed, die erste Darstellung.

Und dann kommt Geburah in Person Ihres Vermögensberaters mit dem Rotstift. Die Farbe Rot ist übrigens dieser Sephira zugeordnet. Warum wohl? **Sie streichen** also schweren Herzens den Kamin und die Doppelgarage, die Einliegerwohnung...

Aber Sie erfahren, dass Sonnenkollektoren auf dem

Dach gefördert werden und die Kosten der Heizungsanlage verringern.

Zufrieden sind Sie in Tiphereth gelandet. Sie haben Überflüssiges geopfert und haben **einen Ausgleich** auf anderer Ebene erhalten.

Jetzt werden die **Architektenpläne** erstellt. Wir befinden uns in Netzach, in dem jetzt die Vorstellungen aus Tiphereth exakt in die Bauplanung einfließen.

Dann kommt der lästige Teil der **Bauabwicklung**, das Festlegen von Terminen und das Organisieren der Handwerker. Hod ist immer da, wo geregelt und geordnet wird.

Es ist so weit, Sie stehen an der Baugrube, das **Fundament** ist gegossen. Noch kann vieles, was über dem Fundament liegt, verändert werden. Das Haus kann ein Walmdach oder ein Flachdach bekommen, das Wohnzimmer kann zwei oder fünf Fenster erhalten, die Treppe sich wendeln oder gerade hinaufführen. Aber die Abmessungen des Hauses können nicht mehr verändert werden. Wir sind in Yesod, dem Fundament.

Und dann stehen Sie mit dem Umzugswagen vor der Tür und betreten **Ihr neues Reich**. Malkuth, auch »Das Reich« genannt, ist der Endpunkt der Schöpfung, am Anfang begann sie mit allen Möglichkeiten eines Hauses.

Es liegt eine tiefe Lebensweisheit in der Darstellung der kabbalistischen Schöpfung – jeder kreative Akt durchläuft die zehn Stationen, oder er bricht an einer Stelle ab, wenn die Hindernisse aufgrund der in dieser Sephira auftretenden Kräfte zu groß zu werden drohen.

Übung: Planung mit dem Lebensbaum

Spielen Sie jetzt einmal selbst eine solche Planung irgendeines Vorhabens durch. Suchen Sie zuerst nur einmal ein angenehmes Thema. Urlaub, Party, Kauf eines Sommerkleides, eines Autos… Was Ihnen vielleicht sogar gerade auf den Nägeln brennt. Und dann gehen Sie die zehn Stationen durch.

Machen Sie das häufiger, bei allen möglichen Anlässen, Sie werden erstaunt sein, wie gut es sich damit planen lässt – und wie schnell Sie unangenehme Überraschungen voraussehen können. Denn durch Geburah müssen Sie immer!

Noch eine kabbalistische Planung

Nur damit Sie nicht leichtsinnig werden und glauben, Sie hätten die Kabbala jetzt in ihrer Gesamtheit ausgeschöpft, noch ein Ablauf, wie er in vielen, vielen Geschichten beschrieben wird. Auch in den naturwissenschaftlichen.

Vor dem Anfang war das Nichts – weder Zeit noch Raum.

Am Anfang war das Wort, synonym für **Gedanke**. Er barg alle Möglichkeiten des Seins.

Dann kam der Urknall, die **reine Energie**.

Aus der Energie in Bewegung wurde **Form** – Atome zum Beispiel sind solche Gebilde. Die Zeit spielt plötzlich eine Rolle. Atome schließen sich zusammen, Gaswolken entstehen und wirbeln umeinander. **Materie** bildet sich.

Die instabilen Teilchen unterliegen dem **Zerfall**, sie werden zu Strahlung, in Supernoven zerbersten die ersten Sterne.

Aus den Trümmern erwachsen die Galaxien, eine davon birgt unsere **Sonne**, um die die Planeten kreisen.

Darunter die Erde, auf der sich alle möglichen Atome befinden. Sie nutzen die Gelegenheit, Moleküle zu bilden. Komplexe organische Strukturen nehmen **Gestalt** an.

Die Moleküle beginnen sich selbst zu **organisieren** – Autopoiose nennen es die Biologen und meinen damit, dass das Leben entstand.

Das Leben kroch aus dem Wasser, bekam Fell, legte

sich Werkzeuge zu, sah plötzlich in einen stillen Teich und erkannte sich als das **Fundament** des eigenen Seins.

Diese selbstbewussten Lebewesen vermehren sich bis heute, und wenn Sie in den Spiegel sehen, dann sehen Sie den Vertreter dieser göttlichen Schöpfung in Malkuth, dem **Reich**.

Magie mit Engeln

Sie haben die Archetypen im Tarot und die Planetengötter in der Astrologie kennen gelernt. In der kabbalistischen Tradition arbeitet man entweder mit den Sephiroth, was sehr abstrakt ist, oder, konkreter vorstellbar, mit den Engeln. Für die praktische magische Arbeit möchte ich Ihnen empfehlen, sich zunächst nur auf die vier bekannten Erzengel zu konzentrieren, bis Sie herausgefunden haben, ob die Kabbala Ihrem magischen Weg entspricht. Michael, Raphael, Gabriel und Uriel können Sie sich nämlich auch

Betrachten Sie Gemälde, auf denen Engel abgebildet sind, um ein Gefühl für diese Kräfte zu bekommen. Ein früher sehr beliebtes, künstlerisch eher harmloses Motiv der Engelsmacht ist der Schutzengel, der die Kinder über gefährliche Wege führt. Denken Sie auch an den siegreichen Kampf Michaels gegen den Satan, an das Jüngste Gericht oder an die Verkündigung an Maria.

Der Erzengel Michael führt die Lanze siegreich im Kampf gegen das Böse und vernichtet den Satan.

durchaus in der bekannten Engelsgestalt vorstellen und nicht nur als farbige Säulen der Kraft.

Die Darstellung der vier Erzengel hat eine lange (christliche) Tradition. Raphael ist eine große Flügelgestalt in einem wehenden orangefarbenen Gewand und ausgestattet mit einem Schwert. Er ist der Wächter des Ostens.

Michael trägt ein sonnengelbes Gewand und führt eine Lanze (Stab) in der Hand. Er ist dem Süden zugeordnet.

Gabriel trägt ein violettes Gewand, auf dem sich das Licht silbern spiegelt, in der Hand hält er den Blütenkelch einer Lilie. Er ist der Hüter des Westens.

Uriel in seinem erdbraunen Gewand schließlich tritt als Wächter des Nordens auf.

Wenn Sie den magischen Kreis ziehen, können Sie statt der vier Elemente, deren Anrufung Sie schon kennen gelernt haben, auch die vier Erzengel anrufen. Beginnen Sie im Osten, und sprechen Sie in Ihren eigenen Worten etwa:

> »Ich rufe den Erzengel Raphael. Hüter des Ostens, ich grüße dich und bitte dich um deinen Schutz und Segen.«

Stellen Sie sich den Erzengel vor, wie er in seinem orangefarbenen Gewand erscheint. Drehen Sie sich dann nach Süden, und begrüßen Sie Michael, im Westen Gabriel und im Norden Uriel mit einer ähnlich formulierten Anrufung. Wenn Sie den Kreis auflösen, wenden Sie sich erneut an die Erzengel und bedanken sich bei ihnen für ihren Beistand.

Sie sehen, die Anrufung der vier Erzengel ist im Prinzip auch nichts anderes als das Ziehen des magischen Kreises, bei dem man sich an die vier Elemente oder die vier Himmelsrichtungen wendet. Es werden nur andere Symbole verwendet.

Drei weitere Orakel

Sie haben jetzt drei bewährte, traditionsreiche Orakelsysteme kennen gelernt, deren erfolgreiche Anwendung verlangt, sich mit den ihnen zugrunde liegenden Prinzipien sehr eng vertraut zu machen. Es sollte Ihnen nichts ausmachen, wenn Ihnen die Vielfalt der Symbole, Kräfte, Beziehungen und Deutungen zunächst noch verschlossen bleibt. In der Magie gibt es für jede Station des Lernens einen richtigen Zeitpunkt. Außerdem ist es auch eine gewisse Veranlagungssache, ob man mit ausgefeilten Berechnungen die Deutung der Zukunft vornehmen möchte wie in der Astrologie, ob man sich dem vielschichtigen Bildermaterial des Tarot widmen will oder ob man lieber aus den Tiefen der Intuition schöpfen möchte. Vielleicht liegen Ihnen die folgenden Wahrsagetechniken mehr.

Der forschende Blick in die Zukunft mit Hilfe einer Kristallkugel oder die Befragung des magischen Spiegels gehört zur so genannten intuitiven Mantik.

Kristallomantie

Ein großes Geheimnis wird um die Kristallkugel gemacht. Sie wird aus einem besonderen Glas oder Bergkristall geschliffen, darf nicht dem Tageslicht ausgesetzt werden, muss, wenn nicht benötigt, in ein spezielles, möglichst noch mit magischen Symbolen besticktes schwarzes Samttuch eingehüllt werden und darf auf keinen Fall von Uneingeweihten berührt werden.

Wenn Sie sich den Nimbus einer professionellen Wahrsagerin geben wollen, dann achten Sie auf solche Dinge. Ärzte hüllen ihre Kenntnisse ja auch in lateinische Zaubersprüche, Ingenieure produzieren symbolbeladene magische Formeln, und selbst ein professioneller Hobbygärtner verwendet Worte, die dem blumentopfgewohnten Laien unverständlicher als jeder kryptische Orakelspruch sind. Nicht jeder verrät gerne sein Berufsgeheimnis, vor allem, wenn es ein so schlichtes ist. Sie kennen das Geheimnis bereits – es heißt Trance. Die Kristallkugel ist ein Hilfsmittel, um eine leichte, manchmal sogar eine tiefe Trance zu erzeugen, denn Sie fixieren einen festen Punkt vor sich, nämlich eben diese Kugel, machen sich von den Tagesgedanken frei und warten auf die Bilder, die aufsteigen. Es gibt allerdings bei diesem Verfahren einen Unterschied zu den Trancereisen und der Trance, in der man Wünsche abschickt. Sie erinnern sich, Trancereisen sind zunächst absichtslose Wanderungen durch die Bilderwelt des Inneren, beim Wünschen geben Sie das Bild vor. Die Trance, die Sie beim Schauen in die Kristallkugel verwenden, ist eine zielgerichtete, denn Sie wollen ja eine zukünftige Entwicklung erkennen.

Übung: Kristallkugel

Kristallkugeln für die Zukunftsschau können aus Glas oder geschliffenem Bergkristall sein. Wichtig ist, dass sie keine Einschlüsse aufweisen, denn solche Störungen können die Bilder verzerren oder Schlieren erzeugen.

Wenn Sie wollen, können Sie jetzt eine Übung zur Zukunftsschau mit der Kristallkugel machen. Sie brauchen nicht unbedingt eine Kristallkugel dazu, wenn Sie eine glatte, kugelrunde Glasvase haben, reicht das auch. Füllen Sie sie bis zum Rand mit Wasser, und stellen Sie sie auf eine schwarze, nicht spiegelnde Unterlage. Das ist das Geheimnis des schwarzen Samtes, er soll nämlich störende Reflektionen verhindern. Verdunkeln Sie den Raum, und zünden Sie eine Kerze an, so dass ihr Licht über Ihre Schulter auf die Kugel fällt.

Sie wissen inzwischen schon, wie Sie auf dem einfachsten Weg in eine leichte Trance kommen. Also tun Sie das, was dazu nötig ist. Wählen Sie einen Duft als Räucherwerk oder in der Duftlampe, der Sie inspiriert. Wenn Sie unsicher sind, welchen Sie nehmen sollen, verwenden Sie Weihrauch, er unterstützt die medialen Kräfte. Ziehen Sie den magischen Kreis um sich herum, und bitten Sie die Kräfte der Himmelsrichtungen, Ihnen beizustehen. Dann setzen Sie sich entspannt, aber mit geradem Rückgrat in Leseweite vor die Kugel und lassen in ihr die Bilder zu der Frage aufsteigen, zu der Sie eine Antwort haben wollen. Wählen Sie bitte nicht gleich schwierige Fragen, die auf Leben und Tod zielen, sondern versuchen Sie lieber, sich Ihren nächsten Urlaub, ein Geburtstagsgeschenk oder den Besuch von Freunden vor Augen zu führen.

Bilder aus Trancen sind flüchtig; sie zu behalten, ist eine Frage der Übung. Sprechen Sie laut aus, was Sie sehen, lassen Sie vielleicht einen Freund mitschreiben oder zuhören, damit sie anschließend auch deuten können, was Sie gesehen haben. Nach der Sitzung heben Sie den magischen Kreis wieder auf, und, wenn nötig, erden Sie sich. Seien Sie nicht enttäuscht, wenn es nicht auf Anhieb funktioniert. Betrachten Sie auch diese Übung als ein Spiel, denn wenn Sie mit zusammengebissenen Zähnen vor der Kugel sitzen und Bilder heraufbeschwören wollen, passiert überhaupt nichts.

Wenn dieser erste Versuch jedoch zu guten Ergebnissen führt, sollten Sie sich zur weiteren Ausübung der Wahrsagekunst eine schöne, klare Kristallkugel besorgen – schöne Dinge erfreuen das innere Kind und lassen es noch freudiger mitspielen.

Magischer Spiegel

Auf die gleiche Weise wie die Kristallkugel funktioniert der magische Spiegel. Er ist eine geschwärzte, konkave Glasscheibe, die genau wie die Kugel sozusagen als Bildschirm für die in Trance aufsteigenden Bilder verwendet wird. Eine andere Form des magischen Spiegels ist eine glatte Wasseroberfläche, die Sie zum Beispiel in Ihrem Kelch wiederfinden. Wenn Sie ihn als Hilfe für die Zukunftsschau verwenden, bitten Sie vor allem die Kräfte des Wassers, dessen Tiefe das Unbewusste symbolisiert, darum, Ihnen zu helfen. Sie können diesen Spiegel selbst aber auch als eines der magischen Werkzeuge einsetzen, denn der Spiegel ist eine Scheibe!

Wenn Sie einmal sehr geübt in der intuitiven Mantik sind, können Sie natürlich aus allem die Zukunft lesen, denn im Prinzip brauchen Sie dann keine Hilfsmittel mehr. Aber der Weg dahin ist lang!

Selbst gemachte Orakel

Nun ja, auch das geht: Kaffeesatz, Teeblätter, Knöchelchen, Würfel, Gummibärchen, Steinchen, Zaubernüsse und so weiter können als Orakel eingesetzt werden. Aber Sie verwenden diese doch recht merkwürdigen Methoden besser als lustige Partyspiele und versuchen nicht, Ihr Leben nach der Lage der Teeblätter in der Tasse auszurichten oder die Zukunft aus dem Kaffeesatz zu lesen.

Wahrsagen für andere

Der Blick in die Zukunft ist nicht ohne Probleme, weshalb wir häufig eine gebührende Scheu davor haben. Das ist auch sehr sinnvoll so, denn solange Sie nicht genau wissen, wie Sie die Bilder und Kräfte im Zusammenhang lesen müssen, könnte Sie das Ergebnis milde gesagt beunruhigen, wenn Sie im Tarot beispielsweise den Tod ziehen oder

Im Lauf der Zeit wurde eine Vielzahl von Hilfsmitteln zur Wahrsagung entwickelt. Alle Völker und Kulturstufen haben sich vom Wunsch nach der Zukunftsschau inspirieren lassen.

eine Konstellation schicksalhafter Planeten in der astrologischen Prognose erhalten. Das ist für Sie selbst schon schwierig genug. Ihre Befürchtungen, die aus Zukunftsangst und Unsicherheit gegenüber den Zeichen bestehen, können Sie durch ein eigenes, tieferes Studium der Deutungen vielleicht noch relativieren und die verborgenen positiven Botschaften entschlüsseln, doch für andere kann sich das verheerend auswirken.

Genau wie das Zaubern ist das Wahrsagen für eine andere Person kein Spiel mehr. Beim Zaubern können wir am eigentlichen Wunsch des anderen vorbeigehen und ihm damit noch mehr Schwierigkeiten verursachen. Bei der Vorhersage können Sie falsche Hoffnungen und unbegründete Ängste wecken, sofern Sie das System, das Sie anwenden, nicht schon bis in die Feinheiten beherrschen.

Stellen Sie sich vor, ein guter Freund möchte von Ihnen zu der Frage die Karten gelegt bekommen, wie seine berufliche Zukunft aussieht, und auf der entscheidenden Position liegt der Turm, der unter Blitz und Erdbeben zu-

Bedenken Sie immer, dass Sie nur Möglichkeiten der zukünftigen Entwicklung sehen, keine unabänderlichen Tatsachen, vor allem, wenn Sie für andere in die Zukunft schauen.

sammenstürzt und aus dessen Fenstern menschliche Gestalten in das flammende Inferno fliegen. Das Bild ist drastisch. Das soll es auch sein. Aber was sagen Sie dem armen Frager nun? Er wird mit dem Bild des Zusammenbruchs konfrontiert – und seien Sie ehrlich, auch Sie bleiben nicht unberührt von der Katastrophenkarte. Das ist ja ihr Sinn. Sie müssen versuchen, ihm diplomatisch klar zu machen, dass der Turm die Lösung alter, verkrusteter Strukturen bedeutet, dass er die Herausforderung gestellt bekommt, selbst an diesem Aufbruch mitzuarbeiten.

Wenn Sie ihm jedoch vermitteln, dass er der Katastrophe ausgeliefert sein wird, wird sie auch eintreten. Und das ist schwarze Magie. Beantworten wir die grundsätzliche Frage, ob man anderen wahrsagen darf. Man darf, aber wie immer, wenn man ein mächtiges Werkzeug in der Hand hat, muss man wissen, was man damit tut. Ein scharfes Messer ist nützlich, wenn man einen Fisch filetieren will, aber eine ungeschickte Bewegung, und man hat sich bis auf den Knochen in den eigenen Finger geschnitten. Die magischen Techniken sind wirklich machtvoll, und ihr Gebrauch setzt verantwortlichen und sensiblen Einsatz voraus. Das ist auch ein Grund, warum so vieles davon geheim gehalten wurde.

Menschenkenntnis

Es muss nicht geheim bleiben, Sie sind erwachsen und erfahren genug, um das zu beherzigen. Es gibt auch keine schaurigen magischen Strafen, die auf den Missbrauch stehen. Es gibt nur irgendwann vielleicht die schreckliche Erkenntnis, dass Sie jemanden in tiefe Depressionen gestürzt oder davon abgehalten haben, eine großartige Chance zu nutzen.

Darum ist es wichtig, nicht nur die Deutungen entsprechend der Frage auszulegen, sondern auch eine gute Portion Menschenkenntnis mit in die Formulierung zu legen. Sie müssen erkennen, wie viel klare Sprache Ihr Gegenüber verkraftet, wenn Sie auf die Frage nach der Karriere den Turm oder einen Saturn-Pluto-Aspekt finden. Am leichtesten kommen Sie dahinter, wie und was Sie zu sagen haben, wenn Sie sich selbst an die Stelle des Fragers versetzen. Machen Sie auf jeden Fall sich und anderen klar, dass das Ergebnis der Zukunftsschau kein unabänderliches Schicksal darstellt, sondern das Vorhersehen der möglichen Konsequenzen einer gegenwärtigen Handlungsweise ist. Der freie Wille des Menschen bleibt unberührt davon, was Karten und Sterne aussagen. Sie zeigen lediglich die Kräfte, die wirksam werden. Jeder hat die Möglichkeit, diesen Kräften auf die eine oder andere Weise zu begegnen. Bleiben Sie passiv und jammern, wie furchtbar das alles ist, was da jetzt auf Sie zukommt, dann wird es furchtbar. Sind Sie jedoch bereit, sich der Herausforderung zu stellen und den positiven Ansatz darin zu sehen, dann können Sie konstruktiv tätig werden und haben alle Chancen, die Zukunft mit Erfolg zu bewältigen.

Zukunftsschau für andere ist ein sehr heikles Gebiet. Befragen Sie Ihr Gewissen, bevor Sie anderen die Zukunft deuten! Und tun Sie es nie unaufgefordert, denn das kann größten Schaden anrichten.

Sich selbst erfüllende Prophezeiungen

Der schlimmste Fall ist die sich selbst erfüllende Prophezeiung, wenn es um Katastrophen, Unglücksfälle und schwere Krankheiten geht. Denn auch hier wirkt leider der magische Grundsatz, dass das Bewusstsein die Realität bestimmt. Versetzen Sie sich selbst in die Lage des Fragers. Sie haben eine gute Freundin, die Ihnen schon oft sehr brauchbare Ratschläge mittels Horoskop oder Kristallkugel gegeben hat, Sie vertrauen ihrer Einschätzung der Zukunft. Und nun sagt sie Ihnen, dass Ihnen im Ablauf eines Monats ein schlimmes Unglück widerfahren wird. Beklemmung packt Sie, Sie stellen das Autofahren ein, benutzen nur noch öffentliche Verkehrsmittel oder gehen zu Fuß. Immer müssen Sie an die Prophezeiung denken, und Sie fragen sich ständig: Wird es heute sein?

Der Monat geht zu Ende, Ihre Nervosität erreicht den Höhepunkt, und blind vor Panik stolpern Sie im Haus über Ihre eigenen Füße und stürzen durch die Glastür. Was hatte Ihre Freundin in Ihrer Kugel gesehen? Scherben. Gedacht und leider auch gesagt hat sie: »Diese Scherben bedeuten ein Unglück.« Scherben waren ein richtiges Bild aus der Zukunft. Es hätte Ihnen ja auch nur ein Glas aus der Hand gleiten müssen. Oder Sie hätten ein Schiff taufen können und dabei eine sprudelnde Sektflasche am Kiel zerschlagen.

Sich selbst erfüllende Prophezeiungen sind eine große Gefahr bei der Wahrsagung. Sie entstehen durch Suggestion, also durch gefühlsmäßige, meist Angst erzeugende Beeinflussung.

Auf einen Blick

◎ Magische Kräfte werden in verschiedenen Systemen dargestellt: Die Astrologie ordnet die magischen Kräfte den Planeten zu.

◎ Das Tarot arbeitet mit den magischen Elementen Schwert, Scheibe, Kelch und Stab sowie mit den Archetypen.

◎ Die jüdische Kabbala zeigt die magischen Kräfte in den zehn Stationen des Lebensbaums. Mit ihr kann man den Ablauf aller kreativen Prozesse nachvollziehen.

◎ Seien Sie vorsichtig mit Prophezeiungen für sich und andere. Am unnötigsten sind sich selbst erfüllende Prophezeiungen.

Magische Methoden der Wunscherfüllung

Mit den drei Modellen magischer Kräfte kann der in Ihnen geschulte Magier zusammen mit seiner Menschenkenntnis und Welterfahrenheit recht gute Prognosen über die zukünftige Entwicklung einer Situation geben. Das ist aber nicht die einzige Form, wie man das Wissen um die magischen Kräfte einsetzen kann. Sie können auch einzeln angerufen werden, um bei magischen Arbeiten zu helfen. Beispielsweise bei der Herstellung von Amuletten und Talismanen, aber auch in allen anderen Formen der Wunscherfüllung.

Amulette

Amulette dienen dem Schutz ihres Trägers. Damit wir an dieser Stelle nicht dem schlichten Aberglauben verfallen, dazu ein paar Überlegungen. Schutz bedeutet, dass derjenige, der ein Amulett trägt, sich schutzbedürftig fühlt, also an irgendeiner Stelle ein Kraftdefizit verspürt. Viele klassische Amulette schützen vor dem »bösen Blick« einer anderen Person.

Es ist Ihnen sicher schon oft vorgekommen, dass Sie den Blick eines anderen auf sich gespürt haben, auch wenn Sie mit dem Rücken zu ihm standen. Es ist dieses unangenehme Gefühl, angestarrt zu werden. Blicke haben eine ungeheure Wirkung auf uns. Sie ist so stark, dass wir

Bild links: Auf Amuletten werden magische Symbole dargestellt, um den Träger zu beschützen.

> Amulette sind sehr alt und in vielen Kulturen gebräuchlich. Das am weitesten verbreitete christliche Amulett ist das des heiligen Christophorus – Sie finden es in vielen Fahrzeugen.

sie sogar spüren, wenn wir sie nicht sehen. Sehen wir aber einem anderen Menschen ganz bewusst in die Augen, so löst das eine ganze Reihe von Gefühlen aus, auch wenn keinerlei Worte oder Gesten verwendet werden. Die großen, traurigen Augen eines unglücklichen Kindes oder eines hungrigen Hündchens wecken Ihr Mitgefühl. Vor Heiterkeit sprühende Augen machen Sie fröhlich. Betrachten Sie bekannte Gemälde oder Skulpturen, und versuchen Sie herauszufinden, wie die Augen der dargestellten Persönlichkeiten auf Sie wirken. Was sagt der Blick über die Person aus? Ich denke, das berühmte rätselhafte Lächeln der Mona Lisa liegt nicht in ihrem Mund, sondern in ihren Augen.

Der böse Blick

Der Blick eines Menschen kann aber auch ganz negative Gefühle in uns auslösen. Wenn Sie jemand wütend ansieht, fühlen Sie sich bedroht, und ein kalter, abschätzender Blick kann vernichtend wirken. Das ist die Wirkung des bösen Blickes, den man im alten Aberglauben vieler Völker manchen Menschen nachsagt. Hinter beidem liegt die eigene Angst, eine Angst, die durch einen Mangel an Kraft, an Selbstbewusstsein entsteht. Warum sonst würde ein abschätzender Blick Sie unsicher machen? Wenn Sie Ihrer Sache und sich selbst völlig sicher sind, sind Sie vor solchen Blicken geschützt. So vollkommen selbstsicher sind wir leider nicht immer. Darum kann es hilfreich sein, sich mittels eines Amuletts Unterstützung zu holen. Wirkungsvoll ist ein Amulett aber nur dann, wenn es auch wirklich den richtigen Kraftausgleich herstellt. Bevor Sie sich also irgendein gekauftes Amulett um den Hals legen oder über das Bett hängen, befragen Sie sich zuerst einmal selbst, welches Defizit Sie wirklich haben. Denn es nützt Ihnen nichts, wenn Sie sich schwach und viel zu nachgiebig fühlen, sich mit einem Amulett in Form des Venuszeichens schützen zu wollen, das Einfühlungsvermögen und Intuition fördert. Nehmen Sie in einem solchen Fall lieber etwas, das Festigkeit verleiht. Und was ist da besser als das bewährte Pentagramm, das Erdzeichen, der magische Schild?

Amulette mit Symbolen und Sigillen

Seit Jahrhunderten werden Amulette angefertigt, auf denen die magischen Kräfte dargestellt sind. Heute kann man in vielen Esoterikläden und sogar schon bei Juwelieren Repliken davon kaufen. Sie finden einerseits die bekannten Symbole, die in unterschiedlichen Metallen als Medaillen gearbeitet wurden – Pentagramme, Hexagramme, Kreuze, Horusaugen und ähnliche Symbole tauchen oft als Anhänger auf. Mit ein bisschen Schulung in der Symbolkunde können Sie ein Amulett auswählen, für sich selbst mit Kraft aufladen und als Schutz verwenden.

Ein wenig anders ist es mit Amuletten, die Sigillen tragen. Sigillen sind verschlüsselte Darstellungen magischer Kräfte, die man nur mit eingehender Kenntnis des magischen Systems, in dem sie geschaffen wurden, nachvollziehen kann. Auf diese Weise wurden oft Engel- oder Planetenkräfte über hebräische Buchstaben und Zahlen verschlüsselt. Das daraus entstehende Bild wirkte dann im Unbewussten entsprechend der dargestellten Macht weiter.

Sigillenmagie ist eine sehr wirkungsvolle Art der Magie und sollte mit Vorsicht genossen werden, vor allem, wenn es sich um solche Sigillen handelt, deren Ursprung man

> Welchen Menschen der böse Blick nachgesagt wird, hängt von kulturellen Vorgaben ab, die sehr unterschiedlich sind. In südlichen Ländern sagt man blauäugigen Menschen den bösen Blick nach, in nördlichen Ländern glaubt man, dass Dunkeläugige den bösen Blick aussenden.

> Ein Amulett müssen Sie sich aneignen, es für sich in Besitz nehmen, wenn es wirken soll. Sie gehen vor wie bei den magischen Werkzeugen und weihen Ihr Amulett entsprechend der Aufgabe, die es übernehmen soll.

nicht nachvollziehen kann. Wählen Sie nicht irgendein exotisch aussehendes Amulett, von dem irgendjemand Ihnen verspricht, dass es Schutz, Kreativität oder Fruchtbarkeit verspricht. Wie immer gilt, am besten wirkt die Magie, mit der man sich vertraut und verbunden fühlt.

Weihe des Amuletts

Wenn Sie ein Amulett erstehen, stellen Sie eine persönliche Beziehung zu ihm her, indem Sie es reinigen – in Salzwasser zum Beispiel – und es dann einen Tag lang unter der Kleidung tragen, ohne es jemandem zu zeigen. Sie können, sofern das Material es zulässt, auch Ihr eige-

Kleine Amulettübersicht

Yin Yang	*geistiges Gleichgewicht, hilft, Widrigkeiten zu vereinen*
Keltische Triskele	*allgemeines Schutzamulett, Bezug zur dreieinigen Göttin*
Ankh, Henkelkreuz	*gibt Kraft und Energie, hilft gegen Müdigkeit und Krankheit*
Horus-Auge, Utchat	*Schutz vor dem bösen Blick, verleiht Kraft und Fruchtbarkeit*
Pentagramm	*Schutz gegen alle negativen Kräfte*
Hexagramm, Salomons Siegel	*Schutz gegen Gefahren und negative Kräfte*

nes Zeichen in die Rückseite einkratzen. Nach den ersten 24 Stunden nehmen Sie es in die Hand und hauchen darüber. Anschließend können Sie es offen und sichtbar tragen.

Hin und wieder treffen Sie auf Leute, die um den Hals mehrere auffällige Amulette baumeln haben, dass es nur so klappert. Machen Sie sich mal Gedanken darüber, was solche Menschen dazu treibt.

Natürliche Amulette

Vorab eine Frage: Was haben Sie, außer Geld und Kreditkarte, so alles in Ihrem Portemonnaie? Lange Zeit hat man die schlichten Heiden belächelt, die kleine Beutel mit irgendeinem magischen Krimskrams mit sich herumtrugen. Medizinbeutel heißen sie zum Beispiel bei den Indianern. Darin enthalten waren etwa ein Knöchelchen des Totemtieres, ein seltsam geformter Stein, der Zahn der ersten Jagdbeute, heilige Erde, Ton oder Ocker und ähnliche Dinge. Alles, was in dem Medizinbeutel steckte, hatte eine tiefe, mystische Bedeutung für den Träger und erinnerte ihn an bestimmte, einschneidende Ereignisse in seinem Leben. Mit diesen Gegenständen kann er die Gefühle und die Kräfte zurückrufen, die mit ihrem Erwerb verbunden waren. Der Sieg über die erste Beute, das entrückte Gefühl bei der Initiation, der erhebende Schauder bei der Berührung heiliger Materialien. Schutz, Kraft und Selbstbewusstsein ruft er damit herbei.

Erinnerungsamulette

Was unterscheidet den Träger eines Medizinbeutels von einem ganz normalen, rationalen Menschen heute? Nichts. Nur dass der Medizinbeutel zum Portemonnaie geworden

Nicht nur Symbole, sondern auch natürliche Stoffe und gefundene Gegenstände können als Amulette eingesetzt werden. Gerne werden Edelsteine und Kristalle dazu verwendet.

ist, in dem die Eintrittskarte zum Konzert des Lieblingsstars steckt, das Foto von Mann, Frau, Kindern, Hund oder Katze, ein Liebesbrief, zerlesen und eselsohrig, ein Glückscent, ein fremdes Geldstück von der ersten Auslandsreise ... Bei den von mir befragten Freunden und Bekannten bin ich jedes Mal fündig geworden. Bei mir selbst auch.

Wir schaffen uns ganz selbstverständlich Amulette und Talismane aus Erinnerungsstücken. Es ist nur ein ganz kleiner Schritt weiter, magische Amulette zu finden. Es sind die persönlichen »Fundsachen«, die eine tiefe Bedeutung für Sie haben. Die Muschel vom einsamen Strand, wo man bis zum Herzzerreißen geheult, aber dann neuen Mut gefunden hat, eine getrocknete Blume, die uns der oder die Liebste geschenkt hat, ein Tröpfchen Wachs einer Kerze, die zu einem wichtigen Ereignis brannte. Was immer zu einem intensiven Augenblick des Lebens gehört, kann zum Amulett werden, das man zur Hand nimmt, wenn man die Kraft dieses Momentes wieder hervorrufen will. Prüfen Sie die Gegenstände, die für Sie als Amulette wirken, und schreiben Sie in Ihr magisches Tagebuch, wie Sie zu ihnen kamen und was sie Ihnen bedeuten. Sie können sich natürlich auch die Kraft der Edelsteine zunutze machen. Schauen Sie in den Analogietabellen (ab Seite 323) nach, welcher Stein Ihrem jeweiligen Schutzbedürfnis entspricht.

Abhängigkeiten

Bedenken Sie noch eines: Ein Amulett ist ein Notfallhilfsmittel für Stresssituationen. Langfristig dürfen Sie nicht abhängig davon werden, sondern müssen an Ihrem Schutzbedürfnis arbeiten und das Kraftdefizit in sich selbst ausgleichen.

Talismanmagie

Talismane sind Amuletten ähnlich, und häufig werden sie in gleicher Weise verwendet. Aber über das Amulett hinaus können Sie mit den Talismanen auch zaubern – Talismane sind die Darstellung Ihres Wunsches, ähnlich dem geschriebenen Zauberspruch, dem Bild oder dem Modell aus Wachs.

In der hier beschriebenen Form nutzen wir die Kräfte des astrologischen Modells. Dazu müssen Sie sich als Erstes noch einmal den Zodiak – den Tierkreis – in Erinnerung rufen. Diesmal nicht als Tabelle, sondern als Mandala. Jetzt führen Sie sich noch einmal vor Augen, welche magische Kraft zu welchem Feld gehört.

Wenn Sie mit einem Talisman arbeiten wollen, fertigen Sie sich am besten auf einem Blatt Papier oder auf Pappe einen großen Tierkreis an. Mit dem Zodiak-Mandala ha-

Talismane und Amulette können auf ganz ähnliche Weise eingesetzt werden. Eine sehr grobe Unterscheidung besagt, dass Amulette eher der Abwehr des Bösen dienen, Talismane hingegen das Gute anziehen.

Das Zodiak-Mandala bündelt die astrologischen Kräfte und macht sie wie in einem Lageplan sichtbar.

Sternzeichen		Kraft	Element
Widder	♈	Wille, Entscheidungskraft, Gesundheit	Feuer
Stier	♉	Sicherheit, Stabilität, Beharrlichkeit, Besitz	Erde
Zwillinge	♊	Intellekt, Flexibilität, Kontaktfreude	Luft
Krebs	♋	Empfindsamkeit, Kreativität, Familiensinn	Wasser
Löwe	♌	Selbstvertrauen, Energie, Ehrgeiz, Erfolg	Feuer
Jungfrau	♍	Ordnung, Vernunft, Vorsicht	Erde
Waage	♎	Ausgewogenheit, Toleranz, Schönheit	Luft
Skorpion	♏	Mut, Entschlossenheit, Spiritualität	Wasser
Schütze	♐	Einsicht, Großzügigkeit, Dynamik	Feuer
Steinbock	♑	Disziplin, Sachlichkeit, Verantwortung	Erde
Wassermann	♒	Idealismus, Forscherdrang, Ethik	Luft
Fische	♓	Fantasie, Romantik, soziales Empfinden	Wasser

ben Sie jetzt sozusagen einen Lageplan der Kräfte. Jetzt kommt die übliche Form des Wünschens. Sie formulieren Ihren Wunsch in aller Deutlichkeit und wählen dann aus dem Kräftemodell, das Sie bevorzugen, ein oder mehrere Symbole, die diesen Wunsch darstellen.

Wenn Sie sich also Erfolg bei einer Betriebswirtschaftsprüfung wünschen und Sie möchten mit dem Tarot arbeiten, dann platzieren Sie beispielsweise in der Jungfrau, die mit Ordnung und Vernunft geradezu prädestiniert für betriebswirtschaftliche Fragen ist, die Karte »Stern« für geistige Klarheit. Und für intelligente, schnelle Antworten, die die Zwillinge geben können, legen Sie den »Wagen«, mit dem Sie die Herausforderung annehmen. Wenn Sie in den magischen Systemen noch nicht ganz sattelfest sind, können Sie natürlich auch Ihren Wunsch in der gewohnten Form aufschreiben oder zeichnen und in dem entsprechenden Feld deponieren, das die notwendige Kraft darstellt.

Das war aber noch nicht alles, jetzt muss der Talisman zum Leben erweckt werden. Das geschieht in der gleichen Weise, wie Sie Ihre magischen Werkzeuge geweiht haben. Legen Sie den Talisman vor sich hin, und ziehen Sie den magischen Kreis um sich herum. Dann versetzen Sie sich in eine leichte Trance, in der Sie ein strahlendes Licht visualisieren. Es fließt in den Talisman und lädt ihn mit Ihrer Energie auf. Lassen Sie den Wunsch los, erden Sie sich, danken Sie den Kräften der vier Himmelsrichtungen, und lösen Sie den Kreis.

Der Talisman bleibt so erhalten, bis sich der Wunsch erfüllt hat. Wenn Sie also einen großen Zodiak-Kreis gezeichnet haben und Symbole darauf gelegt haben, sollten Sie das Ganze besser in einem Posterrahmen sichern, da-

> Damit die Talismanmagie wirken kann, müssen Sie sich mit dem für die jeweilige Situation passenden Talisman in einem Ritual verbinden und dann den Wunsch loslassen.

mit Katzentatzen und Kinderfinger keine Unordnung darin schaffen.

Sigillenmagie

Bei den Amuletten ist Ihnen bereits der Begriff der Sigille begegnet. Mittelalterliche Magier haben gerne damit gearbeitet und hoch komplizierte Zeichen damit erstellt. Ihre Arbeitsweise ist uns heute fremd geworden, wir haben die mittelalterliche Denkungsart hinter uns gelassen. Die Technik der Sigillenmagie ist aber auch heute noch anwendbar, auf moderne Art und Weise. Sie ist vor allem eine besonders kreative Form der Wunschgestaltung. Sigillenmagie ist nämlich auch mit unseren ganz normalen Buchstaben möglich, denn ihre Wirkung liegt mehr in der Beschäftigung mit dem Wunsch als in der Form. Die An-

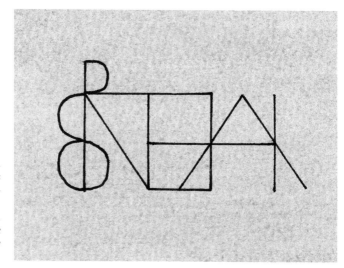

Sigillen haben eine überaus anregende ornamentale Form, hinter der sich die magische Beschwörung verbirgt.

wendung sieht sehr einfach aus, hat aber ihre kleine Tücke.

Wunschformulierung

Als Erstes werden Sie wieder einmal Ihren Wunsch in der größtmöglichen Eindeutigkeit formulieren. Nehmen wir wieder ein Beispiel aus der Alltagswelt. Ein sicher durchaus alltägliches Problem sind Nachbarn, über die man sich ärgert. Da Sie keine schwarze Magie betreiben und der Familie mit den lautstarken Angewohnheiten nicht die Pest an den Hals wünschen wollen, damit Sie nicht anschließend selbst an einem üblen Virus erkranken und auch, weil eine solche Problemlösung kein besonders guter Stil ist, wünschen Sie sich ganz einfach nette Nachbarn und überlassen es der Magie, dafür zu sorgen, wie sie das dann richtet. Ob der Auszug oder der Gesinnungswandel der Nachbarn der Grund für die Erfüllung Ihres Wunsches ist, sollte Ihnen dabei gleichgültig sein.

Die mittelalterliche Magie arbeitete mit komplizierten Zeichen, den Sigillen. Eine alte überlieferte Form der Buchstabensigillen haben die nordischen Völker mit Runen praktiziert.

Sigillenherstellung

Um eine Sigille herzustellen, nehmen Sie die Worte NETTE NACHBARN und streichen zunächst alle Laute heraus, die mehrfach vorkommen, was dann so aussieht: NET~~TE~~ ~~N~~ACHBAR~~N~~. Bleibt also NETACHB. Jetzt erfolgt die künstlerische Gestaltung, indem Sie die übrig gebliebenen Buchstaben in eine Sigille verwandeln, sie also in irgendeiner Form zusammenbinden. Das kann zum Beispiel so aussehen wie im Bild gegenüber.

Sie können auch Schreibschrift verwenden und dann nur noch die Umrisse nachziehen. Worauf es bei dieser Art der Formelbildung ankommt, ist, dass Sie sich nicht mehr an das erinnern, was es einmal bedeutet hat.

Aus klar verständlichen Wörtern werden durch Reduktion und Zusammenfügung geheimnisvolle Zeichen. Sie können eine selbst gefertigte Sigille natürlich auch als Amulett verwenden.

Sie haben richtig gelesen, die ursprüngliche Form soll in der neuen Form aufgehen, nichts soll mehr an sie erinnern.

Sigillenanwendung

Wenn Sie eine ansprechende Sigille entworfen haben, verfahren Sie in der üblichen Weise damit. Zum Beispiel können Sie sie in ein entsprechendes Kraftfeld Ihres Talismans legen. Sie können sie mit den dazu passenden Kräutern verbrennen, Sie können sie in einem Medaillon um den Hals tragen oder sie sich an die Kühlschranktür heften. Wichtig ist nur, dass Sie den Wunsch vergessen, nachdem Sie ihn in Form der Sigille abgeschickt haben. Das ist die Tücke daran – vergessen!

Eine hübsche Variation für die Küchenmagier ist es, die Sigille in einen Kuchenteig zu ritzen und nach dem Ritual aufzuessen. Wer zur Gartenarbeit neigt, kann es in den Boden graben oder mit dem Rasenmäher in die Wiese dekorieren. Je heiterer sie angewendet wird, desto erfolgreicher ist die Sigillenmagie.

Hin und wieder müssen zerstörerische Kräfte angerufen werden, um Negatives aufzulösen. Aber schaden dürfen Sie niemandem dabei, sonst wird schwarze Magie aus Ihrem magischen Wirken.

Warnung

An dieser Stelle noch einmal die eindringliche Warnung, vorsichtig mit dem Wünschen zu sein. Sigillenmagie hat die Eigenart, sehr schnell und sehr heftig zu reagieren. Hatte ich mir doch eine gute Auftragslage gewünscht – und einen Monat später war ich kurz davor, diesen Wunsch herzhaft zu bereuen. Ich erstickte förmlich an terminkritischen Arbeiten. Also lernen Sie aus meinem Fehler, und terminieren Sie Ihren Wunsch, sonst kann die Erfüllung zu einem Dauerläufer werden, und dann liegt der Vergleich mit dem Märchen vom süßen Brei nicht fern!

Auf einen Blick

◉ Amulette können Kraftdefizite und mangelndes Selbstbewusstsein ausgleichen. Aber um sie wirkungsvoll anwenden zu können, muss man den Mangel erst analysieren.

◉ Amulette können Symbole der angerufenen Kräfte tragen, aber auch Fundstücke und persönliche Gegenstände der Erinnerung sein. Talismane sind aus Materie geformte Wünsche. Mit ihnen kann man Zauber wirken.

◉ Sigillenmagie stammt aus dem Mittelalter. In moderner Form kann sie Wünsche erfüllen. Das Besondere: Dieser Wunsch muss vergessen werden!

Magische Rituale

Bisher haben Sie Zutaten, Verfahrensweisen und Werkzeuge der Magie kennen gelernt, jetzt ist es an der Zeit, das Gesamtwerk zu gestalten – das magische Ritual. Rituale sind Verhaltensweisen, die regelmäßig zu bestimmten Anlässen in immer gleicher Form durchgeführt werden, sagt die Definition. Wenn Sie also morgens nach dem Aufstehen ins Badezimmer gehen, duschen, sich die Zähne putzen und anziehen, so ist das bereits ein Ritual. So einfach und so wenig geheimnisvoll ist das, wenn der Anlass ein profaner ist. Ein Ritual mit magischer und religiöser Bedeutung kann ebenso einfach sein, hat aber deutlich mehr Tiefe. Beschäftigen wir uns mit beiden Formen.

Rituale im Alltag

Magische Rituale sind symbolische Handlungen, mit denen die Kräfte herbeigerufen werden, die für einen bestimmten Zweck benötigt werden. Das machen Sie auch im täglichen Leben, ohne es bis jetzt vielleicht so betrachtet zu haben. Tun Sie es jetzt einmal unter diesem Aspekt, dann wird Ihnen der Zugang zu den folgenden Ritualen sicher leicht fallen.

Zweckgerichtete Rituale

Stellen Sie sich vor, Sie haben einen ganz wundervollen Menschen kennen gelernt und sind das erste Mal mit ihm zum Essen verabredet. Was machen Sie in der Stunde, be-

Bild links: Räucherungen sind eine Form von Ritualen, mit denen beispielsweise Räume von Fremdenergien gereinigt werden können.

Bei besonderen Anlässen im Leben pflegt man ganz natürlich und selbstverständlich Rituale auszuführen, sei es bei der Hochzeit, der Taufe eines Kindes oder der Einweihung eines neuen Gebäudes.

vor Sie aufbrechen? Den Abwasch? Den Rasen mähen? Vermutlich nicht. Sie werden den Kleiderschrank nach den Sachen durchsuchen, die Ihnen am besten stehen. Sie duschen, wählen einen Duft aus, mit dem Sie sich sexy fühlen, legen passenden Schmuck an. Sie lassen Musik laufen, die Ihre Stimmung widerspiegelt, und singen vielleicht sogar mit. Und wenn die Schmetterlinge im Bauch anfangen, allzu heftig mit den Flügeln zu schlagen, dann entschlüpft Ihnen wahrscheinlich ein kleines Gebet an eine höhere Macht, mit der Bitte, dass dieser Abend wirklich schön wird. Das Ganze ist ein Ritual, um die Macht der Liebe herbeizurufen.

Wenn Sie vor einem wichtigen Vorstellungsgespräch stehen, werden Sie ein ähnliches Ritual durchführen. Aber Kleidung, Duft und Schmuck werden völlig anders aussehen. Auch das Stoßgebet wird an einen anderen Gott gehen. Sie führen ein Ritual durch, um Erfolg zu haben.

Wenn Sie zu einer ärztlichen Untersuchung oder einer Operation ins Krankenhaus gehen müssen, wird wiederum ein Ritual ablaufen – Reinigung, Kleidung, wahrscheinlich das Ablegen von Schmuck und Schminke – und ein Ruf an die Heilkräfte.

Ihnen fallen sicher bei kurzem Überlegen noch eine ganze Reihe solcher Verhaltensweisen ein. Sie zeichnen sich alle dadurch aus, dass sie mit großer emotionaler Energie geladen sind und nicht ständig, sondern nur zu besonderen Anlässen durchgeführt werden. Erstarrte Rituale, deren Sinngehalt in Vergessenheit geraten ist, arten leicht in Zwangshandlungen aus.

Wiederholte Rituale

Die zweite Art der alltäglichen Rituale lebt von ihrem Wiederholungscharakter und weckt Gefühle. Beispielsweise kann es ein Ritual sein, sich nach der Arbeit die Joggingschuhe anzuziehen und erst einmal eine Runde zu laufen, um Abstand vom Berufsstress zu gewinnen. Bei manchen Menschen gibt es ein Frühstücksritual, ohne das sie nicht richtig wach werden. Jede Begrüßung ist ein kleines Ritual, dessen Ausbleiben mit Verwunderung oder sogar Beleidigtsein registriert wird.

Ja, und dann gibt es natürlich noch die Feiern, die festgelegte Rituale haben. Sie werden mit geschmückten Räumen, Kerzen, Liedern, Geschenken zelebriert, etwa Ihr Geburtstag, Hochzeitsfeiern, jahreszeitliche Feste ...

> Rituale bestimmen unser alltägliches Leben zumeist, ohne dass wir uns dessen bewusst sind. Das können ganz banale Vorgänge wie das allabendliche Zähneputzen sein oder religiöse Elemente wie das Tischgebet. Und Hochzeiten, Geburtstagsfeste, Jahreszeitenfeste wie Weihnachten oder Ostern sind ebenfalls stark rituell geprägt.

Angewandte Magie

Das Ritual in der Magie wird genau wie im Alltag eingesetzt, um einer inneren Zielsetzung eine äußere Form zu geben. Diese Zielsetzung kann unter anderem ein Wunsch sein, aber natürlich gibt es auch andere Anlässe, bei denen die Form einem Gefühl Ausdruck verleiht. Wie bei den magischen Werkzeugen gibt es auch in der Einstellung zu den Ritualen zwei unterschiedliche Sichtweisen.

Zeremonien

Die mehr der Zeremonialmagie zugeneigten Magier verwenden strikt vorgegebene Ritualabläufe, die zum Teil tiefes Wissen über das verwendete magische System verlangen, um nicht sinnentleert zu erscheinen. Der Vorteil dieser Methode liegt in ihrer Wiederholung. Je häufiger gleichartige symbolische Handlungen durchgeführt werden, desto kraftvoller sind sie. Der Nachteil liegt darin, dass diese Zeremonien schwer zu erlernen sind und auch keine Spontaneität zulassen.

Die Rituale der zeremoniellen Magie werden hier aus den oben erwähnten Gründen nicht behandelt. Wenn Sie sich damit auseinander setzen wollen, finden Sie genügend Literatur dazu.

Frei gestaltete Rituale

Rituale können spontan entstehen oder festgelegten Regeln folgen. Doch egal, auf welche Art man sie vollzieht, sie dürfen niemals sinnentleert oder rein mechanisch durchgeführt werden.

Die andere Variante ist die freie Gestaltung der Rituale unter Berücksichtigung einfacher Regeln und intuitiver Einfälle. Das hat den Vorteil, dass man auf den Kreis der Teilnehmenden und den Anlass intensiver eingehen kann. Der Nachteil ist, dass man selbst nachdenken und das »Drehbuch« festlegen muss.

Natürlich können Sie ein Ritual, das Ihnen besonders gut gefallen hat, bei dem alles wie von selbst ineinander überging, auch wiederholen und als festen Bestandteil in Ihr Leben einbauen. Durch die Wiederholung tritt dann der gleiche Effekt auf wie bei der zeremoniellen Methode. Im Folgenden jetzt also ein paar »Regieanweisungen«, wie Sie zu bestimmten Anlässen selbst Ihre magischen Rituale aufbauen können.

Attribute des Rituals

Das Prinzip des Rituals ist immer wieder das gleiche. Sie haben bisher schon eine Reihe einzelner Bestandteile kennen gelernt und vielleicht auch angewendet.

Reinigung, magischer Kreis, Trance – oder Gebet –, Erdung und den Kreis öffnen, das kann man mit etwas Konzentration und Übung zu jedem Zeitpunkt und an jedem Ort tun, wenn man mit sich alleine ist. Wollen Sie aber einer Angelegenheit Nachdruck verleihen oder auch mit anderen zusammen feiern, dann verlangt die Zeremonie nach äußeren Attributen.

Altar

Der Altar ist der Platz, an dem Sie Ihre Meditationen durchführen oder Gebete halten, der Ihr ganz persönlicher Kraftplatz ist. Idealerweise befindet er sich in dem Raum, den Sie für Ihre magische Arbeit geschaffen haben, er kann aber auch transportabel sein, zumal wenn Sie häufig im Freien Rituale feiern. Gestalten Sie ihn ganz nach Ihrem Geschmack aus – groß oder klein, prächtig geschmückt oder schlicht, wie es Ihrer Neigung entspricht. Sie können einen Tisch dafür bereitstellen und ihn mit einer schönen Decke verhüllen oder einfach ein Regalbrett dafür reservieren.

Der Altar, auf dem Sie Ihre magischen Rituale durchführen, wird mit der Zeit zu einem immer stärker magisch aufgeladenen Ort. Je häufiger Sie dort magischen Tätigkeiten nachgehen, umso mehr gewinnt er an Kraft.

Kerzen – Licht und Feuer – spielen eine sehr wichtige Rolle bei der Ausgestaltung des Altars. Sie verweisen auf die Transzendenz, das ist in der christlichen Liturgie nicht anders als in der Magie.

Auf jeden Fall befinden sich auf dem Altar im Osten die Zeichen der Luft. Das kann Ihr Schwert oder Dolch sein, aber auch ein Bündel Federchen, mit einem gelben Band verziert, ein Luftballon oder was auch immer Sie bei Ihrer Auseinandersetzung mit dem Element Luft gefunden haben. Im Süden des Altars liegt Ihr Stab oder eine Kerze – oder irgendein Symbol des Feuers. Im Westen Ihr Kelch, eine Schale mit Wasser oder ein paar Muscheln. Im Norden das Pentagramm, eine irdene Scheibe, ein paar schöne Steine, Dinge, die dem Element Erde entsprechen.

Schmücken Sie Ihren Altar mit den jahreszeitlichen Attributen, stellen Sie ein Sträußchen Frühlingsblumen in die Mitte oder einen Korb mit roten Eiern, eine rote Rose oder Sonnenblumen, Herbstlaub und kleine Kürbisse, Tannenzapfen, Ilexzweige, geschmückt mit bunten Bändern. Wenn Sie Rituale im Freien gestalten, haben Sie weitere Möglichkeiten, Ihren Altar mit natürlichen Produkten zu zieren. Achten Sie aber bitte darauf, dass bei der Verwendung von Kerzen kein Wald- oder Wiesenbrand entsteht. Windlichter sind in jedem Fall offenem Kerzenlicht vorzuziehen.

Räucherwerk und Düfte

Räucherwerk bzw. grundsätzlich Düfte gehören ebenfalls zum Ritual, wie Sie schon bemerkt haben. Düfte wirken auf unser Unbewusstes, vertiefen Gefühle und Konzentration. Sie können mit dem klassischen Räucherwerk arbeiten. Dazu benötigen Sie Räucherkohle und eine feuerfeste Schale. Räucherkohle wird in Tablettenform angeboten und hat in der Mitte eine Vertiefung für das Räucherwerk. Die Kohle wird in der Schale entzündet und bildet die Glut, auf die das Räucherwerk gegeben wird. Vorsicht, die

Attribute des Rituals

Schale wird sehr heiß dabei, stellen Sie sie also auf eine unempfindliche Platte. Eine Kohletablette kann bis zu zwei Stunden glühen. Seien Sie bitte auch vorsichtig beim Entsorgen, und lassen Sie sie nicht unbeaufsichtigt brennen.

Es gibt eine ganze Reihe fertiger Mischungen, aber auch einzelne Ingredienzien, die Sie sich selbst zusammenstellen können. Weihrauch ist ein ganz klassisches Räucherwerk, das von alters her bei heiligen Handlungen verwendet wird. Ihre Nase wird sich erinnern und Ihre Seele auch. Wenn Ihnen die Räucherung zu intensiv ist – und man sollte auch in seinen magischen Aktivitäten Rücksicht auf andere Mitbewohner nehmen –, weil der Duft sich ziemlich lange hält und das Zimmer vernebelt, können Sie auch mit Räucherstäbchen oder -kegelchen arbeiten. Noch einfacher sind Duftlampen, bei denen einige Tropfen Öl in Wasser gegeben werden. Sie sollten aber bei dieser Form der Dufterzeugung unbedingt darauf achten, wirklich reine Öle zu nehmen und keine exotischen Mischungen, die da »Blaue Lagune bei Sonnenuntergang« oder »Glottertal im Morgengrauen« heißen. So etwas kann im einfachsten Fall zu Irritationen, im schlimmsten Fall zu heftigen Kopfschmerzen führen. Bevor Sie anfangen, einzelne Duftessenzen – Räucherwerk oder Öle – zu mischen, probieren Sie die Wirkung der reinen Stoffe aus. Es ist eine interessante Erfahrung zu beobachten, was bei einer Trance passiert, die von dem kühlen, sauberen Geruch des Lavendels begleitet wird, und einer, die der würzig beißende Duft des Salbeis umgibt. Und was glauben Sie, was bei Moschus und YlangYlang geschieht?

Beschäftigen Sie sich mit den reinen Düften, und als Nebeneffekt werden Sie ein völlig neues Verständnis für Parfüms und parfümierte Kosmetika entwickeln. Sie kön-

> Lassen Sie wegen der erhöhten Brandgefahr bei Verwendung von Räucherkohle und Räucherwerk Vorsicht walten. Bleiben Sie in der Nähe, und lassen Sie das Räucherwerk, Kerzen oder Feuer niemals alleine vor sich hinschwelen.

Achten Sie bei allen Duftstoffen darauf, reine Essenzen zu verwenden und keine synthetischen Stoffe. Probieren Sie erst die einzelnen Komponenten aus, bevor Sie die Düfte vermischen.

nen übrigens auch selbst getrocknete Kräuter für die Räucherung verwenden.

Kräuter und Pflanzen

Kräuter können als Duftspender eingesetzt werden. Sie können aber auch Bestandteil des Zaubers selbst sein, wenn sie mit ihrer Kraft den Wunsch unterstützen sollen.

Frische Kräuter können in Sträußchen auf dem Altar stehen. Es bietet sich auch an, dass Sie die Kräuter, die Sie besonders lieben und einsetzen möchten, getrocknet bevorraten. Wenn Sie einen Garten oder einen Balkon haben, bauen Sie Lavendel, Thymian und Rosmarin, Salbei, Basilikum und was Sie sonst noch benötigen möglichst selbst an. Sie müssen ja nicht alles für magische Zwecke einsetzen, auch in Suppen und Saucen sind frische oder getrocknete Kräuter eine Bereicherung. Wenn Sie eine Stadtwohnung haben, ziehen Sie Ihre Kräuter in Töpfen auf der

Blühende Kräuter und duftende Essenzen auf dem Altar verstärken die Wirkung des Rituals.

Fensterbank. Lernen Sie die Pflanzen kennen, mit denen Sie magisch arbeiten wollen – ihr Wachstum, ihren Geruch, ihren Geschmack. Sprechen Sie mit ihnen. Je näher Ihre Beziehung zu ihnen ist, desto wirksamer werden sie. Eichenblätter, Holunderblätter, Johanniskraut und andere wild wachsende Ingredienzien sammeln Sie am besten auf Ihren Spaziergängen und trocknen sie anschließend als über Kopf hängende Sträuße. Wenn Ihnen ein lieber Mensch einen Rosenstrauß schenkt, werfen Sie die Blüten nicht einfach in die Tonne – auch sie kann man trocknen. Sie wissen ja, Rosen stehen für die Liebe!

Farben

Die symbolische Kraft der Farben haben Sie bereits kennen gelernt. Hier im Ritual können Sie ihre Kraft unterstützend für Ihre Wünsche einsetzen.

Den vier Elementen sind vier Farben zugeordnet: Gelb gehört zur Luft, Rot zum Feuer, Blau ist die Farbe des Wassers, Grün und Erde passen zueinander. Violett ist die Farbe der Heiligkeit, Purpur gehört zur Macht. Rot ist Lebenskraft, und Rosa ist die Liebe, golden schimmern der Erfolg und der Ruhm. Schwarz oder Weiß bedeutet Trauer. Das Weiß ist aber auch die Farbe der Reinheit. Sie zu verwenden ist niemals verkehrt.

Die Farben können Sie für alle möglichen Dinge im Ritual verwenden. Wenn Sie es ganz dramatisch haben wollen – und das kann Spaß machen –, dann nähen Sie sich eine Robe in der entsprechenden Farbe. Aber Sie können auch nur Ihren Altar mit einem passenden farbigen Tuch bedecken oder die Kerzen in der richtigen Farbe wählen, bunte Blumen oder Bänder oder Obst und Gemüse als Altarschmuck farblich abstimmen. Wenn Sie ein

> Die starke Kraft der unterschiedlichen Farben unterstützt ganz wesentlich das Ritual, denn Farben wirken auf Stimmung und Unbewusstes und sind hervorragend dazu geeignet, Ihren Wunsch zu verstärken. Wählen Sie in den Analogietabellen (siehe Seite 323ff.) die jeweils zu Ihrem Ritual passende Farbe aus.

Wunschbeutelchen verfertigen, wählen Sie dafür ebenfalls farbige Stoffstücke. Nehmen Sie aber bei allen textilen Attributen natürliche Materialien, also eher Baumwolle, Leinen oder Seide statt Kunstfasern.

Kerzen

Kerzenlicht wirkt immer auf die Stimmung. Ob bei einem Essen zu zweit oder in großer Gesellschaft, bei stiller Trauer, innerer Einkehr, fröhlichem Lichtertanz – Kerzen sind so viele Jahrhunderte die Lichtspender der Menschen gewesen, dass sie von ihrem Zauber nichts verloren haben. Löschen Sie die künstlichen Lichter aus, wenn Sie ein Ritual durchführen, zünden Sie Kerzen an, zum Beispiel in jeder Himmelsrichtung eine, und eine in der Mitte des Altars. Aber es gibt auch Feste, an denen mehr Kerzen brennen können. Der 2. Februar – in christlichen Kreisen Lichtmess genannt, in heidnischen Candlemas oder Brigit – ist ein solches Lichterfest. Wenn Kerzen eine besondere Rolle spielen sollen, sollten Sie sie vor dem Entzünden mit eigenen, zum Anlass passenden Worten segnen.

Wenn Sie Kerzen im Freien verwenden, empfehlen sich Windlichter. Nicht nur dass die Kerzen dann ruhiger und gleichmäßiger brennen, auch die Gefahr, dass trockenes Laub oder Gras Feuer fängt, wird reduziert.

Kerzentrance

Meditieren Sie einmal vor einer brennenden Kerze, machen Sie eine Kerzentrance. Sie werden sehen, wie dieses kleine, lebende Flämmchen Ihre Wanderung in den anderen Welten unterstützt.

Kerzen im magischen Gebrauch werden übrigens nicht ausgeblasen, sondern der Docht wird in das Wachs getaucht, um sie zum Erlöschen zu bringen.

Bezugsquellen magischer Hilfsmittel

Nicht immer hat man alles für das Ritual, das man nun durchführen möchte, gleich zur Hand. Auch Kräuter, die man selbst anbauen will, müssen zuerst wachsen, bevor sie geerntet und getrocknet werden können. Manche Dinge muss man sich anderweitig besorgen, und da steht der beginnende Magier manchmal ein wenig ratlos da. Hier also ein paar Einkaufstipps und andere Bezugsquellen.

Wenn kaufen, dann wo?

Fast in jeder größeren Stadt gibt es inzwischen Esoterikläden – man muss sie allerdings manchmal ein wenig suchen. Denn in den Gelben Seiten gibt es die Sparte Magie noch nicht. Ein Tipp: Sehen Sie unter Buchläden nach. Räucherkohle und Räucherwerk werden oft in Naturkostläden geführt, Aromaöle sind sogar in Supermärkten zu erhalten – achten Sie da aber besonders auf die Qualität. Kräuter und Gewürze gibt es auf dem Markt und in Gemüseläden. Es spricht nichts dagegen, Lorbeerblätter aus dem Gewürzregal zu verwenden. Kerzen sind ebenfalls überall zu bekommen, doch wenn Sie besondere Ausführungen möchten – echte Bienenwachskerzen etwa oder solche in symbolischen Formen –, dann werden Sie sie in speziellen Kerzenläden suchen müssen.

Spezielle Läden und Versand

An einigen Orten gibt es inzwischen »Hexenläden«, die auch ausgefallenere Zutaten führen und deren InhaberInnen Sie auch beraten können. Doch erliegen Sie nicht der Faszination und den Versprechungen wunderwirksa-

Wenn Sie die oft verwirrende Auswahl unter einer Vielzahl von magischen Hilfsmitteln haben, dann beginnen Sie mit einfachen Utensilien, deren Wirkung Sie abschätzen können.

mer Kräutermischungen, Ölen mit exotischen Bezeichnungen, ausgefallener Amulette und Kerzen in Phallusform. Sie müssen Ihr eigenes magisches Weltbild errichten, damit Ihre Magie in Ihrem Sinne wirkt. Wenn Sie etwas finden, mit dem Sie sich identifizieren können, dann verwenden Sie es. Wenn Sie es nur aufgrund eines extravaganten Namens, von Form oder Geruch wählen, sind Sie vor Nebenwirkungen nicht sicher. Keiner führt Sie besser als Ihr eigener Instinkt. Es gibt auch Versandhäuser für esoterischen Bedarf. Solche Adressen finden Sie in Zeitschriften, die sich mit dem Thema beschäftigen. Bestellen Sie sich auf jeden Fall aber erst einmal einen Katalog mit Preisen. Mit den Leichtgläubigen machen auch professionelle Magier ihre Geschäfte.

Der richtige Zeitpunkt eines Rituals

Ein Ritual, das ja einem bestimmten Zweck dienen soll, muss nicht nur in den Zutaten stimmen, sondern sollte auch zu einem Zeitpunkt stattfinden, der für den Anlass günstig ist. Rituale, die den Jahreszyklus betreffen, sind weitgehend von den Terminen her festgelegt. Andere magische Handlungen sollten im Einklang mit den Mondzyklen stehen oder, wenn Sie es ganz genau machen wollen und einen guten Bezug zur Astrologie haben, auch zu den bestimmten Planetenstunden.

Mondzyklus und Jahreskreis

Beginnen wir mit dem Mondzyklus. Jede magische Richtung hat einen Bezug zum Mond, und wenn Sie sich mit

Träumen und Trancen beschäftigt haben, werden Sie vielleicht schon den Unterschied von Vollmond und Neumond bemerkt haben. Aber auch Menschen, die der Magie völlig gleichgültig gegenüberstehen, spüren den Einfluss des Mondes.

Nun sind unsere Städte nachts beleuchtet, wir lassen mit Einbruch der Dämmerung die Jalousien herunter, selten halten wir uns im Dunkeln im Freien auf, allenfalls mal im Urlaub oder in warmen Sommernächten. Wissen Sie jetzt auf Anhieb, in welcher Phase sich der Mond befindet? Wann haben Sie ihn das letzte Mal gesehen?

Es gibt natürlich Kalender, die den Stand des Mondes angeben, aber besser ist es, wenn es Ihnen in Fleisch und Blut übergeht, in welcher Phase er sich gerade befindet. Das ist gar nicht so schwer und spätestens nach einem halben Jahr ganz selbstverständlich.

Die einfachste Möglichkeit, die gegenwärtige Mondphase festzustellen, ist der Blick aus dem Fenster oder die Befragung eines Kalenders.

Mondphasen

Dem Vollmond sagt man nach, dass er für einen unruhigen Schlaf sorgt, denn die Vollmondnächte sind hell. Der Vollmond hat eine gewaltige Kraftwirkung auf die Erde, wenn man sich vorstellt, welche Wassermassen er in den Meeren bewegt. Die Flut steigt höher in dieser Phase. Nachgewiesen ist inzwischen auch, dass dieses Phänomen ebenfalls Pflanzen und Tiere betrifft. Bei Vollmond absorbieren die Organismen mehr Wasser als bei Neumond. Und auch Frauen wissen das.

Drei Tage etwa steht der Mond voll und dick gerundet am Himmel, dann nagt der schwarze Schatten an seiner rechten Seite. Der abnehmende Mond wird im Laufe von knapp 14 Tagen dünner und dünner, er schwindet und mit ihm die aufbauenden Kräfte. Die Flut an den Küsten wird niedriger, in den lebenden Organismen wird weniger Wasser absorbiert. Die Nächte werden dunkler – und unheimlicher. Der abnehmende Mond hat eine linke Sichel, Sie können es sich an der Rundung des a merken. Der zunehmende Mond hat die Sichel rechts gewölbt wie das alte z.

Bei Neumond ist der Himmel besonders schön, da der helle Mond nicht die funkelnde Vielzahl der Sterne überstrahlt. Suchen Sie mal wieder bekannte Sternbilder am Himmel! Etwa drei Tage bleibt der Mond unsichtbar, dann erscheint die Silbersichel hauchdünn am Horizont. Mit dem Wachsen der Sichel verstärken sich täglich die aufbauenden Kräfte des Mondes.

Die magische Bedeutung des Mondes

In der Magie gilt der Vollmond als die Phase des Aufbaus, des Wachstums, der Liebe und Erfüllung. Nehmen Sie sich die Zeit, in einer Nacht einmal einen Spaziergang unter dem Vollmond zu machen, und spüren Sie die zauberhafte Atmosphäre, in die sein silbernes Licht die Landschaft taucht. Tun Sie das nicht nur in warmen Sommernächten,

Der Mond ließ die Menschheit nie unbeeindruckt. In seinem magischen Licht tanzten die Elfen, er selbst wurde vergöttlicht.

sondern auch, wenn Wolkenfetzen vorübereilen, wenn die Äste der Bäume schwarze Muster gegen den Himmel weben oder die schneebedeckte Landschaft bläulich schimmernd und schattenlos vor Ihnen liegt. In solchen Momenten ist die magische Kraft des Mondes beinahe greifbar.

Für den abnehmenden Mond gilt, dass abbauende, zurückziehende Kräfte wirksam sind, die bannenden und zerstörenden Kräfte. Das Zurückziehen gilt aber auch für den Geist, der in dieser Phase leichter in die Tiefen des Unbewussten abtauchen kann, dort Geheimnisse, Weisheit und Intuition findet.

Wenn Sie Rituale durchführen, die in irgendeiner Form etwas mit Mehrung, mit Wachstum, mit Aufbau zu tun haben, sollten Sie diese bei zunehmendem Mond oder Vollmond durchführen. Wollen Sie etwas bannen – Krankheiten, schlechte Einflüsse, Trauer oder auch Übergewicht –, dann tun Sie es bei abnehmendem Mond. Zukunftsschau und Weissagungen können ebenfalls bei Neumond ausgeübt werden.

> Als »lunatic«, also als »mondsüchtig«, bezeichnen die Angelsachsen Menschen, die ein verrücktes Verhalten an den Tag, besser gesagt an die Nacht legen.

Planetenzeiten

Die Wochentage sind den sieben astrologischen Himmelskörpern zugeordnet und entsprechen von der Bedeutung her deren Kräften. Welcher Tag zu welchem Planetenprinzip gehört, können Sie dem Namen entnehmen, wenn auch nicht immer dem deutschen. Die romanischen Sprachen haben das astrologische Prinzip jedoch weitgehend übernommen. Als Beispiel folgt hier eine internationale Auswahl der sieben Wochentage, wie sie in verschiedenen Sprachen bezeichnet werden.

> Nicht alle bekannten Planeten erlangten Bedeutung für die Stundenberechnungen. Die langsam laufenden Planeten Uranus, Neptun und Pluto spielen in der Einteilung des Tages keine Rolle.

Montag (lundi, frz.) ist der Tag des Mondes, der Luna.
Dienstag (mardi, frz.) ist der Tag des Mars.

Magische Rituale

Nehmen Sie diese Aufstellung auch als Hinweis, welchen Gott oder welche Göttin der klassischen Antike Sie auch heute noch zu entsprechenden Themen anrufen können. Weitere Hilfestellungen bieten Ihnen die Analogietabellen ab Seite 323.

Mittwoch (mercredi, frz.) ist der Tag des Merkurs.

Donnerstag (jeudi, frz.) ist der Tag des Jupiters und des germanischen Donar.

Freitag (vendredi, frz.) gehört der Venus und der germanischen Liebesgöttin Freya.

Samstag (saturday, engl.) ist der Tag des Saturns.

Sonntag (sol, lat.) schließlich ist der Sonne zugeordnet.

Die Stunden des Tages werden – im Prinzip – vom Sonnenaufgang bis zum Sonnenuntergang berechnet. Den Zeitpunkt des Sonnenaufgangs können Sie der Zeitung oder dem Terminplaner entnehmen. Die erste Stunde ist dem Planeten des Tages zugeordnet, im Falle des Montags also dem Mond. Die weiteren Stunden sind dann in der Reihenfolge Saturn – Jupiter – Mars – Sonne – Venus – Merkur – Mond – Saturn usw. Wenn Sie also ein Ritual durchführen wollen, das Ihre persönliche Energie steigern soll, dann wäre ein Marstag, also Dienstag mit einer Marsstunde, der 1., 8., 15. oder 22. Stunde nach Sonnenaufgang, sinnvoll.

Hier noch einmal eine Zusammenfassung der Planeten und der ihnen zugeordneten Themen:

Planet	Thema	Element
Mond	Ehe, Häuslichkeit, Zeugung und Geburt, Inspiration, Fruchtbarkeit, Reinigung, Frauenmysterien	Wasser
Sonne	Lebenskraft, Wachstum, Fortschritt, Freude, Ehre, Führerschaft, neue Unternehmungen, Männermysterien	Feuer

Planet	Thema	Element
Mars	Stärke, Dynamik, Tatkraft, Durchsetzungsvermögen, Kampf, Wettkampf, Sport, Aggression und Konflikte	Feuer
Merkur	Bildung, Denkfähigkeit, Gedächtnis, Handel, Diplomatie, Kommunikation, Verkehr, Diebereien	Luft, Wasser
Venus	Liebe, Schönheit, Harmonie, Freundschaft, Mitgefühl, Hingabe, Sensibilität, Gerechtigkeit	Erde, Wasser
Jupiter	Wachstum, Macht, Anerkennung, Verantwortung, Selbstbewusstsein, Gesundheit, Politik	Luft, Feuer
Saturn	Wissen, Weisheit, Autorität, Disziplin, Ordnung, Geradlinigkeit, Begrenzung, Hindernisse, Tod	Erde, Wasser
Uranus	Wissenschaft, Technik, Kreativität, Originalität, plötzliche Einfälle, Spontaneität und daher leider auch Katastrophen	Luft
Neptun	Spiritualität, Mystik, Sehnsucht, Unbewusstes, Fantasie, Menschenliebe, Entdeckungen und Durcheinander	Wasser
Pluto	Verwandlung, Herrscher der Massen, Härte, Macht, Korruption, Besessenheit, Tod und Wiedergeburt	Wasser

Jahreszyklen

Die Wanderung der Sonne wurde schon zu Beginn der Menschheitsgeschichte beobachtet. Auffälligstes Merkmal ist der Wandel der Jahreszeiten. Einmal im Jahr erreicht die Sonne ihren höchsten Punkt – mitten im Sommer, am 21. Juni. Je weiter man sich im Norden befindet, desto deutlicher wird dieser Effekt, und in den nördlichsten Gebieten ist dies der Tag, an dem die Sonne nicht untergeht – Mittsommer, Sommersonnenwende. Sechs Monate später, am 21. Dezember, hat die Sonne ihren tiefsten Stand erreicht, es wird kaum noch hell, und die Natur hat sich in sich selbst zurückgezogen. Die Wintersonnenwende ist eine dunkle Phase, doch ab diesem Zeitpunkt kann man beobachten, wie jeder Tag ein klein

In der hohen Magie werden die Gezeiten der Erde auch Tattwa-Rhythmen genannt. Das ist ein Begriff aus der indischen Philosophie, der sich auf die Schwingungszustände des Weltäthers bezieht.

Die Sonnwendfeuer stammen aus heidnischer Zeit. Noch heute erleuchten sie Berggipfel und Hänge, um ihr Feuer wird getanzt und die Zukunft befragt.

wenig heller wird. Zwischen den beiden Sonnenwenden liegen die beiden Tagundnachtgleichen, Frühlingsäquinox und Herbstäquinox, jeweils Frühlingsbeginn und Herbstbeginn. Diese vier Sonnenstände teilen das Jahr, und wenn Sie sie jetzt mit den vier Elementen und ihren Eigenschaften kombinieren, werden Sie in der Lage sein, weitere Analogien zu finden.

Solange wir in Büros arbeiten, in Städten leben, volle Terminkalender haben, die Klimaanlage für gleichmäßige Temperaturen und die Lampen für gleichmäßige Helligkeit sorgen, bemerken wir immer weniger, dass sich die Welt um uns in einem Rhythmus befindet. Doch wir gehören zusammen und können uns diesem Rhythmus nicht völlig entziehen. Im Sommer fühlt man sich energischer, fröhlicher als im Winter. In der dunklen Zeit gibt es mehr Depressionen, größeres Schlafbedürfnis, mehr Appetit auf fette oder süße Nahrungsmittel – eigentlich ist uns das heute nur lästig. Viele versuchen, dem durch Urlaub in sommerlicheren Gebieten zu entfliehen. Aber wenn sie dann zurückkommen in die frostige, wolkenverhangene Heimat, ist die Niedergeschlagenheit umso größer.

Bevor Heizung, Ferienflieger und Halogenstrahler die Jahreszeiten gleich gemacht haben, mussten die Menschen mit den Rhythmen der Natur leben, sie haben sich angepasst und den körperlichen und geistigen Bedürfnissen nachgegeben.

Magie bedeutet, im Einklang mit der Welt zu leben, ihre Strömungen und Rhythmen zu spüren und sie zu nutzen. Wenn Sie sich taub stellen, werden Sie sich viel mehr anstrengen müssen, um etwas zu erreichen. Denn auch heute noch ist alles miteinander verbunden.

Die geheimnisvolle Weite des unendlichen Sternenhimmels kann auch uns aufgeklärte Zeitgenossen immer von Neuem faszinieren.

Die christliche Kirche war klug genug, viele der alten Jahresfeste zu übernehmen und zu ihren Zwecken umzudeuten. Denn ihre Vertreter mussten einsehen, dass es völlig aussichtslos sein würde, die heidnischen Feste völlig aus dem Gedächtnis der Menschen zu verbannen.

Feste der Jahreszyklen

An den Sonnenwenden und Äquinoktien wurden schon immer Feste gefeiert, sie werden es weitgehend heute noch. Die Wintersonnenwende ist heute zum Weihnachtsfest mit anschließendem Silvester mutiert, ein kommerzielles Ereignis, das mit Einkaufsstress, zu viel schwerem Essen und Hektik verbunden ist und jeglichen Bezug zu dem hoffnungsvollen Fest des Endes der dunklen Zeit verloren hat. Nur die Sitte, viele Kerzen, viele Lichter zu entzünden, ist noch geblieben. Ganz ferne erinnert auch noch die Tradition, an Silvester durch Bleigießen die Zukunft vorherzusagen, an alte Riten.

Das Fest des Frühlingsäquinox ist entfallen, stattdessen wurde ein anderes Fest an den ersten Frühlingsvollmond gebunden, der frühestens auf den 21. März fällt – Ostern. Das Frühjahr galt als Zeit der Aussaat, der Fruchtbarkeit. Geblieben davon sind die Eier, die der Osterhase netterweise aus Schokolade und die Firma Fabergé aus Gold fertigt.

Das Mittsommerfest, das Fest der Reife, der Blüten, ist in unseren Breiten leider ganz verschwunden, in skandinavischen Ländern jedoch nicht. Immerhin ist der Sommeranfang auch die Zeit der Gartenfeste, also ganz auslöschen lässt sich die sommerliche Lebensfreude doch nicht.

Als ein kleines Fest ist uns die Herbsttagundnachtgleiche am 23. September erhalten geblieben, in etwa diese Zeit fällt Erntedank – das Fest der Ernte, der Früchte, der Beginn der Vorratsschaffung, des Planens.

Die Kelten, unsere Vorfahren, haben übrigens diese Sonnenfeste nicht gekannt, sondern ihr Jahr in vier andere Perioden eingeteilt, deren Feiertage genau zwischen den Sonnenfesten lagen. Wir kennen sie heute ebenfalls noch, was für die Nachhaltigkeit dieser Einteilung spricht. Der 1. Mai ist fast überall ein weltlicher Feiertag geworden, war aber einst ein religiöses Fest, an dem die Rückkehr von Leben und Fruchtbarkeit gefeiert wurde. Natürlich auch ganz handfest die menschliche Fruchtbarkeit. Beltane hieß es bei den Kelten, wir nennen die Nacht vom 30. April auf den 1. Mai Walpurgisnacht, und man munkelte lange Zeit, dass sich in dieser Nacht die Hexen treffen, um zu tanzen. Heute weiß man es.

Das zweite keltische Fest liegt im Hochsommer, am 1. August, und ist das Schnitterfest Lugnasad oder Lammas, an dem die Ernte beginnt. Da in der christlichen Welt offensichtlich die heiteren Sommerfeste keinen Anklang fanden, sind sie weitgehend aus unserem Brauchtum verschwunden. Mariä Himmelfahrt am 15. August mag ein leiser Nachhall dieses Festes sein.

> Vier der Jahreskreisfeste aus heidnischer Zeit sind keltischen Ursprungs und teilweise auch in das Kirchenjahr eingeflossen. Es handelt sich bei diesen Feiern um Beltane, das der heiligen Walpurga zugewiesen wurde, um Erntedank, Allerheiligen und Lichtmess.

246 Magische Rituale

Deutlicher, vermutlich weil trübsinniger, hat sich Samhain gehalten. Allerheiligen ist es heute und ein Totengedenktag. Halloween ist ein weiterer Name des 31. Oktobers. Es ist das Ende des landwirtschaftlichen Jahres, es beginnt die Zeit der Dunkelheit und Einkehr, in der man naturgemäß auch über Rückzug und Tod nachdachte.

Das Fest, das zwischen Wintersonnenwende und Frühlingsäquinox liegt und heute als Lichtmess bekannt ist, war früher dem Ende des Winters gewidmet und der Freude über das zunehmende Licht. Die Freude und Fröhlichkeit finden sich in unseren Breiten auch in den Karnevalsaktivitäten wieder.

Insgesamt teilt sich das Jahr also in acht Abschnitte, die viele Jahrhunderte eine tiefe Bedeutung hatten.

Die Jahreskreisfeste gehen bis in die Anfänge des menschlichen Daseins zurück. Es gibt in allen Kulturen Hinweise darauf, dass der Stand der Sonne beobachtet wurde, um dem Leben Struktur zu geben. Und natürlich wurden die wichtigen Termine als Einschnitte im Alltag gefeiert, teils um mit den Göttern in Verbindung zu treten, aber auch um die Arbeiten einzuteilen, Vorräte zu schaffen oder die Saat auszubringen. Sonnenwende und Äquinoktien waren fast überall Festtage.

Stellen Sie sich einmal eine Welt ohne Kalender und Uhren vor – die Zeit fließt ungegliedert dahin. Feste waren in dieser Frühzeit umso wichtiger, um den Ablauf des Jahres zu strukturieren.

Sofern Sie nicht in der Landwirtschaft tätig sind, ist Ihnen der eigentliche Anlass dieser Feste fremd geworden. Es macht auch wenig Sinn, auf eine neue Welt mit neuen Werten und einem neuen Tempo alte Inhalte zu legen. Noch weniger Sinn macht es aber, auf die Unterteilung des Jahreskreises mit Festen zu verzichten. Aber es sollten Feste sein, die wieder einen neuen Sinn haben, in denen Kraft und magische Bedeutung liegen.

Auf einen Blick

◉ Rituale prägen Alltag und Magie.

◉ Man braucht zu einem Ritual die richtigen Zutaten. Beschwörungen, Gegenstände, Farben, Düfte, Kerzenlicht, ein Altar wirken im magischen Ritual zusammen.

◉ Zutaten zum Ritual können Sie selbst herstellen oder im Laden kaufen.

◉ Der richtige Zeitpunkt eines Rituals kann in bestimmten Fällen wichtig sein. Er ist abhängig von Sonne, Mond und den Planeten.

◉ Alle Kulturen teilten den Jahreskreis in verschiedene Perioden ein. Entdecken Sie die Feste eines Jahres für sich neu.

Magische Rituale zu bestimmten Anlässen

Gehen wir zuerst einmal von Ritualen aus, die nicht an den Jahreskreis gebunden sind, sondern zu einem bestimmten Anlass gefeiert werden. Das sind im Wesentlichen solche, die mit Wunscherfüllung, Schutz, Heilung und bestimmten Lebensstationen zusammenhängen. Für sie gilt es, den richtigen Zeitpunkt zu wählen, der unter Umständen durchaus auch mit den acht Stationen des Jahreskreises zusammenhängen kann, aber nicht muss.

Nun beschäftigen wir uns mit der Erfüllung eines ganz konkreten Wunsches. Zu diesem Zweck folgt an dieser Stelle ein kleines »Drehbuch« für ein Wunscherfüllungsritual, das Sie ganz nach Lust und Laune mit verschiedenen Elementen ausschmücken können.

Ritual der Wunscherfüllung

Zur Wunscherfüllung haben Sie schon eine ganze Reihe von Informationen gesammelt. Unterscheiden wir einmal. Es gibt Wünsche, die sich auf konkrete Ereignisse beziehen, etwa eine neue Wohnung zu finden, Berufswechsel oder Prüfungen, die zu bestehen sind. Diese Wünsche zu realisieren bedarf es nicht nur einer klaren Formulierung, modellhafter Darstellung, Visualisierung und Bindung, sondern auch immer ganz konkreten Handelns. Das Ritual um diese Wünsche herum kann schlicht sein, es reicht, sich selbst und den magischen Raum von störenden Schwingungen zu reinigen, den Kreis zu ziehen, die Wunschhandlung durchzuführen und sich anschließend zu erden.

Bild links: Es gibt eine ganze Reihe an magischem Zubehör, das Sie bei der Wunscherfüllung unterstützt.

Übung: Eine Arbeitsstelle finden

Sie haben den Wunsch, eine neue Arbeitsstelle zu finden. Dazu haben Sie vor dem Ritual sehr deutlich und positiv formuliert, wo und welcher Art diese Arbeitsstelle sein soll und bis wann sich der Wunsch realisiert haben soll. Sie haben ein Modell Ihrer Wahl angefertigt, sagen wir, ein Stück Papier beschrieben.

Im Ritual selbst wird dieser Wunsch mit Kraft aufgeladen, abgeschickt und gebunden. Als Verstärker können Sie Hilfsmittel mit entsprechender Bedeutung verwenden. Geschäftliches unterliegt dem Jupiter, dessen Farbe Purpur ist. Ein kleiner Strauß aus Farn, Löwenzahn und Tausendschönchen als Blumenschmuck des Altars sind einige der pflanzlichen Entsprechungen. Je nachdem, in welchem Bereich Sie arbeiten wollen, können Sie weitere Blumen zu den entsprechenden Themen dazustellen. Schauen Sie dazu in die Analogietabellen. Stellen Sie eine grüne Kerze für den Erfolg auf den Altar, und richten Sie eine feuerfeste Schale her, in der Sie etwas verbrennen können. Als Zeitpunkt für das Ritual sollten Sie den zunehmenden Mond wählen, denn Ihr Wunsch hat sicher einen Wachstumsaspekt.

Das Ritual selbst beginnen Sie mit der Reinigung. Die symbolische Handlung ist das Besprengen mit Salzwasser mit der geistigen Einstellung, sich dabei von allen alltäglichen Gedanken, Sorgen und Problemen frei zu machen. Zünden Sie dann die Kerze oder mehrere Kerzen an, und ziehen Sie den magischen Kreis, indem Sie mit Ihren eigenen Worten die Mächte der Elemente anrufen. Zentrieren Sie sich durch eine Erdungsübung, setzen Sie sich vor den Altar, und gehen Sie in eine leichte Trance, in der Sie sich Ihren Wunsch als bereits realisiert vorstellen. Wenn er klar

Auch die Vorbereitung des Rituals, das Zusammensuchen der Hilfsmittel und unterstützenden Gegenstände muss schon im Bewusstsein der magischen Handlung geschehen. Je intensiver die Beschäftigung mit dem Wunsch ist, desto kraftvoller ist der Zauber.

genug vor Ihren Augen steht, sprechen Sie ihn laut und deutlich aus. Visualisieren Sie, wie Sie einen Knoten um Ihren Wunsch binden. Um den Zauber loszulassen, verbrennen Sie nun das Papier in der Schale, und schauen Sie dem Rauch nach, der aufsteigt und sich mit der magischen Substanz verbindet. Erden Sie sich nach Ihrer liebsten Methode, und öffnen Sie dann den Kreis.

Gebete
An dieser Stelle noch eine Anmerkung zum Ritual: Glaube und Religion sind die Angelegenheit eines jeden einzelnen Menschen. Darum habe ich bisher jegliche Gebete oder Zwiesprachen mit Gott oder Göttin weggelassen. Dieser Aspekt eines Rituals soll nun nachgeholt werden. Selbstverständlich werden Sie das Ritual mit einem Gebet beginnen und mit einem Dankgebet beschließen. Das kann ein traditionelles Gebet wie etwa das Vaterunser sein oder ein freies, das Ihrer Gottheit gilt. Das bleibt ganz Ihnen überlassen. Rufen Sie die Gottheit an, die Ihnen nahe steht, der Sie Ihren Wunsch anvertrauen möchten. Gebete haben große Kraft und helfen, im Einklang mit dem Selbst und Gott zu sein. Das ist die beste Voraussetzung, dass der Wunsch in Erfüllung geht.

Wandlungswünsche

Neben den eher materiellen Wünschen werden Sie natürlich bei der Suche nach sich selbst auch die eine oder andere Eigenschaft entdecken, die Sie verändern oder sich gar erst aneignen wollen, sei es, mehr Energie in einem Lebensbereich aufzubauen, Blockaden zu überwinden, Selbstbewusstsein zu erlangen oder Kreativität zu wecken. Also Wünsche, die sich nicht direkt im Materiellen manifestieren, sondern auf der Suche nach der Integration mit dem Selbst helfen sollen.

Übung: Ritual zur Willensstärkung

Im Ritual widmen Sie sich ganz der anzurufenden Kraft. Nehmen wir an, Sie haben sich für die keltische Brigit entschieden, die für Sie das Symbol der Willenskraft ist. Das ist geschickter, als mit Herkules oder dem Erzengel Michael oder gar mit Mars zu beginnen, damit Sie anschließend nicht gleich zum Willkürherrscher mutieren. Auch in der Magie gilt wie in vielen anderen Bereichen – NICHT: Viel hilft viel, SONDERN: Richtig hilft viel!

Der erste Schritt sollte sein, dass Sie sich mit Brigits Geschichte und ihrem Hintergrund vertraut machen. Sie wurde zu einer Zeit verehrt, als das Wissen um Heilkunde, Handwerk und Inspiration mehr den Frauen als den Männern zugeschrieben wurde. In Irland unterhielten ihre 19 Priesterinnen ein heiliges Feuer. Das Handwerk, das Brigit besonders gut beherrschte, war das Schmieden. Auch das von Schwertern, und sie war auch die Schutzpatronin der Kampfkünste und der Kriegsführung. Also sicher eine willensstarke Göttin. Ihr Feiertag ist der 1. Februar.

Lesen Sie als Vorbereitung für den magischen Akt Sagen und Geschichten, die von den im Ritual angerufenen Kräften handeln. Dann können Sie sich ein umfassendes Bild von den Mächten machen, die Sie beschwören wollen, und Ihr Zauber wird umso wirkungsvoller.

Setzen Sie sich mit dem willensstarken Aspekt der Brigit auseinander, und überlegen Sie, was ihm alles entsprechen mag. Halten Sie sich nicht sklavisch an Analogietabellen, sondern lassen Sie ruhig auch Ihre Intuition sprechen, wenn Sie Farben, Blumen, Räucherwerk auswählen, die Sie stark machen sollen. Kräftige rote, orangefarbene und gelbe Farbtöne gehören zwar zu den aggressiven Farben, aber es kann natürlich auch gut sein, dass Ihnen ein leuchtendes Blau einfach besser zu passen scheint. Wacholder, Ginster und Eiche können sowohl im Altarschmuck als auch als Düfte verwendet werden. Auf jeden Fall sollten Sie Ihren Stab mit in das Ritual einbinden.

Das Ritual, das Sie durchführen, ist eine Art Schauspiel für sich selbst. Darum gestalten Sie es – allein oder mit anderen – wie ein solches. Überlegen Sie sich ein Drehbuch, das die Elemente Reinigung, magischer Kreis, Zentrieren, Anrufung der Göttin enthält, dann je nach Geschmack Tanz, Gesänge, Meditation und/oder Trance, anschließend Rückkehr, Dank und Verabschiedung der angerufenen Kraft, Lösen des Kreises und Erdung beinhaltet. Noch einmal – es gibt keine starren Regeln, die garantiert zum Erfolg führen. Wichtig ist nur, dass alles, was Sie tun, aus Ihrem Herzen kommt, aus dem tiefen, inneren Wunsch, die Kraft aufzunehmen.

Das magische Verbrennen von Räucherwerk oder Räucherstäbchen reinigt den Altar und den Ort des Rituals.

Invokation

> Mit einer Invokation, einer Anrufung, ruft man die für das Ritual gewünschte Kraft in sich hinein. Das ist kein unheimlicher, dunkler Vorgang, sondern mit dem vertrauten Gebet an eine Gottheit zu vergleichen.

Die Invokation, die Anrufung, ist etwas, das Ihnen zunächst vielleicht unheimlich erscheint und mit der Vorstellung verbunden ist, die Geister herabzurufen und sie sich dienstbar zu machen. Vergessen Sie solche Vorstellungen aus Horrorfilmen. Die Anrufung ist gemeinhin auch als inniges Gebet oder Bitte zu verstehen. Sie können sie vor dem Ritual als Gedicht oder auch als freien, rhythmischen Text vorbereiten, wenn Ihnen das Spaß macht. Sie können selbstverständlich auch während des Rituals improvisieren. Wenn Sie das Ritual mit anderen zusammen durchführen, machen Sie ein Lied daraus (zu einer bekannten Melodie, die alle kennen), dessen Refrain gemeinsam gesungen wird.

Noch einmal, es kommt nicht auf Perfektion an, sondern auf Innigkeit. Sie sprechen mit einer Göttin – das ist Ihr Thema. Sie sprechen mit ihr und bitten sie, Ihnen ihre Kraft zu schenken. Je deutlicher Sie sich die Göttin vorstellen können, desto wirkungsvoller wird das Ritual, desto mehr Kraft fließt.

Eine sehr starke Anrufung wird in der Ich-Form gesprochen, dazu braucht man am Anfang aber eine ganz schöne Portion Selbstvertrauen. Trotzdem, üben Sie es.

> Die Evokation ruft die Kräfte herbei, damit sie sich im magischen Kreis materialisieren. Davon lassen Sie besser die Finger, denn damit begeben Sie sich auf das Gebiet der schwarzen Magie.

Führen Sie ein solches Ritual einige Male durch, denn durch die Wiederholung steigert sich die Intensität. Vermerken Sie den Ablauf des Rituals auf jeden Fall in Ihrem magischen Tagebuch, um später wieder darauf zurückgreifen zu können.

Heilungsrituale

Es ist erstaunlich, wie viele Heilungskräfte in uns schlummern. Einen Leidenden, dem es schlecht geht, darin zu unterstützen, selbst die Kraft zur Heilung aufzubringen, ist ein nützlicher Einsatz von magischen Kräften. Aber auch für sich können Sie Heilungsrituale durchführen. Die Abfolge ist wieder identisch – Reinigung, magischer Kreis, sich zentrieren und dann den Zauber weben. Dieser kann eine Meditation über die kranke Person, die Anrufung einer Kraft, die der Heilung entspricht, oder ein Gebet sein.

Übung: Sympathiezauber
Hilfreich ist in einem solchen Fall auch ein Sympathiezauber. Der Begriff »Sympathie« hat in der Magie nichts mit Vorlieben zu tun, sondern mit der Tatsache, dass ein Teil der Person, die »bezaubert« werden soll, in dem Wunschmodell mit eingearbeitet ist. Hierzu muss ein wenig gebastelt werden.

Fertigen Sie vor dem Ritual ein Püppchen aus natürlichen Materialien an, etwa aus Stroh, Baumwollstoff, Holz usw. Dieses Püppchen soll den Kranken darstellen, jedoch nicht in seiner leidenden Situation, sondern gesund und geheilt. Stellen Sie sich das vor, während Sie das Püppchen gestalten.

In einem Heilungsritual geben Sie der Puppe den Namen des Menschen, der geheilt werden soll, und reden sie auch damit an. Das ist die »Sympathie«, die Verbundenheit mit dem Kranken. Stellen Sie sich dann diesen Menschen vollkommen gesund vor, glücklich und voller Energie. Wenn Ihnen Erzengelkräfte liegen, können Sie

Raphael anrufen und ihn um seine heilende Kraft bitten. In die verletzten und erkrankten Körperteile lassen Sie dann besonders starkes orangefarbenes Licht fließen. Beenden Sie das Ritual, und heben Sie die Puppe so lange auf, bis der Kranke genesen ist.

In einem weiteren Ritual lösen Sie dann wieder den Namen von der Puppe und vernichten sie. Aber beachten Sie, dass Krankheiten seltsame Manifestationen sind. Sie können aus der Seele kommen und einen tieferen Sinn haben. Manche Menschen brauchen ihre Krankheit, um irgendetwas anderes auszugleichen. Bewusst oder unbewusst. Wer jedoch nicht geheilt werden will, den heilt auch dieser Zauber nicht. Täuschen Sie sich nicht, es gibt eine ganze Reihe von Menschen, die ihre Krankheit pflegen. Der Wille kann uns gesund machen – und krank! Manche Krankheiten dienen auch der inneren Entwicklung.

Beachten Sie ebenfalls – ein Heilritual unterstützt das Gesundwerden, es ersetzt aber keinesfalls den Besuch eines Arztes oder Heilpraktikers!

> Viele der Kräfte, die Magie bewirken, liegen in uns selbst. Wir verfügen beispielsweise über ein gewaltiges Potenzial an eigenen Heilungskräften, wir müssen sie nur aktivieren.

Übung: Kleine Selbsthilfe bei lästigen Wärzchen

Machen Sie den Selbstversuch – Warzen sind keine karmische Verstrickung, sie sind nur lästig. Und was der Arzt mit ihnen macht, ist meist schmerzhaft und hinterlässt Narben. Hier ein einfacher, bewährter und von mir selbst erfolgreich getesteter Zauber, den Sie durchführen können, wenn Sie irgendwo eine Warze plagt. Ein großes Ritual ist dafür nicht notwendig.

Beginnen Sie mit dem Zauber bei abnehmendem Mond, denn Sie wollen etwas verschwinden lassen. Stellen Sie sich die entsprechende Stelle, wo sich die Warze befindet, glatt und geheilt vor. Denken Sie sich einen kleinen Reim aus, der die Warzen verschwinden lässt. Etwa so:

> »Wärzchen schwinde mit dem Mond, weil das Bleiben sich nicht lohnt.«

Oder was immer Ihnen sonst Originelles dazu einfällt. Wann immer Sie daran denken, sagen Sie diesen Spruch auf. Unterstützend können Sie dreimal mit einem alten Lappen – oder, was ich hübsch finde, weil biologisch abbaubar, mit der Innenseite einer Bananenschale – darüber streichen. Vergraben Sie sie anschließend. Wiederholen Sie die Prozedur bis zum nächsten Neumond, dann ist die Warze narbenlos verschwunden. Wenn es bei Ihnen geklappt hat, wenden Sie diesen Zauber unbesorgt bei anderen an.

Schutz- und Bannrituale

Wie man Schutz durch das Pentagramm erhält, haben Sie bereits kennen gelernt. Es schützt, wie Amulette, vor störenden Fremdeinflüssen. Hier finden Sie ein Ritual, mit dem man ebenfalls Ängste bannen kann.

Angst ist ein nützliches Signal, das uns befähigt, überaus bewusst und schnell zu reagieren. In echten Gefahrensituationen laufen Sie besser weg, statt Magie einzusetzen.

Übung: Engelritual gegen die Angst
Ein kleines, schnell durchführbares Engelritual bei akuter innerer Angst und Not können Sie wie folgt durchführen:

Sie stellen sich den Erzengel Michael in seinem sonnengelben Gewand aus schützendem Licht vor und rufen ihn in Gedanken an: »Michael vor mir, Michael hinter mir. Michael rechts von mir, Michael links von mir. Michael über mir, Michael unter mir. Ich bin vollkommen geschützt durch den Segen und die Kraft des Erzengels Michael.«

Ich empfehle, diese Anrufung in einer Menschenmenge nicht allzu laut vorzunehmen. Magie hin, Magie her, es könnte befremdlich auf alle anwesenden irdischen Michaels wirken. Oder es ist einer dabei, der Ihnen ganz konkret zu Hilfe eilt.

Ursprung von Ängsten

Angst haben zu müssen ist etwas Furchtbares, und viele dieser Ängste, die uns bedrücken oder lähmen, stammen ganz ursächlich aus uns selbst. Es ist schrecklich, Angst vor etwas zu haben. Angst vor Krankheit kann einem den Schlaf rauben, Angst vor dem Verlassenwerden schnürt einem die Kehle zu. Angst vor finanziellen Verlusten lähmt die Entscheidungskräfte. Es nützt Ihnen natürlich nichts, wenn gutmeinende Freunde Sie zu beruhigen versuchen, dass diese Ängste jeder Grundlage entbehren. Sie sind da, und je mehr man versucht, sie zu vergessen, desto häufiger denkt man daran. Ja, man füttert sie geradezu mit Energie und Aufmerksamkeit. Sie werden zu Gedankenformen, die sich selbstständig machen und weitere Nahrung verlangen. Beenden Sie die innere Angst mit einem Ritual, bei dem Sie symbolisch dieses Elemental verbannen. Hier bewährt sich alles, was bannende, eingrenzende Kräfte hat, wie etwa der Saturn, Hekate oder Binah.

Analyse der Angst

Doch zuerst müssen Sie zwei wesentliche Dinge tun. Als Erstes sollten Sie sich darüber klar werden, welcher Art Ihre Angst ist. Stellen Sie sich ihr, geben Sie ihr einen Namen – denn wenn man ihren Namen kennt, kann man sie beherrschen. Wann immer die Angst Nahrung und Aufmerksamkeit begehrt und dadurch Energie von Ihnen abzieht, wehren Sie sich dagegen. Das ist sicher schwer, denn Ängste nisten sich tief ein.

Die zweite Sache ist angenehmer und wahrscheinlich leichter. Wenn Sie nämlich später das Ritual erfolgreich durchgeführt haben, wird sich eine Leere in Ihnen auftun, die durch das Verschwinden der Angst entstanden ist. Damit sich dort keine neue Angst festsetzt, suchen Sie vorher schon ein Gefühl, das diese Stelle einnehmen soll, und bauen Sie diesen Wunsch in Ihr Ritual mit ein. Das kann Liebe und Vertrauen, Humor, Selbstbewusstsein, Kreativität oder Lebensfreude sein.

Gedankenformen, die aus überaus intensiven Gedanken entstehen, werden auch Elementale genannt. Sie sind so wirkungsvoll, dass sie ein Eigenleben entwickeln.

Binden der Angst

Die Zutaten zu Ihrem Ritual sind der angerufenen, bannenden Kraft zugeordnet. Efeu, Stechpalme, Kornblume, Eibe sind einige geeignete Pflanzen, die Farbe ist Dunkelblau oder Schwarz, der Zeitpunkt der abnehmende Mond. Nach der gewohnten Einleitung des Rituals nehmen Sie einen schwarzen Wollfaden und knoten so oft wie möglich mit allem Gefühl, dessen Sie fähig sind, Ihre Ängste dort hinein. Dann schneiden Sie den Faden zwischen den Knoten durch und stellen sich vor, dass mit dieser Handlung der Kontakt zu Ihrer Angst durchtrennt wird. Wenn Sie wollen, spucken Sie darauf. Verbrennen Sie anschließend die Fäden. Und diesmal dürfen Sie die Asche auch gerne in die Tonne streuen. Oder durch die Toilette spülen. Das Zettelchen, auf das Sie Ihren positiven Wunsch geschrieben haben, verbrennen Sie ebenfalls und schicken mit dem aufsteigenden Rauch die Bitte nach Erfüllung ab. Diese Asche verstreuen Sie im Wind oder vergraben Sie im Kräuterbeet. Wiederholen Sie das Ritual notfalls mehrfach, bis sich Ihre Angst gelegt hat.

Rituale zu Lebensphasen

Zu allen herausragenden Ereignissen des Lebens werden – ob kirchlich oder nicht – besondere Feste gefeiert. Zur Hochzeit, zur Geburt eines Kindes, ein Richtfest beim Hausbau oder die Einweihung einer Wohnung, Hochzeitstage, insbesondere silberne und goldene Hochzeiten, aber auch anlässlich des Todes eines nahe stehenden Menschen. Nur eine wichtige Station des Lebens haben wir völlig außer Acht gelassen – das Erwachsenwerden. Sieht man einmal von erstarrten Formen kirchlicher Riten dazu ab, gibt es kein Fest, das dem heranwachsenden Menschen zeigt, dass er ab einem bestimmten Moment die Schwelle der Kindheit überschritten hat.

Nicht nur die Feste des Jahreskreises mit ihren besonderen Eigenschaften, sondern auch die Stationen im Leben des Menschen eignen sich für spezifische Rituale. In unserem Kulturkreis sind Initiationsriten nicht mehr im Bewusstsein verankert oder bis zur Bedeutungslosigkeit abgeschwächt.

Übung: Ritual zur Drachenzeit

Sollten Sie eine Tochter haben oder eine junge Freundin oder Verwandte, die sich im Stadium des Übergangs zur Frau befindet, regen Sie doch einmal ein Ritual zum Beginn der »Drachenzeit«, der Zeit der ersten Blutung, an. Es kann im ganz kleinen Kreis, nur Mutter und Tochter, stattfinden oder aber auch mit Freundinnen und Verwandten.

Vorbereitung

Schmücken Sie einen Tisch mit roten Bändern und Blumen, roten Speisen, roten Getränken. Rot gefärbte Eier sollten nicht fehlen, Granatäpfel, das Symbol der weiblichen Fruchtbarkeit schlechthin, passen ebenfalls hervorragend.

Die ägyptische Göttin Isis war ursprünglich die Personifikation der fruchtbaren Erde, später wurde sie zur Mondgöttin. Die Hörner ihres Kopfschmucks verweisen auf den Neumond.

Stellen Sie rote Kerzen auf. Besorgen Sie ein Geschenk für die junge Frau, das symbolisch die Verbindung zu anderen starken Frauen darstellt. Das kann ein kleines Ankh (Henkelkreuz, Zeichen der starken Frauen) sein, eine Drachenbrosche, eine kleine Doppelaxt, das Zepter, die zeremonielle Waffe, die von den Amazonengöttinnen geführt wurde, oder was immer auch Ihre Tochter schon als Symbol für selbstbewusste Frauen erkannt hat. Machen Sie bitte kein Geldgeschenk, und verschenken Sie auch nichts Nützliches, denn es geht um den tieferen Wert der Gabe.

Suchen Sie eine Geschichte, sei sie modern oder aus den alten Mythen, die von mächtigen, kraftvollen Frauen handelt. Von Kriegerinnen und Priesterinnen, Herrscherinnen und Forscherinnen, Pionierinnen und Müttern. Sie können sie anlässlich der Feier vorlesen oder erzählen.

In der »Drachenzeit« wandelt sich das junge Mädchen zur erwachsenen Frau. Da der Mond mit der Weiblichkeit in enger Verbindung steht, wird diese Übergangszeit auch als Geschenk der Mondfee bezeichnet.

Gestaltung des Rituals

Je nachdem, wie Ihre junge Tochter oder Freundin zu den Ritualen steht, gestalten Sie die Feier dann. Von einer vollständigen Dramaturgie mit der Anrufung einer Göttin (Luna, die Mondgöttin, ist sehr schön geeignet, aber auch Mutter Erde) bis zu einer schlichten, innigen Umarmung steht Ihnen die ganze Bandbreite zur Verfügung. Aber ganz wesentlich ist es, dass Sie an irgendeiner Stelle des Rituals das Mädchen verabschieden und die Frau als Schwester und Freundin willkommen heißen. Wenn Ihnen wirklich etwas daran liegt, wird die Liebe Sie schon den richtigen Ablauf und die richtigen Worte finden lassen.

Übergangsritual für junge Männer

Söhne sollten zum Zeitpunkt des Stimmbruchs ein solches Übergangsritual erleben dürfen. Unter Männern natürlich. Material über die Initiationsriten für junge Krieger gibt es viel. Variieren Sie es, passen Sie es an die Gegebenheiten unserer Kultur an, und lassen Sie den jungen Mann eine (überwachte) Mutprobe bestehen. Gelegenheiten, sich als mutig zu erweisen, gibt es viele. Es kann zum Beispiel eine Nachtwanderung durch den Wald sein oder die Aufgabe, unentdeckt ein Graffiti von einer Hauswand zu entfernen.

Junge Ritter hielten im Mittelalter vor ihrer Weihe die Vigilien, die Nachtwache bei ihren Waffen. Am Tag der Schwertleite beschworen sie die ritterlichen Tugenden: Maßhalten (mâze) und Beständigkeit (staete), Treue, Zuverlässigkeit und Ausdauer. Dann erhielten sie Schwert, Lanze, Schild und Helm. Drehen Sie den Helm einmal um, was steht dann vor Ihnen? Richtig, ein Topf – oder Kelch, wenn man so will.

Eine schweigende Nachtwache an einem Ort der Kraft,

alleine oder mit Freunden, kann ebenfalls ein einprägsames Erlebnis sein. Es ist die Zeit der Herausforderungen, und so können Sie vielleicht verhindern, dass der junge Mann sich die Mutprobe von seinen Freunden vorschreiben lässt und zum U-Bahn-Surfen schreitet. Beschließen Sie die erfolgreich bestandene Mutprobe oder Nachtwache mit einem richtigen Männerfest, bei dem der Junge verabschiedet und der Mann in die Gemeinschaft aufgenommen wird. Übrigens – junge Kriegerinnen dürfen auch die Nachtwache halten.

Die kirchlichen Feste der Kommunion und Konfirmation haben sehr wenig mit dem körperlichen und geistigen Erwachsenwerden zu tun und bieten jungen Menschen nur wenige Identifikationsmöglichkeiten.

Auf einen Blick

◉ Neben der Erfüllung materieller Wünsche können auch persönlichkeitsstärkende Wünsche im Ritual verwirklicht werden.

◉ Am besten wirken Rituale, bei denen man göttliche Kräfte anruft, die einem vertraut sind. Exotische Zutaten können oft schlecht beherrscht werden.

◉ Lassen Sie Ihre Intuition bei der Auswahl der Zutaten zu Ihrem Ritual sprechen.

◉ Magische Rituale können zur Heilung von Krankheiten beitragen, Schutz vor Ängsten bieten und zur Einweihung in bestimmte Lebensphasen dienen.

Rituale im Jahreskreis

Magische Arbeit bedeutet, wie wir bereits in vielen Beispielen gesehen haben, sich mit dem großen Netzwerk des Lebens im Einklang zu befinden. Solange das Leben der Menschen vom Ablauf der Nahrungsbeschaffung bestimmt wurde, waren Feste der Aussaat, der Reife, der Ernte und der winterlichen Zurückgezogenheit bestimmend für den Rhythmus. Heute bestimmen diese Faktoren nur noch in ganz wenigen Fällen unser Leben. Dennoch wandelt sich die Natur weiter im Kreis des Jahres, und jedes Jahr selbst kann als Sinnbild des Lebens gesehen werden. Es wird geboren zur Wintersonnenwende, wächst auf im Frühling, reift im Sommer, findet seine Erfüllung im Herbst und stirbt im Winter.

Versuchen Sie, auf die Ihnen angemessene Weise den Kreis des Lebens wieder zu verinnerlichen, und geben Sie den einzelnen Stationen einen Sinn. Betrachten Sie das Jahr als eine immer wiederkehrende Rundreise. Man hat mehr von einer Reise, wenn man zwischendrin anhält und sich die Stationen anschaut – was geblieben ist, was sich geändert hat, was man ändern will und was nicht. Wenn Sie Feste oder Rituale feiern, vermerken Sie ihre Besonderheiten – Schwierigkeiten oder heitere Erlebnisse – in Ihrem magischen Tagebuch. Es wird nach einer Weile interessant sein nachzulesen, welche Auswirkungen sich daraus auf Ihr Leben ergeben.

Statt sinnentleerter Konsumfeste besinnt sich die Magie wieder auf die Feste des alten Jahreskreises – wir können und sollten in unserer modernen Welt neue Bedeutungen in sie legen.

Bild links:
Lagerfeuer verstärken den Ritualcharakter von Jahresfesten.

Wintersonnenwende am 21. Dezember

Der dunkelste Tag des Jahres ist auch der hoffnungsvollste, denn nun werden die Tage wieder heller. Es ist ein Anlass, sich zu freuen, sich auf das kommende Jahr vorzubereiten. Aber die dunklen Tage eignen sich auch gut, um sich in sich selbst zurückzuziehen.

Weihnachten

Viele der alten Ritualbräuche sind von den Christen im Weihnachtsfest übernommen worden. Man hat die Geburt Jesu, deren echtes Datum nicht bekannt ist, auf einen Tag sehr nahe der Sonnenwende gelegt, vermutlich um den zu bekehrenden Völkern die Lehre schmackhaft zu machen. So ist der Schmuck aus immergrünen Zweigen – Tannen, Stechpalmen und Misteln – geblieben, Julfeuer sind die Verwandten des Weihnachtsbaumes. Der Adventskranz ist ein altes Mandala des Lebens, seine vier Kerzen entsprechen den vier Elementen, rote und goldene Bänder symbolisieren das Leben und das Licht.

Der immergrüne Mistelzweig symbolisiert die Kraft der Liebe.

Versuchen Sie, sich der kommerziellen Hektik des Weihnachtsfestes zu entziehen, und suchen Sie wieder nach den Wurzeln der alten Bräuche. Was Ihnen davon entgegenkommt, können Sie zu einer eigenen Variante dieses Festes weben. Wenn Sie ein Ritual durchführen, kann im Mittelpunkt ein Orakel stehen, in dem jeder der Beteiligten sich über seine Wünsche, Hoffnungen und Sehnsüchte für das neue Jahr klar wird. Es ist natürlich auch nichts gegen Geschenke einzuwenden – solange sie einen Sinn haben.

Wanderung im Schatten

Wer mutig ist, kann die Wanderung im Schatten wagen und sich dann bewusst entscheiden, welcher Ballast davon abgeworfen werden soll. Denn bis zum nächsten Sonnenfest gehen Sie durch die wirklich kalte Zeit. Der Winter mit Frost und tief hängenden Wolken beginnt jetzt erst, und es ist gut, in einer Zeit, die Depressionen fördert, mit leichtem Gepäck zu reisen. Es folgt eine Phase der Reinigung, und vieles wird in dieser Zeit zu Ende gehen und sterben. Wählen Sie eine symbolische Handlung, mit der Sie Abschied von den Dingen, Ideen, unsinnigen Wünschen und Hoffnungen nehmen, die sich nicht mehr lohnen, sie weiterzuverfolgen. Sie enden ohnehin, und es ist leichter, wenn man sich darauf einstellt. Verbrennen Sie sie symbolisch im Julfeuer (Kamin oder Kerzen).

> Sie müssen natürlich nicht auf das Feiern des Weihnachtsfestes verzichten, wenn Sie Magie betreiben wollen – prüfen Sie nur den Inhalt, und hinterfragen Sie den Sinn des Festes neu.

Die Wintersonnenwende entspricht dem Norden, dem Element Erde. Auch darüber können Sie meditieren und das Ritual gestalten. Mutter Erde freut sich über jeden, der mit ihr feiert. Vergessen Sie nicht, an diesen Tagen lange Spaziergänge zu machen, egal, ob es nieselt, friert, nasskalter Wind weht oder die matte Sonne niedrig am Himmel steht. Schauen Sie sich die kahle, braune Natur an, und wenn Sie ein bisschen aufmerksam sind, finden Sie Anblicke größter Schönheit.

Imbolc am 2. Februar

Mitten in die Zeit zwischen Wintersonnenwende und Frühlingsäquinox fällt das alte keltische Fest Imbolc, das christliche Lichtmess, vielfach auch verbunden mit dem Karneval. Diese Station der Reise um den Jahreskreis ist ein Lichtfest, das am Ende des Winters dazu anregt, sich mit Gesang, Tanz und Gedichten zu beschäftigen.

Die ersten Schneeglöckchen zeigen das nahende Ende des Winters.

Ein weißes Fest

Dieses Lichtfest war einst der Göttin Brigit gewidmet, die Sie schon als willensstarke Schmiedin kennen gelernt haben. Sie ist auch die Schutzpatronin der Dichtkunst. Wenn Sie ein Ritual durchführen, rufen Sie sie an und bitten sie um Kreativität. Ihr dritter Aspekt ist die Heilkunst, und so können Sie auch in das Ritual einen Heilzauber einbauen, der Sie von den chronischen Winterkrankheiten wie Husten, Schnupfen, Gelenkschmerzen befreien wird. Beiwerk zum Ritual ist alles, was weiß ist. Weiße Kerzen, Schneeglöckchen, weiße Federchen, Milch, Sahne, helle und leichte Speisen, beispielsweise mit Puderzucker überstäubte Waffeln oder Crêpes. Falls Sie das Fest eher unter dem Gesichtspunkt des Winteraustreibens sehen möchten, können Sie mit Musik, Trommeln, Tanz und Gelächter feiern. Fertigen Sie selbst Masken an, die einen gewünschten Aspekt Ihrer Person darstellen, und rufen Sie mit ihnen im Ritual die Kraft herbei.

Ein Fest der Natur

Gehen Sie auch an diesem Tag in die Natur, und achten Sie darauf, wie das Leben durch den winterlichen Boden bricht. Vielleicht finden Sie schon erste Blumen, Schneeglöckchen oder Krokusse. Die Schneeheide blüht hier und da weiß oder violett, und der echte Jasmin, der wahrhaftig dem Winter trotzt, zeigt seine gelben Blüten. Schauen Sie sich die Äste der Büsche und Bäume an. Die Blätterknospen sind schon ganz dick, an geschützten Stellen entfaltet sich vielleicht schon das allererste Grün. Oder, wenn Sie in einer schneereichen Gegend wohnen, achten Sie auf Schmelzwasser und die ersten Anzeichen des Tauens.

Mariä Lichtmess ist ein unveränderliches Fest und fällt immer auf den 2. Februar, die Fastenzeit – und damit der Karneval – ist jedoch vom Ostertermin, also vom Mond abhängig.

Frühlingsäquinox am 21. März

Ostern fällt hin und wieder in diese Zeit, aber da es ein Mondfest ist, kann der Termin für dieses Fest Jahr um Jahr schwanken. Doch die Bräuche, die heute mit Ostern in Verbindung stehen, haben ihren Ursprung in den Riten zur Tagundnachtgleiche. Die Natur ist erwacht, es sprießt und grünt, Vögel singen ihre Revier- und Paarungslieder, die Sonne hat das Dunkel besiegt. Ein Symbol überquellender Fruchtbarkeit sind die Hasen, die sehr früh im Jahr Junge bekommen. Ein weiteres Symbol ist das Ei, rot gefärbt natürlich – daraus wurde in einem seltsamen Schluss irgendwann die Annahme, dass der Osterhase bunte Eier bringt.

Ostersymbole sind ein Sinnbild für Fruchtbarkeit.

Zeit des Aufbruchs

Nehmen Sie für Ihr Ritual das Thema Fruchtbarkeit auf, weit gesteckt, nicht nur auf einen eventuellen Kinderwunsch bezogen. Unsere Kinder sind auch unsere Gedanken, unsere Ideen, Projekte und Vorhaben. Eine bestimmte Farbe für das Fest gibt es nicht, bunte Frühlingsblumen, erste grüne oder blühende Zweige, bunte oder rote Eier können den Altar schmücken. Eine alte griechische Sitte war es, in flachen Töpfen, Schalen oder Körben Blumen oder Getreide zu säen und sie beim Fest in einen Fluss zu werfen. Insbesondere rote Anemonen wurden dazu genommen, und diese Sitte erinnert an den jungen Adonis, der um diese Zeit starb und wieder von den Toten auferstand.

Der erste Frühlingsvollmond kann auf den 21. März fallen, das ist der frühestmögliche Ostertermin; der späteste Zeitpunkt für das Osterfest liegt vier Wochen danach.

Mit dem Äquinox beginnt die Zeit der Aussaat – der Beginn eines neuen Lebensabschnitts. Nachdem Sie sich also in der Zeit der Reinigung von altem Ballast getrennt haben, die Spinnenweben innen wie außen von den Frühlingsstürmen weggefegt, unvollendete Vorhaben entweder zu einer Lösung gebracht oder eingestellt wurden, ist es jetzt so weit, dem Keim neuer Projekte Nahrung zu geben. Es ist die richtige Zeit, um mit dem Handeln zu beginnen. Wenn Sie noch etwas zögerlich sind, wenn Sie nicht wissen, wie Sie das anfangen wollen, was immer Sie sich vorgenommen haben, so können Sie zu diesem Zeitpunkt um Unterstützung im Ritual bitten, denn der Beginn des Frühlings ist dem Osten und dem Element Luft gewidmet, ihm zugeordnet ist das scharfe Schwert des Verstandes.

Beltane am 1. Mai

In der Nacht vom 30. April zum 1. Mai wird Beltane, das keltische Fest von Leben und Fruchtbarkeit, gefeiert. Nicht nur in der Natur, sondern auch bei den Menschen, und es wurde in einer ekstatischen Form sehr direkt gefeiert. Im Zuge der Christianisierung wurde dieses Fest aus dem Kalender gestrichen, und es liegt ziemlich nahe zu vermuten, dass die orgiastischen Festlichkeiten an diesem Tag den frommen Herren missfallen haben. Wenigstens offiziell. Um die nicht auszurottenden Feiern in den christlichen Jahresablauf einzugliedern, fand man eine obskure Heilige mit Namen Walpurgis oder Walpurga, die angelsächsische Äbtissin des Klosters Heidenheim, und behauptete dann irgendwann, dass ihre Gebeine am 1. Mai nach Eichstätt überführt wurden, um so wenigstens einen dünnen Hauch der christlichen Anständigkeit über die allerorts nach altem Brauch stattfindenden Maifeiern zu legen. Ein echtes Kuriosum der Geschichte!

Besen sind ein sehr wichtiges Utensil für die Walpurgisnacht.

Walpurgisnacht

Die Walpurgisnacht ist die Nacht, in der die Hexen tanzen, mit ihrem Besen zum Blocksberg reiten und dort mit dem Teufel wüste Orgien feiern, jedenfalls hat Goethe es so in seinem »Faust« beschrieben und damit auch einiges dazu beigetragen, um die Vorurteile in Bezug auf diesen Tag weiter aufrechtzuerhalten. In den letzten Jahrhunderten

Wenn das Frühlingsäquinox die Zeit des Flirtens ist, wird Beltane die Zeit der leidenschaftlichen Begegnung. Nicht nur in der Liebe, in allen Dingen des Lebens.

wurde immer wieder versucht, das beliebteste Fest der Menschen auszumerzen oder zumindest mit dem Schauder des Verbotenen zu belegen. Es ist nicht gelungen. Noch immer werden Maibäume aufgestellt, Maiköniginnen gewählt, Picknicks im Freien abgehalten, und es wird in den Mai getanzt.

Machen Sie mit, tanzen Sie mit, schmücken Sie Ihr Fahrrad mit Birkenzweigen und bunten Bändern, und fahren Sie durch die Natur. Aber bitte lassen Sie die jungen Birken stehen, es reicht ein Maibaum im Ort. Beltane ist zwar nicht unbedingt das Fest der besinnlichen Rituale und Meditationen, doch wenn Sie im Kreise einiger Freunde an einem milden Abend im Freien zusammensitzen, dann sollten Sie bei dem Sprung über das Feuer Ihre Wünsche äußern. Paare dürfen dabei durchaus auch Hand in Hand springen.

Johanniskraut ist eine Pflanze des Sommers mit langer Tradition.

Sommersonnenwende am 21. Juni

Mittsommer, Sonnenhöchststand, der längste Tag des Jahres ist der 21. Juni. Er nennt sich im Kalender »Sommeranfang«. Die Natur blüht, die Zeit der Aussaat ist vorbei, und die Zeit der Reife beginnt. In manchen Regionen wird als leise Erinnerung an die alten Sommerfeste auch bei uns noch der 24. Juni als Johannistag mit seinen Johannisfeuern gefeiert. Das Johanniskraut jedoch wächst überall, und seine Heilkraft wird wieder neu entdeckt. Es wirkt als Pflanzenextrakt bei Wunden, Hautverletzungen und Insektenstichen; als Tee aus den Blüten wirkt es gegen seelische Verstimmungen.

Sonnwendfeier

Die Sonnenwende ist ein Feuerfest, und bei vielen Völkern wurden brennende Räder die Berge hinuntergerollt. Sie erinnern sich sicher an die Swastika, das sich drehende Feuerrad. Wenn Sie sich entschließen, ein rituelles Fest zu feiern, dann sollten Sie es in der freien Natur tun, vielleicht an Ihrem Ort der Kraft.

Sommerblumen, erste Rosen, leuchtende Farben, früh reifendes Obst, rote und weiße Kerzen und natürlich Johanniskraut gehören zum Schmuck des Altars. Wenn Sie mögen, flechten Sie für sich und die anderen Teilnehmer Blütenkränze, um sie auf dem Kopf zu tragen. Da die Zeit der Reife beginnt, ist das Fest der Sonnenwende ein guter Zeitpunkt, um das Eingehen einer bleibenden Partnerschaft zu feiern, denn was in den Frühlingstagen an Ideen gesät wurde, sollte nun auf Dauerhaftigkeit überprüft werden – egal, ob es sich um neue Pläne, noch zu verwirklichende Vorhaben oder die Bewährung von Freundschaften handelt.

Mit der Sonnenwende beginnt nun die Zeit des wieder abnehmenden Lichtes, die Tage werden – langsam zwar nur – wieder kürzer. Auch wenn die heißeste Zeit des Jahres noch vor uns liegt, gibt es bereits Anzeichen dafür, dass das Licht auch wieder schwindet. Wie das Fest der Wintersonnenwende birgt auch dieses Sommerfest das Zeichen der Polarität, und wenn Ihnen nicht nach fröhlichen Feiern zumute ist, können Sie auch eine Licht-und-Schatten-Meditation durchführen, in der Sie die beiden Seiten einer für Sie wichtigen Angelegenheit durchdenken.

Die christlichen Feste Pfingsten, Fronleichnam und Johannis haben sich in den Zeitraum der Sommersonnenwende verirrt, haben aber inhaltlich mit der Sonnenwende nichts zu tun.

Lammas am 1. August

Lammas ist das alte Schnitterfest, das begangen wurde, nachdem das Korn geerntet war – nach einer Zeit harter Arbeit also für unsere landwirtschaftenden Vorfahren mit wenig Gelegenheiten für ausgedehnte Feiern. Es ist die heißeste Zeit des Jahres, und die Luft liegt flimmernd über den abgeernteten Feldern. Die moderne Menschheit macht Urlaub und aalt sich an Meeresstränden und Baggerseen, nur hin und wieder aufgescheucht von einem heftigen Sommergewitter. Die Arbeit wird allenfalls auf Sparflamme betrieben. Hier ist also eine beinahe vollständige Umkehr der Gepflogenheiten eingetreten.

Dennoch, Urlaubszeit ist auch eine Zeit zwischen den Welten, oft in anderen Ländern, mit anderen Bräuchen. Sie finden Abstand zum täglichen Trott, kommen mehr mit der Natur in Kontakt, schlafen – und träumen – vielleicht mehr, denken über Dinge nach, für die sich sonst keine Zeit findet.

Eine Katze kann auf der Suche nach magischen Spuren helfen.

Nutzen Sie diese Zeit für Ihre magische Ausbildung – nehmen Sie sich zum Strand ein Buch über alte Religionen mit oder über ein magisches System, das Sie interessiert. Suchen Sie nach magischen Spuren in Ihrem Ferienland – Brauchtum, Museen, heilige Plätze. Es passiert immer wieder, dass man genau in dem Augenblick, in dem man sich für ein bestimmtes Thema interessiert, eine Fülle von seltsamen Begebenheiten erlebt, die alle auf eigenartige Weise dazu passen und als Puzzlesteinchen das Bild vervollständigen, das man sucht. Es ist ein gewaltiges Abenteuer, mit einem magischen Ziel vor Augen den Urlaub zu verbringen. Nehmen Sie auf jeden Fall Ihr magisches Tagebuch mit, denn es kann sein, dass Sie eine reiche Ernte einfahren.

Bittritual

Die Zeit des Reifens bezieht sich nicht nur auf die grünende Natur, sondern auch auf das Bewusstsein des Menschen, und wenn Sie das Schnitterfest mit einem Ritual feiern wollen, dann ist es eines, das der Bitte um gelungene Arbeit oder eine erfolgreiche eigene Weiterentwicklung dient. Ähren, Mohnblumen, Kornblumen, Margeriten, sofern Sie sie noch finden in unseren klinisch reinen Kornfeldern, schmücken den Altar, Gebackenes aus Korn – Kuchen, Brote, Kekse – können für die anschließende gemeinsame Feier hergestellt werden. Sie können einen Sonnengott oder eine Sonnengöttin anrufen und um ihre Kraft bitten. Bastet, die Katzenköpfige, gehört zu ihnen, und wenn Sie Katzen im Sommer beobachten, wie sie sich genussvoll in der Wärme rekeln, dann wissen Sie, welche Art der Lebensfreude sie Ihnen schenken kann. Katzen fangen auch die Schädlinge, die den Ertrag der Arbeit, das Korn, fressen, also können Sie Bastet auch bitten, Misserfolg von Ihnen abzuwenden. Das Schnitterfest ist allerdings auch ein Opferfest, denn mit dem Abernten der Felder starb der Kornkönig für sein Land, um mit seinem Blut die Fruchtbarkeit der Erde für die nächste Ernte vorzubereiten. Denken Sie darüber nach, dass der Erfolg auch ein Opfer von Ihnen fordern wird – Zeit oder Beziehungen, Gefühle oder

Für viele ist der Sommer Ferienzeit, alles andere als eine Zeit für magische Rituale – oder? Aber im Urlaub kann die Begegnung mit fremden Kulturen und Bräuchen sehr anregend für die magische Praxis wirken.

Der Herbst ist die Zeit, in der die meisten Früchte geerntet werden und ein erstes Resümee über den Erfolg des vergangenen Jahres möglich ist. Der Sommer verabschiedet sich, die dunkle Jahreszeit gewinnt langsam an Macht.

Nähe, Besitz oder Gesundheit. Prüfen Sie sich, was Sie davon aufgeben wollen und was wichtig für Sie ist.

Herbstäquinox am 21. September

Wieder sind die hellen und dunklen Stunden gleich verteilt über den Tag. Der größte Teil der Ernte ist eingebracht, der Dank für die Ergebnisse des Jahres steht an. Das Erntedankfest zu Beginn des Oktobers erinnert noch an dieses Fest der Bauern. Unsere Arbeit ist noch lange nicht getan, für uns gelten heute andere Terminkalender. Trotzdem, die Tage werden jetzt wieder dunkler, die Zeit, sich im Garten oder auf dem Balkon aufzuhalten, ist begrenzt, die ersten Herbststürme fegen über das Land – es schmerzt nicht mehr so, am Schreibtisch zu sitzen und sehnsuchtsvoll in den Sonnenschein hinauszusehen.

Dankritual

In der hohen Magie wird die folgende Zeit die Periode des Planens und Vorbereitens genannt. Unsere Vorfahren mussten sich überlegen, wie sie die Vorräte für den Winter zusammenbekamen, Sie können analog dazu planen, wie Sie die dunkle Jahreszeit psychisch überstehen wollen. Ein Kulturprogramm entwerfen, Gesundheitsvorsorge treffen, Familienfeste organisieren, das Programm der Volkshochschule oder anderer Institutionen durchsehen

Das Laub der Bäume ist golden und trotzt noch dem nahenden Winter.

und Kurse auswählen – es gibt viele Möglichkeiten, sich auf die langen Abende zu freuen. Wenn Sie ein Ritual für diesen Tag planen, sollte es dem Dank für die Ereignisse der vergangenen Monate gewidmet sein. Listen Sie die Wünsche auf, die in Erfüllung gegangen sind, die Zauber, die gewirkt haben, die Hoffnungen, die zur Gewissheit wurden. Und wenn Sie jetzt feststellen, dass Sie nur Pleiten und Pannen erlebt haben, dann ist es der rechte Augenblick, auch dafür dankbar zu sein und darüber nachzudenken, was Sie daraus gelernt haben. Aus vielen Niederlagen geht man stärker, klüger und besser gewappnet hervor. Herbstblumen, buntes Laub, Kürbisse, Äpfel und Weintrauben, ein Kranz aus Weinlaub schmücken den Altar. Wenn Sie draußen feiern, können Sie Kartoffeln in der Glut Ihres Feuers rösten. Auf jeden Fall sollte ein Kelch nicht fehlen, mit jungem Wein gefüllt, wenn Sie mögen, denn der Herbst beginnt. Ihm zugeordnet ist die Himmelsrichtung Westen und damit der Kelch.

Samhain, das Neujahrsfest der Kelten, war schon immer sehr eng mit Totenkulten verbunden. Am Abend vor Allerheiligen wurden alter Überlieferung zufolge die Seelen der Ahnen gewärmt und besänftigt.

Samhain am 31. Oktober

Das letzte Fest vor der Jahreswende ist Samhain, Halloween, Allerheiligen. Es war das höchste Fest der Kelten, mit ihm begann das neue Jahr. Die Natur zieht sich zurück, die Bäume verlieren ihr Laub, die Kraft der Sonne lässt nach, die Vögel sammeln sich für ihren Flug in den Süden. Es heißt, dass in der Nacht von Samhain der Schleier zwischen den Welten am durchlässigsten

An Samhain ist die Zeit, mit den Verstorbenen in Kontakt zu treten.

ist, dass die Tore zur Anderwelt offen stehen und der Kontakt mit den Verstorbenen leicht fällt. Viele Ahnenfeste werden jetzt gefeiert, nicht nur traurige. Geblieben ist auch bei uns der Brauch, Kerzen und Gestecke auf die Gräber zu stellen und der Toten zu gedenken. Leider oft nur unter dem Gesichtspunkt der Trauer. Doch die, die von uns gegangen sind, sind noch immer erreichbar, können uns, wenn wir wollen, Rat geben und uns in den anderen Welten führen.

Ahnenritual

Samhain eignet sich wie kein anderer Tag für eine Trancereise. Machen Sie sie zum Mittelpunkt Ihres Rituals. Überlegen Sie sich, zu welchen Ahnen Sie reisen wollen, es müssen nicht immer nahe Verwandte sein, sondern es können auch die kollektiven Ahnen Ihrer Vergangenheit sein. Verfolgen Sie Ihren Stammbaum, und suchen Sie interessante Personen heraus, mit denen Sie Kontakt aufnehmen möchten. Überlegen Sie sich vorher die Fragen, die Sie an sie stellen wollen.

Dekorieren Sie Ihren Altar mit Herbstlaub, Eibenzweiglein, Zaubernüssen, roten Kerzen. Stellen Sie ein paar Kekse und ein Glas Wein für Ihre Ahnen dazu (wenn es ausgemachte Biertrinker waren, darf es natürlich auch Bier sein), und zünden Sie Räucherwerk an. Beginnen Sie das Ritual wie üblich, und bitten Sie Ihre Ahnen, Sie auf der anderen Seite des Vorhangs zu empfangen und Sie zu führen. Dann begeben Sie sich an Ihren Ausgangsort und warten dort auf das, was geschieht. Wenn Sie zurückkommen, danken Sie Ihren Ahnen und öffnen den Kreis.

Der Kreis schließt sich

Wir haben jetzt einmal die Runde durch das ganze Jahr gemacht. Ich hoffe, Sie haben Anregungen und Ideen gefunden, wie man den Lauf der Zeit mit kleinen Haltepunkten markieren kann, um seine eigene Entwicklung immer wieder neu zu bewerten und zu beurteilen. Nicht alle acht Festtage müssen in gleicher Intensität gefeiert werden, manchmal genügt schon eine Viertelstunde stiller Einkehr über dem Kalenderblatt. Und wenn Sie feiern, lassen Sie sich von Ihrer Intuition leiten, wie Sie das Ritual vollziehen wollen. Sie können nichts falsch machen, auch wenn in manchen Werken die strikte Einhaltung bestimmter Regeln gefordert wird. Die Kraft, die in einem Ritual wirkt, hängt nur von Ihnen ab, von der Hingabe und der Freude, mit dem Sie es feiern wollen. Oder ist schon mal ein Geburtstag danebengegangen, weil eine Kerze zu viel oder zu wenig brannte?

Ritueller Schmuck und Beiwerk dienen dazu, eine Stimmung zu erzeugen, die es Ihnen leicht machen soll, sich mit dem Anlass zu identifizieren. Keine Angst also, wenn Sie mal keine rote Kerze zur Hand haben – jede andere Farbe tut es auch. Und wenn Sie im Eifer und dem Lampenfieber der ersten Male plötzlich feststellen, dass Sie die Himmelsrichtungen verwechselt haben, dann werden die Götter lächelnd darüber hinwegsehen.

Aus dem Seelenkult hat sich ein spukhafter Charakter dieses Festes entwickelt, weshalb sich in den angelsächsischen Ländern die Kinder an Halloween als Geister verkleiden.

Festtagsmagie

Nicht zuletzt sind die Jahreskreisfeste Zeitpunkte, an denen Magie und Zauber leicht zu wirken sind. Hier einige Vorschläge zu magischen Akten, die Sie in Ihre Rituale mit einbauen können.

Wintersonnenwende: Die dunklen Tage sind besonders gut zum Wahrsagen oder zum Befragen der Orakel geeignet. Legen Sie die Karten, oder schauen Sie bei Kerzenlicht in die Kristallkugel.

Imbolc: Die magische Reinigung von Haus und Wohnung kann an diesem Tag durchgeführt werden, um die Räume von allen störenden Einflüssen, die etwa Krankheit, Ärger, Zorn oder Trauer hinterlassen haben, zu befreien.

Frühlingsäquinox: Ein guter Zeitpunkt, um mit jungen Menschen den Übergang zum Erwachsenwerden zu feiern.

Beltane: Ein überaus passender Termin, um Liebeszauber zu wirken. Aber denken Sie immer daran, niemanden gegen seinen Willen zu etwas zu bewegen.

Sommersonnenwende: Günstig für alle Vorhaben, die im Zusammenhang mit Wachstum und Reife stehen, beispielsweise für eine längere Bindung.

Lammas: Ein guter Zeitpunkt, um Magie für das Gelingen einer Arbeit zu wirken oder sich eine erfolgreiche eigene Weiterentwicklung zu wünschen.

Herbstäquinox: Ein geeigneter Termin, um für die guten Ergebnisse (und Ernten) des Jahres zu danken und aus den gescheiterten Unternehmungen Lehren zu ziehen.

Samhain: Dieser Tag dient ganz besonders dem inneren Aufräumen, dem Ablegen von Gewohnheiten, dem Beenden unglücklicher Beziehungen und der Konfrontation mit den Ängsten.

> Die Feste eines Jahres sind besonders günstige Daten, um Magie zu wirken – für jedes Fest passt ein anderes Anliegen oder ein anderer Wunsch.

Auf einen Blick

◎ Die acht Feste des Jahreskreises richten sich nach der Sonne und den Jahreszeiten, nach dem Rhythmus des Werdens und Vergehens. Sie werden schon seit Urzeiten gefeiert.

◎ Nehmen Sie Anregungen zur Gestaltung der Jahreszeitenrituale auf, aber vergessen Sie dabei eines nicht: Sie selbst wissen am besten, was richtig und angemessen ist, und sklavisch muss auch ein Magier kein Ritual befolgen.

Liebeszauber, Geld und Gesundheit

Sie haben als Erstes das Buch an dieser Stelle aufgeschlagen? Sie werden enttäuscht sein, dass Sie jetzt hier nicht den sofort wirksamen Zauberspruch finden. Wenn Sie sich jedoch bis hierher ordentlich Seite für Seite durchgearbeitet haben, werden Sie belohnt. Denn Sie haben ja inzwischen verstanden, mit welchen Vorurteilen die Magie zu kämpfen hat, aber auch, welche verborgenen Kräfte in ihr wirken.

Die erste Frage, die neugierigen Mitmenschen zur Magie einfällt, wird sich sicher um die Erfüllung der beiden uralten, immer wieder neuen Wünsche drehen, reich und geliebt zu sein! Sie werden vermutlich so etwas Ähnliches zu hören bekommen wie: »Dann hast du ja keine Geldprobleme mehr! Zauber dir doch einfach einen Lottogewinn!« Oder etwa: »Du machst bestimmt einfach einen Liebeszauber, wenn dir jemand gefällt – kannst du für mich nicht auch einen machen?«

Weil die Menschen so sind, hat sich in der Volksmagie, die auch die niedere Magie genannt wird, eine riesige Anzahl von Rezepten etabliert, die diese Zauber bewirken sollen. Sie sind für den Laien geheimnisvoll und unverständlich. Betrachten Sie einmal den auf der nächsten Seite folgenden Liebeszauber.

> Hier lernen Sie einen ganz fabelhaften Liebeszauber kennen – ein Rezept, das zum Nachmachen anregen soll, seine Erklärung und die möglichen Fallstricke darin.

Bild links:
Blüten eignen sich gut, um einen Liebeszauber zu unterstützen.
Die wahre Magie wirken jedoch Sie selbst.

Ein ganz einfacher Zauber

Um den Menschen, den Sie lieben, in Ihren Bann zu ziehen, befolgen Sie dieses Rezept. Und zwar buchstäblich!

- **1. Schritt:** Besorgen Sie sich unbemerkt etwas von der Erde, auf die er oder sie getreten ist.
- **2. Schritt:** Gehen Sie in die Küche, legen Sie die rituellen Geräte Messer, Rührstab, Teller und ein Glas Wein (für Sie, beschwingt Sie beim Kochen) neben den Herd.
- **3. Schritt:** Rufen Sie die Kraft an, die Ihnen helfen soll. (Mammamia, wo ist das Tomatenpüree!?)
- **4. Schritt:** Kochen Sie ein Ragout aus Rindfleisch, und würzen Sie es mit Rosmarin, der wehrt (andere) Hexen ab. Drücken Sie vier Knoblauchzehen gegen den bösen Blick hinein, und salzen Sie es, damit keine schädlichen Einflüsse das Werk zunichte machen.
- **5. Schritt:** Visualisieren Sie das Bild des geliebten Menschen beim Rühren, und stellen Sie sich das kribbelnde Gefühl vor, wie er sich Ihnen mit Glut in den Augen nähert. Murmeln Sie immer wieder unterdrückt seinen Namen. RÜCKWÄRTS!
- **6. Schritt:** Streuen Sie eine Prise der vorher gesammelten Erde in das Ragout hinein.
- **7. Schritt:** Feilen Sie einen Ihrer Fingernägel über dem Topf.
- **8. Schritt:** Reißen Sie sich von jeder behaarten Stelle Ihres Körpers ein Haar aus, und mischen Sie diese unter das Essen.
- **9. Schritt:** Laden Sie den Mann oder die Frau Ihres Herzens zum Essen ein, und servieren Sie das Ragout.

Er oder sie wird sich unsterblich in Sie verlieben.

Das Rezept für den Liebeszauber stammt aus einem alten Buch über Volksmagie, in dem einige sehr eigenwillige Zauber zu finden sind.

Eine Erklärung

Haben Sie geschmunzelt? Es gibt Leute, die nehmen das bitterernst. Ist es nur ein Spaß, oder ist das ein ernst zu nehmender Zauber? Die Wahrheit liegt wie üblich in der Mitte. Nehmen wir mal das Rezept auseinander:

Schritt 1, 6, 7 und 8: Sie haben Erde von seiner Fußspur entnommen. Das ist der erste Teil eines Sympathiezaubers. Der zweite Teil sind Nagelschnipsel und Haare von Ihnen. Denn mit der Erde, Nägeln und Haaren verbinden Sie einen Teil von ihm mit sich selbst. Mag sein, dass Sie das unappetitlich finden, aber das muss man schon auf sich nehmen, wenn man eine solche Küchenmagie betreibt. Denken Sie einfach nicht an Bakterien und Schmutz.

Schritt 4: Rosmarin, Knoblauch und Salz gehören zum Teil des Analogiezaubers, wie Sie ihn bereits kennen gelernt haben. Hier werden stellvertretend für die magischen Kräfte Kräuter und Gewürze eingesetzt, um vor Schaden zu bewahren. Andererseits erhöhen sie den Wohlgeschmack des Essens.

Genauso hat ein Zauberer auszusehen: Sein Gesicht hinter der Kapuze versteckt murmelt er Beschwörungen aus einem uralten Zauberbuch. Oder ist das doch finsteres Mittelalter?

Schritt 2 und 3: Sie haben ein Ritual durchgeführt mit allem, was dazugehört. Die magischen Werkzeuge waren dabei: Messer, Rührstab, Weinglas (Kelch) und Teller (Scheibe), die Anrufung erfolgte, und dann kam das Wesentliche.

Schritt 5: Beim monotonen Rühren haben Sie sich in eine leichte Trance versetzt und sich das Bild des Geliebten vor Augen geführt und es mit Gefühl aufgeladen. Ja, Sie haben es sogar geschafft, seinen Namen dabei zu murmeln. Rückwärts nur, damit nicht gleich jeder, der am Küchenfenster vorbeikommt, aufjuchzt und ruft: »Peter, die will dich wieder verhexen.«

> Und nun folgt das Geheimnis dieses Zaubers: Sie haben ihren Willen zielgerichtet eingesetzt, um den Mann/die Frau, den/die Sie lieben, für sich zu gewinnen.

Fauler Zauber?

Wenn Sie überlegen, was Sie alles getan haben, wie viel zielgerichtete Willenskraft und Gefühl Sie bereits aufgebracht haben, um den Zauber zu bewerkstelligen, ist es nicht ungewöhnlich, dass er Wirkung zeigt. Das ist der Punkt!

Andererseits, wenn Sie es schaffen, den Menschen, den Sie lieben, zum Essen zu sich nach Hause einzuladen, sollten Ihnen auch noch ein paar weitere Alternativen zu dem Rezept einfallen, um ihn in sich verliebt zu machen. Sagt man nicht, dass Liebe durch den Magen geht?

Wirkungen der Liebesmagie

In der weißen Magie wird der Begriff der Liebe ein wenig weiter gefasst als in der Volksmagie. Aber die Versuchung ist groß, sich der Magie in der Liebe zwischen Mann und Frau zu bedienen, denn sie ist ein sehr heftiges Gefühl. Sie werden der Versuchung bestimmt erliegen und einen Liebeszauber erproben wollen. Trotzdem möchte ich mich bemühen, Sie für die Wirkung von Liebesmagie zu sensibilisieren.

Liebeszauber

Stellen Sie sich vor, Sie haben einen netten, aber unauffälligen Kollegen (oder eine Kollegin, je nachdem), der schon ein paar Mal sein Interesse an Ihnen bekundet hat. Er ist Ihnen aber herzlich gleichgültig. Und dann, eines Abends, fühlen Sie sich plötzlich mit Macht zu ihm hingezogen, nehmen seine Einladung an und landen anschließend mit fliegenden Fahnen in seinem Bett. Die Affäre ist heiß und hält für ein paar Tage, die Temperatur kühlt aber langsam wieder ab. Durch Zufall finden Sie heraus, dass der gute Mann einen Liebeszauber in Auftrag gegeben hat. Wie würden Sie sich mit dieser Erkenntnis fühlen?

Liebe, wirklich tiefe, innige Liebe, die Stürme übersteht, die Fehler ausgleicht, die Vertrauen und Freundschaft in sich birgt, kann durch keine Magie der Welt herbeigezaubert werden. Sie ist die Magie selbst. Leidenschaft, Verliebtheit, erotische Erlebnisse, die können Sie mit dem Wissen, das Sie jetzt schon haben, ohne weiteres erwirken. Aber bedenken Sie die Folgen.

Bedenken Sie auch bei Liebeszauber – immer wenn Sie einen anderen Menschen gegen seinen Willen beeinflussen, kommen Sie an die Grenze zur schwarzen Magie.

Hilfe in Liebesnöten

Die zweite Versuchung, der Sie erliegen werden, ist die, einer Freundin oder einem Freund in der Liebesnot zu helfen. »Mach, dass er wieder zu mir zurückkommt!«, wird der häufigste, tränenreiche Hilferuf an Sie sein, wenn man erfährt, dass Sie der Magie kundig sind.

Noch einmal die Frage, wie würden Sie sich fühlen, wenn Sie sich bereits aus guten Gründen von einem Menschen getrennt haben und plötzlich zu ihm zurückgezogen werden? Es verlängert nur das Leiden beider. Wenn Sie Ihrer Freundin oder Ihrem Freund in einer solchen Situation helfen wollen, dann vollziehen Sie zusammen ein Ritual gegen das gebrochene Herz, gegen die Eifersucht oder die unglückliche Liebe. Geben Sie ihr oder ihm Kraft, und richten Sie das demolierte Selbstvertrauen wieder auf – aber lassen Sie die Finger von Zusammenführungszaubern.

Liebenswürdigkeit

Wir alle wollen geliebt werden, und Magie kann natürlich dazu verhelfen. Doch auf eine andere, subtilere Art als Liebeszauber. Wenn Sie sich intensiv mit den magischen Fähigkeiten beschäftigen, unternehmen Sie eine große Anstrengung, an Ihren eigenen Fähigkeiten zu arbeiten. Sie erkennen, dass Sie Grenzen sprengen können, über sich selbst hinauswachsen, Ihr Bewusstsein größer, die dunklen Ecken in Ihrem Unbewussten kleiner werden. Sie werden »selbst«-bewusster, weil Sie Ihre inneren Qualitäten neu zu schätzen wissen. Wenn Sie dann nicht überheblich werden, sondern demütig staunend zuschauen, wie Sie sich aus der Raupe zum Schmetterling entpuppen, dann werden Sie für sich und für Ihre Umwelt eine wirklich liebenswerte Person sein, mit der Kontakt zu haben eine unendliche Freude macht. Ganz ohne Zauberei!

> Die weiße Magie erstrebt die umfassende Liebe zu allem Leben, nicht nur die erotische Liebe zwischen zwei Menschen. Sie schließt alle Menschen ein und niemanden aus.

Magie und Geld

Jetzt kommen wir zum Geld! Sie ahnen schon, dass auch hier ein Haken dran ist. Vielleicht wissen Sie sogar schon, welcher.

Geld ist ein Tauschmittel. Geld braucht man in der heutigen Zeit, um sich viele – vor allem materielle – Wünsche zu erfüllen. Das war aber nicht immer so, und die Kräfte der Magie haben auch so ihre Probleme mit dem abstrakten Zahlungsmittel Geld. Die magische Substanz ist etwas sehr Ursprüngliches, eine archaische Kraft. Sie kennt keine Währungen, Aktien, Schecks und Kreditkarten. Sie erfüllt den Wunsch direkt. Wenn Sie also mit Ihrem Job unzufrieden sind, dann wünschen Sie sich einen besseren, und nicht eine Menge Geld, um unabhängig zu sein. Wenn Sie ein neues Auto brauchen, wünschen Sie sich das. Vielleicht bekommen Sie es geschenkt oder gewinnen es bei einem Preisausschreiben.

Der Glanz und das verheißungsvolle Klingen der Münzen lassen jedes Herz höher schlagen. Nur leider kann man sich mit Geld weder Glück noch Zufriedenheit kaufen.

Magie ist älter als Geld oder andere Tauschmittel, sie kennt weder Tricks noch komplizierte Umwege, sondern nur die direkten Wege zur Wunscherfüllung.

Bevor Sie sich die Millionen eines Lottogewinns wünschen, fragen Sie sich selbst, wozu Sie sie verwenden wollen. So ganz ziellos ist nämlich die Vorstellung, viel Geld zu haben nie, außer Sie wollen wie Dagobert Duck endlich mal in Goldstücken baden. Wollen Sie eine Yacht im Mittelmeer, endlich mal hemmungslos einkaufen gehen, den Nachbarn mal so richtig mit einem Auto der Nobelmarke imponieren? Wird Sie das auf Dauer reich an Glück machen? Ihnen Seelenfrieden schenken? Selbstbewusstsein? Denken Sie einmal fünf Minuten über das folgende Zitat nach.

> **Erst wenn der letzte Baum gerodet, der letzte Fluss vergiftet, der letzte Fisch gefangen ist, werdet Ihr feststellen, dass man Geld nicht essen kann.**
> *Prophezeiung der Cree Indianer*

Worauf das Ganze hinausläuft, ist doch Folgendes: Geld alleine macht nicht glücklich – das ist eine sprichwörtliche Volksweisheit. Hinter dem Tauschmittel Geld steht ein Wunsch. Und diesen Wunsch sollten Sie sich erfüllen. Das ist weit besser und befriedigender, als die Geldmittel dazu herbeizuzaubern.

Mit Magie Geld verdienen

Es gibt natürlich auch die Möglichkeit, mit Magie Geld zu verdienen, eine ganze Reihe Magier tun das. Kartenlegerinnen, Astrologen und Trancemedien werben für ihre Arbeit in Zeitschriften und sogar im Fernsehen. Es gibt auch hierzu zwei Einstellungen. Die eine Seite behauptet, magische Fähigkeiten sind genauso erworbenes Wissen wie jede andere Ausbildung, und als Spezialist für ein bestimmtes Gebiet haben Sie das Recht, für Ihre Beratungen

Geld zu nehmen. Die andere Seite sieht das anders. Magische Fähigkeiten werden einem dazu verliehen, damit man anderen auf ihre Bitte hin uneigennützig helfen kann. Diese Hilfe kann ohne jede Gewinnabsicht gegeben werden, weil die Magie selbst dafür sorgt, dass man anschließend belohnt wird. Nicht unbedingt mit Geld, sondern auf anderen Wegen. Diese Einstellung ist insofern einleuchtend, da ja der Grundsatz gilt, dass alles, was man aussendet, zu einem zurückkehrt. Eine selbstlose Hilfe, ein liebevoller Beistand wird früher oder später auf den Geber zurückwirken. Sie müssen selbst entscheiden, zu welcher Ansicht Sie neigen.

> In der alternativen Medizin werden magische Kräfte oft mit sehr gutem Erfolg eingesetzt. Nur bezeichnet man sie dort anders, deshalb ist der Bezug zur Magie nicht direkt ersichtlich.

Magie und Gesundheit

Neben dem Wunsch, geliebt und reich zu werden, ist der dritte Basiswunsch des Menschen die Gesundheit. Sie haben schon bei den Heilungsritualen gesehen, dass Magie durchaus dazu verhelfen kann, gesund zu werden. Wenn Sie sich weiter mit Magie befassen, werden Sie ganz sicher früher oder später auf die Methoden der alternativen Medizin stoßen. Und dort werden Sie eine Fülle von Parallelen zum magischen Weltbild finden.

Naturheilmethoden und Magie

Die Anwendung von Bachblüten und auch die Homöopathie wirken mit allerkleinsten Wirkmengen auf den feinstofflichen Körper des Menschen ein, gewissermaßen sind es nur die Schwingungsabdrucke der Stoffe, die verwendet werden. Eine ähnliche Behandlungsweise haben Sie bei dem Sympathiezauber gesehen, bei dem die Verbindung über den Namen der Puppe oder vielleicht ein paar Haarspitzen des Patienten hergestellt wird. Edelsteine, Aromen und Farben wirken ebenfalls auf dieser Schwingungsebene. Reiki, Shiatsu, Akupressur und andere Techniken des »Handauflegens« arbeiten mit den Energieströmen im Körper und in der Aura.

Krankheit und Bewusstsein

Es gibt eine Theorie – so wie auch die Schulmedizin ihre Theorien hat –, dass die Krankheiten, die uns befallen, ihren Ursprung im Bewusstsein haben. Das Bewusstsein verändert die Realität, also kann es krank und natürlich auch gesund machen. Mit Magie verändern Sie Ihr Bewusstsein – verändern Sie es so, dass Sie nicht krank werden. Das ist sehr leicht gesagt, denn die Abgründe des Unbewussten sind tief und schier unauslotbar, Krankheiten sind die dunklen Bereiche darin, die wir nicht gerne in unser Bewusstsein aufsteigen lassen wollen. Sie brechen sich Bahn, wenn es an der Zeit ist, und erscheinen wie Eiterpickel an der Oberfläche der Haut. Sie können Pickel mit dem Kortisonhammer erschlagen, damit haben Sie aber nur das Symptom beseitigt, nicht die Ursache. Die Pickel kommen immer wieder, bis die Ursache beseitigt ist.

Wenn Sie krank werden, leiden Sie an Schmerzen, an Beschwerden, je mehr Sie unter der Krankheit leiden, desto schlimmer wird sie. Es ist sicher schwirig, unter Schmerzen auch noch nach verborgenen Ursachen zu suchen, aber es ist eine der Möglichkeiten, Verantwortung für die Krankheit zu übernehmen. Wenn man Verantwortung übernimmt, kann man auch selbst die Ursachen zu erkennen versuchen – man ist nicht mehr hilflos ausgeliefert, und alleine dadurch kann sich das Befinden schon etwas bessern.

Visualisierung der Heilung

Ein Krebsspezialist, Dr. C.O. Simonton, hat inzwischen belegt, dass Menschen, die mit Kampfesmut ihrer Krankheit gegenüberstanden, erheblich bessere Chancen zur Heilung hatten als Patienten, die in ergebungsvoller Hoffnungslosigkeit die Diagnose akzeptierten. Er hat daraus, wenn Sie so wollen, ein magisches Heilungsprogramm entwickelt, das auf der Kraft der positiven Gedanken beruht, und damit nachweisbar gute Erfolge erzielt.

Gut bewährt haben sich inzwischen auch Visualisierungstechniken, bei denen Patienten darin unterstützt wurden, ihre körpereigenen Killerzellen zu aktivieren, die andere bösartige Zellen vernichten. Dieses Verfahren ist, wenn Sie es richtig betrachten, eine magische Technik. Nichts anderes machen Sie, wenn Sie sich in den erkrankten Körperteil versetzen und dort zum Beispiel heilendes Licht visualisieren. Auch mit dem buchstäblichen »Gesundbeten«, das nichts anderes als ein Heilungsritual mit Anrufung einer helfenden Gottheit ist, sind schon immer Erfolge erzielt worden. Bei allen Vorgehensweisen wird die Kraft des Körpers zur Selbstheilung gestärkt.

Mit einer gut ausgebildeten Visualisierungsfähigkeit kann man den Heilungsprozess bei Krankheiten und Verletzungen beschleunigen und die Selbstheilungskräfte aktivieren.

Krankheit als Schuld?

Verantwortung für eine Krankheit zu übernehmen heißt aber auch zu differenzieren. Gesundheit ist nicht die Abwesenheit von Krankheit. Es gibt chronisch kranke Menschen und auch Behinderte, die sich absolut nicht als krank bezeichnen lassen mögen. Es muss bei ihnen wohl eine Frage des Bewusstseins sein.

Eine bestimmte Richtung der Alternativmedizin ist allerdings auch schon wieder gefährlich geworden. Allzu fanatische Verfechter der »Selbst-dran-schuld«-Richtung können einem Patienten mehr schaden als nützen, wenn dieser sich plötzlich mit dem Problem alleine gelassen sieht, dass er jede Grippe, jede Infektion, jede krankhafte Veränderung selbst mit seinen versteckten Komplexen verursacht hat. Eine Schuldzuweisung hat noch niemandem bei der Heilung geholfen, und akutes Leid muss unbedingt gelindert werden. Darin ist die Schulmedizin inzwischen wirklich gut. Bei der Ursachenforschung sind Sie allerdings häufig auf sich selbst oder andere Heiler angewiesen.

Versuchen Sie doch einmal, gravierende Krankheiten und Unfälle in Ihrem Leben nicht nur als äußerst unangenehme Schicksalsschläge, sondern unter dem Gesichtspunkt der persönlichen Entwicklung zu betrachten.

Magische Selbsthilfe

Sie haben in Ihrem bisher schon mehrfach bearbeiteten Lebensrückblick sicher auch einige Perioden der Krankheit verzeichnet. Wenn nicht, tragen Sie das jetzt nach. Unter Krankheiten dürfen Sie ruhig weit gefasst vorgehen und von periodisch auftretenden Kopfschmerzen bis zu fremdverursachten Unfällen alles aufnehmen. Als Nächstes versuchen Sie, eine Synchronizität zu anderen Ereignissen in Ihrem Leben zu finden. Synchronizitäten – nicht Ursachen, sondern gleichzeitig aufgetretene Ereignisse unterschiedlichster Art.

So könnten Sie beispielsweise entdecken, dass Sie immer kurz nach dem Urlaub Zahnschmerzen bekommen. Oder in der Phase vor einer beruflichen Umorientierung ein unangenehmes Hautleiden hatten, das sich sang- und klanglos verflüchtigte, als Sie eine neue Stelle antraten. Ursache war vermutlich ein neues Medikament, dachten Sie.

Die Kraft von Heilsteinen kann vielseitig eingesetzt werden.

Prüfen Sie Ihr Leben gründlich, denn es kann Ihnen Aufschluss geben, in welchen Entwicklungsphasen bestimmte Symptome auftraten. Man kann eine solche Betrachtung immer erst im Nachhinein machen, wenn man nicht mehr von der Situation beeinflusst ist.

Im zweiten Schritt notieren Sie, woran Sie derzeit leiden. Wenn da nichts ist, können Sie sich freuen. Ansonsten machen Sie jeden Tag ein kleines Gesundheitsresümee, bei dem Sie das Symptom bezeichnen. Notieren Sie, in welcher Situation es auftrat und was Ihnen dazu intuitiv einfällt – Stimmung, Wetter, Verhalten anderer Menschen, Ängste… Seien Sie ehrlich zu sich selbst! Es ist erstaunlich, was man alles auf diese Art herausfindet, denn viele kleine, wichtige Anzeichen werden viel zu schnell vergessen.

Nach zwei Wochen werten Sie dann diese Aufzeichnungen aus. Analysieren Sie, welche Gefühle Sie notiert haben, und vergleichen Sie Ihre aktuellen Aufzeichnungen mit denen Ihrer Lebensrückschau. Sie werden gewisse

Zur magischen Ausbildung gehört es auch, das eigene Leben, die Vergangenheit, die Beziehungen, die Probleme und Freuden unter einem anderen Gesichtspunkt zu betrachten – ganzheitlich, intuitiv und mit dem Wissen, dass nichts ohne Grund geschieht.

Tendenzen feststellen, Defizite oder Überbewertungen. Mit diesem Material haben Sie schon eine ganze Menge an der Hand, ein persönliches Heilungsritual durchzuführen, etwa den Aufbau von Kraft, das Bannen von Angst, das Formulieren eines konkreten Wunsches.

Kraftritual

Bei akuten Problemen, die dazu führen, dass Sie das Bett hüten müssen, meist mit Fieber und Schmerzen, hilft es Ihnen, wenn Sie sich an Ihren Ort der Kraft zurückziehen und dort in der Stille Ihres geheimen Kraftspeichers versuchen, Ihre eigenen Energien zu mobilisieren.

Arzt oder Heiler

Eigentlich sollten Ärzte ja auch Heiler sein. Ich tue vermutlich den wahren Ärzten Unrecht, wenn ich sie mit den Geräte- und Verschreibungsmedizinern gleichsetze. Doch die Schulmedizin hat sich inzwischen von der wirklichen Heilkunde genauso weit entfernt wie die Computertechnik von der Magie, obwohl beide die gleichen Wurzeln haben. Für beide Betrachtungsweisen findet man in der Welt, so wie sie heute nun mal existiert, Verwendung. Je nach Problemstellung verwenden Sie das Internet oder die Telepathie. Das Internet für Fakten, die Telepathie für Gefühle und Bilder. Die Schulmedizin, um einen gebrochenen Knochen zu richten, einen entzündeten Blinddarm zu operieren, den Heiler oder die Heilerin, um die energetischen oder karmischen Blockaden zu beheben. Beide Richtungen zusammen machen den Erfolg aus.

Wer ein Heiler ist – nun, das müssen Sie für sich selbst herausfinden. Vielleicht ist es Ihre Freundin, die Ihnen mit rauen Worten die Leviten liest, vielleicht ist es die alte Eiche im Wald, an der Sie eine halbe Stunde Rotz und Wasser heulen, vielleicht ist es der Heilpraktiker mit seinen Edelsteinen oder Ihr innerer Führer, der Ihnen in Traum oder Trance einen deutlichen Rat gibt, was Sie tun sollten. Krankheitsursachen zu finden, Krankheit zu beenden hat immer etwas damit zu tun, dass Sie sich früher oder später den schattigen Ecken Ihres Unbewussten stellen müssen. Und davon handelt das nächste Kapitel.

Die Gerätemedizin hat die medizinische Praxis revolutioniert, der Einsatz moderner chemischer Medikamente konnte zahlreiche früher tödliche Krankheiten in den Griff bekommen. Aber es bleiben dennoch Schattenseiten. Die Schulmedizin nimmt den menschlichen Heilern die eigentliche Arbeit nicht ab.

Auf einen Blick

◎ Liebeszauber und Geldmagie waren für die niedrige Magie oder die Volksmagie schon immer ein besonders wichtiges Anliegen. Dementsprechend abstrus sind einige dieser Zaubermittel.

◎ Wahre Liebe kann man nicht herbeibeschwören, aber man kann liebenswürdig werden, offen für die Liebe sein, dann kommt sie auch.

◎ Hinter dem Tauschmittel Geld steht ein Wunsch. Diesen Wunsch sollten Sie sich erfüllen. So werden Sie glücklich.

◎ Gesundheit, der dritte Hauptwunsch der Menschen, hängt eng mit dem Bewusstsein zusammen – und das kann die Magie positiv beeinflussen.

Die dunkle Seite des Mondes

Wir sind noch immer bei der weißen Magie, auch wenn wir uns jetzt auf ihre gefährliche Seite begeben. Wie eingangs bereits bemerkt – ja, Magie kann gefährlich sein. Sie muss es sogar sein, denn die magischen Kräfte sind stark und haben große Macht. Ich habe mich bemüht, Sie bis hierher auf einem heiteren Pfad zu führen, der Ihnen vielleicht spannende geistige Abenteuer und zitternde Erwartungshaltungen beschert, aber hoffentlich noch keine Angst gemacht hat. Sie haben die Übungen zur Bewusstseinserweiterung ausprobiert, die vielfältigen Möglichkeiten erkannt, die in Ihrem Geist stecken. Jetzt ist es an der Zeit, sich der Angst zu stellen. Sie müssen es tun, denn ohne diese Konfrontation werden Sie nie ein Ganzes werden. Denken Sie an das Symbol des Yin und Yang. Nur zusammen bilden die schwarze und die weiße Fläche einen Kreis – das Symbol der Einheit.

Auch die weiße Magie hat ihre dunklen Seiten, denn kein Mensch ist von reinem, weißem Licht erfüllt. Es gibt kein menschliches Wesen, das nicht Schuld und Verstrickungen auf sich geladen hätte, das ist das Schicksal des Menschen.

Wanderung im Schatten

Die Wanderung im Schatten ist eigentlich auch nichts anderes als eine Trancereise, nur unter ein wenig anderen Bedingungen. Bislang galt der Rat, allen unheimlichen Wegen, allen Angst machenden Gestalten auszuweichen und sich in den lichten Landschaften der Seele zu bewegen.

Bild links: Man muss sich auch der dunklen Seite des Mondes stellen.

Jetzt gehen wir die Konfrontation mit den Schatten ein. Sie kennen inzwischen genug von den magischen Techniken, um gewappnet zu sein. Trotzdem, unternehmen Sie eine solche Wanderung nicht, wenn Sie sich schwach fühlen, gefühlsmäßig im Ungleichgewicht sind oder akute Probleme haben. Sie haben Zeit, niemand drängt Sie dazu, diesen Kampf aufzunehmen. Wenn Sie diese Reise nur aus Neugier machen, finden Sie entweder Ihren Gegner nicht oder Sie klappern noch tagelang danach mit den Zähnen, weil Ihnen Schrecken begegnen, die Sie nicht so ohne weiteres bekämpfen können. Gehen Sie guten Mutes und ohne Angst auf die Reise.

Die Unterwelt

Wir gehen mit der Wanderung im Schatten durch unsere eigene Unterwelt. Sie hat viele Ebenen, manche ganz nah an der Oberfläche, andere tiefer unten, wo die kollektiven Ängste hausen. Die oberen Ebenen sind von den persönlichen Unholden bevölkert, den Ängsten aus der Kindheit, den verdrängten unangenehmen Erfahrungen, den Niederlagen und Demütigungen. Sie sind es, die zuerst ans Licht gebracht werden müssen. Lassen Sie die kollektiven Ängste zunächst ruhen, das Ziel, die erste Ebene der persönlichen Hölle aufzuräumen, ist schon Aufgabe genug für Monate.

> Die persönlichen Schatten werden schon in der Kindheit gebildet, es ist ein ganz natürlicher Vorgang, der durch die Umwelt und die eigenen Erfahrungen gefördert wird.

Wenn Sie sich bereit fühlen, haben Sie zwei Möglichkeiten: Entweder Sie kennen schon einen der verborgenen Schatten, oder Sie wollen einen identifizieren. Meistens kennt man schon den einen oder anderen dunklen Freund. Verfolgen Sie Ihre Träume – was oder wer darin macht Ihnen Angst? Das ist eine der Möglichkeiten, mit dem Schatten bekannt zu werden. Die andere Möglichkeit ist

In der Symbolik von Yin und Yang wird die Ganzheit dargestellt, das Helle im Dunkeln, das Männliche im Weiblichen und umgekehrt.

viel unbequemer, denn diese Schatten sind fast immer die Eigenschaften, die man in anderen Menschen sieht und bei ihnen verachtet. Psychologen behaupten, dass man eigene ungeliebte Eigenschaften auf andere projiziert. Was also stört Sie an anderen am meisten? Das ist eine äußerst unbequeme Frage, denn niemand gibt gerne zu, dass er genau die Fehler hat, die er bei anderen kritisiert. Und trotzdem stimmt es oft.

Erkennen unangenehmer Eigenschaften

Machen Sie in Ihrem magischen Tagebuch auch dazu eine Liste, und prüfen Sie sich selbst mit großer Ehrlichkeit. Dann wählen Sie eine der Eigenschaften aus und versuchen ein Symbol dafür zu finden. Sie kennen inzwischen genügend Symbole aus den magischen Modellen des Tarot oder der Astrologie.

Wenn Sie einen Menschen haben, dem Sie so vertrauen,

Das Projizieren eines Schattens wird auch als das Abschießen eines Zauberpfeiles bezeichnet, der an der weichen Stelle des Gegenübers hängen bleibt und damit sichtbar wird.

dass Sie ihm auch Ihre negativen Seiten anvertrauen können, bitten Sie ihn, während Ihrer Wanderung dabei zu sein. Sprechen Sie dann während der Trance über das, was Sie sehen, und lassen Sie sich von ihm gegebenenfalls zurückführen.

Vorbereitung der Trancereise

Auf jeden Fall sollten Sie bereits Erfahrung mit Trancereisen haben, einen wirklich schönen Ort der Kraft für sich geschaffen haben und auch die wesentlichen Symbole und rituellen Handlungen kennen, bevor Sie anfangen.

Zur Vorbereitung führen Sie sinnvollerweise ein Ritual durch, das Ihnen das Gefühl gibt, geschützt und geborgen zu sein. Reinigen Sie Ihren magischen Raum durch Räucherwerk oder Salzwasser, reinigen Sie sich selbst mit einer magischen Dusche aus weißem Licht.

Nehmen Sie anschließend Ihre magischen Werkzeuge, und legen Sie das Schwert oder Messer in die östliche Richtung, den Stab nach Süden, den Kelch nach Westen und die Scheibe oder das Pentagramm nach Norden.

Ziehen Sie den magischen Kreis um sich herum, und zeichnen Sie dabei das bannende Pentagramm in jede Himmelsrichtung. Bereiten Sie so Ihre Trance vor.

Begegnung mit einem Schatten

Wenn Sie bereits wissen, mit welcher Ihrer dunklen Seiten Sie sich auseinander setzen wollen, benennen Sie sie, und zeichnen Sie das zugehörige Symbol oder auch den Namen des Schattens, mit dem Sie sich treffen wollen, auf den Vorhang. Wenn Sie wollen, stellen Sie sich das Schild oder das Schwert in Ihrer Hand vor, je nachdem, wie Sie dem begegnen wollen, was Sie erwartet. Aber stellen Sie es sich bitte nur vor, nehmen Sie es nicht wirklich in die Hand, damit es keine ungewollten Verletzungen gibt.

Wenn der Vorhang aufgeht, werden Bilder und Situationen entstehen, die dem Schattenprinzip entsprechen. Gehen Sie ihnen diesmal nicht aus dem Weg, sondern nehmen Sie sie an. Ihre bereits erworbenen magischen und positiven Kräfte helfen Ihnen dabei, sich mutig auf den dunklen Weg zu begeben.

Die andere Möglichkeit besteht darin, sich wie üblich auf den Weg in die andere Welt zu machen und hier den ersten Weg einzuschlagen, den Sie bisher gemieden haben, und sich dem zu stellen, was dann auf Sie zukommt.

Drohende Gefahren

Sie können in bedrängende Situationen kommen, der Weg kann in einen Abgrund führen, Sie können zwischen Mauern erdrückt werden, in dunklen Höhlen gefangen sein. Sie brauchen Mut, um weiterzugehen. Mut schenkt Ihnen der Stab, er ist bei Ihnen. Benutzen Sie ihn, um Mauern zu überklettern oder Steine herauszuhebeln, Sie können ihn zum Brennen bringen und als Fackel im Dunkeln benutzen. Seien Sie sich immer bewusst, dass Sie ihn zu Ihrem Schutz bei sich haben, setzen Sie ihn ein. Wenn nötig, soll Ihr Trancebegleiter Sie daran erinnern.

Sie begegnen dunklen Gestalten, die versuchen werden, Sie einzufangen. Wehren Sie sich, Sie sind bestens dazu gerüstet. Sie haben Schild und Schwert bei sich. Das Schwert ist nicht nur zum Zuschlagen da. Wenn Sie kein Kämpfertyp sind, nutzen Sie seine analytische Macht des scharfen Verstandes. Versuchen Sie herauszufinden, wie

> Haben Sie keine Angst vor der Reise durch die Welt der Finsternis. All Ihre magischen und positiven Kräfte stehen Ihnen auf dem Weg durch die Dunkelheit zur Verfügung.

die Schatten heißen, die Sie bedrohen. Der Name verleiht Ihnen Macht über sie. Erschreckend sind nicht schaurig aussehende Monster, wie sie uns Horrorfilme vorspielen, sondern Wesen, die Sie kennen, die Ihnen vertraut sind, die vielleicht das Gesicht Ihres Vaters tragen oder das von Freunden. Kämpfen Sie darum, die Kontrolle über die Situationen und Schatten zu gewinnen, Sie haben alles dabei, was dazu nötig ist. Sie können fliegen, Sie können fallen, Sie können bannen und herausfordern. Nichts kann Sie aufhalten, wenn Sie sich nicht aufhalten lassen, denn Sie haben alle guten Mächte auf Ihrer Seite.

Verschmelzen im Kelch

Sie werden stark durch die Angst, und wenn Sie Macht über die Monster im Schatten gewonnen haben, reichen Sie ihnen den Kelch. Im Kelch vermischen sich die Substanzen, im Kelch vermengt sich der Schatten mit dem Licht, das Dunkle löst sich auf, und es entsteht eine neue Qualität. Mit dem Vermischen nehmen Sie den Schatten zu sich und wandeln ihn um. Sie akzeptieren eine negative Eigenschaft an sich selbst und müssen nicht mehr gegen sie ankämpfen. Sie müssen sie auch nicht mehr auf anderen abbilden, nur um dann mit dem Finger darauf zu zeigen.

> Die Reise durch das Schattenreich machen Sie nicht nur für sich selbst. Mit der Annahme Ihres eigenen Schattens wird auch der kollektive Schatten der Welt ein bisschen kleiner.

Wenn Sie Ihren Schatten erkennen und begreifen, müssen Sie an der Stelle keine Maske mehr tragen, um ihn schamhaft zu verstecken. Die Persona, die Maske, die das Selbst trägt, wird ehrlicher, Sie werden wieder ein bisschen mehr Sie selbst.

Wenn Sie nicht mehr gegen unbekannte Schatten kämpfen, haben Sie mehr Energie für die positiven Dinge des Lebens.

Kehren Sie zu Ihrem Ausgangsort der Wanderung zurück, schließen Sie alle Türen und Vorhänge hinter sich, und steigen Sie wieder ins Hier und Jetzt auf. Danken Sie für die Führung, die Sie erhalten haben, erden Sie sich, lösen Sie den magischen Kreis auf.

Schreiben Sie Ihre Erfahrungen unbedingt in Ihrem magischen Tagebuch nieder.

Es kann sein, dass Ihnen die Konfrontation und das Annehmen nicht gleich beim ersten Mal gelingen. Lassen Sie sich Zeit, aber geben Sie nicht auf. Mit jedem Versuch wird dennoch irgendwo eine dunkle Ecke in Ihrem Unbewussten etwas heller.

Beschwörung der Dämonen auf historische Art

In alten Zauberbüchern wurde dem Magier empfohlen, zu nachtschwarzer Stunde an einen verrufenen Kreuzweg zu gehen. Dort zieht er mit seinem Stab den magischen Zirkel um sich herum und beschriftet ihn rundum mit den Namen von Engeln und Dämonen. Er darf sich anschließend durch keine List der beschworenen Geister dazu verleiten lassen, diesen Kreis zu verlassen, sonst ist er ihnen wehrlos ausgeliefert. Räucherwerk steigt in grauen, sinnbetörenden Schwaden auf, und der Magier zitiert mit rhythmischem Sprechgesang die Teufel und Dämonen herbei, die er dann mit Zauberformeln bezwingt, ihm zu Diensten zu sein. Meist geht es dabei um das Herbeischaffen verborgener Schätze.

Verwandlung der Welt

Was glauben Sie, hat dieser Magier gemacht? Richtig, er hat sich in einer Trance mit seinen Schatten getroffen, sie bezwungen und anschließend einen verborgenen Schatz gefunden. Es ist der gleiche Vorgang mit anderen Worten.

Mit der Annahme des Schattens haben Sie Ihr Bewusstsein gewandelt, und mit dem Bewusstsein wandeln Sie – so sagt die Magie – die Welt. Sie werden reicher und vollständiger, denn hinter den Schatten verbergen sich auch die Schätze des Unbewussten. Es mag sogar sein, dass Sie nach einiger Zeit über sich selbst und den Schatten lachen können. Und das ist das Beste, was Ihnen überhaupt passieren kann, denn Lachen treibt den Teufel aus! Und damit kommen wir zu eben diesem Herrn.

Schwarze Magie

Es wäre völlige Ignoranz, einfach zu sagen, dass es keine schwarze Magie gibt. Sie wird betrieben von Menschen, die Macht über andere haben wollen, die mit Angst und Schrecken, mit Demütigung und Verachtung schnelle Erfolge erzielen wollen. Das Erschreckende ist, dass es ihnen auch gelingt.

Wie Sie bisher gesehen haben, steckt weiße Magie in fast allen alltäglichen Tätigkeiten und ist, wenn man gelernt hat, auf die Zeichen zu achten, jederzeit greifbar und einsetzbar. Manchmal nennen wir es nur nicht Magie.

Die Kräfte der schwarzen und der weißen Magie sind einander entgegengesetzt. Schwarze Magie ist geboren aus dem Wunsch, Macht über andere Menschen zu gewinnen, weiße Magie weckt die Kraft in einem selbst.

Manipulation

Genauso ist es mit der schwarzen Magie. Jeder, der uns mit unseren Ängsten und Schuldgefühlen manipulieren kann, betreibt schwarze Magie. Das muss gar nicht so geheimnisvoll ablaufen, wie man es aus alten Zauberbüchern kennt. Ein simples, alltägliches Beispiel ist die Werbung. Wenn Ihnen das Schreckensbild schmuddeliger Wäsche deutlich genug dargestellt wird, werden Sie verunsichert auf Ihr T-Shirt schauen und beschließen, das nächste Mal doch besser dieses angepriesene Superwaschmittel zu kaufen. Auch wenn es etwas teurer ist als das derzeit verwendete. Dieser Vorgang ist zwar noch nicht besonders tragisch, aber er gehorcht dem Prinzip der schwarzen Magie. Wenn größere, tiefer sitzende Ängste berührt werden, wird es viel gefährlicher. Die Angst vor Fremden kann durch solche Manipulationen zu hasserfüllten Ausschreitungen führen, die Angst vor Versagen kann bis zum Selbstmord gehen.

> Schwarzmagische Angriffe können nur dann wirken, wenn sich ihnen ein williges Ziel zur Verfügung stellt – es gibt immer eine Beziehung zwischen dem Ausführenden und dem Opfer.

Negative Gedanken

Negative Gedankenformen – Verachtung, verletzende Bemerkungen, Beleidigungen, das neudeutsche Mobbing – nisten sich bei uns ein und wirken zerstörerisch auf die Person. Wenn Ihnen jemand ständig – vielleicht sogar höflich und hilfsbereit – zu verstehen gibt, dass Sie Ihre Arbeit nicht gut machen, dann nagt das am Selbstbewusstsein. Diese Gedankenformen haben wir im positiven Sinne kennen gelernt, wo sie bei genügender Energiezufuhr sogar zu Göttern werden. Negativ geladen werden sie zu Energievampiren, Dämonen und Teufeln.

Aber nicht nur andere betreiben diese Form der schwarzen Magie. Seien Sie einmal ehrlich zu sich selbst, und prüfen Sie sich, wie oft Sie der Versuchung erliegen, andere zu verletzen. Und auch ein saftiger Fluch rutscht uns gelegentlich über die Lippen, wenn besonders unangenehme

308 Die dunkle Seite des Mondes

Darstellungen von Dämonen finden sich selbst in der Architektur.

Steigern Sie sich nicht in Ängste vor einer Bedrohung durch schwarzmagische Praktiken. Wenn Sie Ihre Schwachstellen und Ängste kennen, sind Sie vor Angriffen der schwarzen Magie geschützt.

Zeitgenossen unsere Nerven strapazieren. Es lässt sich manchmal nicht vermeiden, doch schärfen Sie Ihre Sensibilität für solche Situationen. Es ist sehr nützlich, sich vor Augen zu halten, dass irgendwann, irgendwie etwas auf Sie als Verursacher zurückfällt. Sie kennen inzwischen genug magische Techniken, um die Realität wirkungsvoll zu beeinflussen. Hüten Sie sich, Sie zum Schaden anderer einzusetzen.

Schwarzmagische Angriffe sind selten

Die schwarze Magie kennt den Fluch, den Zauberspruch, der einem anderen oder dessen Besitz Schaden zufügen will. Es gibt auch heute noch genügend Magier, die derartige Aufträge annehmen und – gegen Bezahlung natürlich – Schadenszauber betreiben. Der Auftraggeber allerdings ist der eigentliche Bösewicht in dem Spiel, denn er ist es, der den Hass produziert, den der Magier lenkt, um die Ängste des Empfängers zu aktivieren.

Jetzt fangen Sie bitte nicht gleich vor Angst zu zittern an. Führen Sie aber auch keinesfalls jedes Missgeschick oder jeden Albtraum darauf zurück, dass Ihnen jemand einen Fluch hinterhergejagt hat. Eine solche Furcht ist meist völlig grundlos und führt nur zu einer gepflegten Paranoia. Denn so etwas geschieht ganz selten. Große und wirksame Schadenzauber sind aufwändig und bergen eine gewaltige Gefahr für den Absender, da sie ja irgendwann auf ihn zurückfallen. Manche Menschen prahlen in einer Unterhaltung über Magie damit, welchen fürchterlichen magischen Angriffen sie schon ausgesetzt waren, welche Bann- und Auflösungsriten sie ausführen mussten, damit der Fluch von ihnen genommen werden konnte. In der nichtmagischen Welt sind das diejenigen, die immer eine Ausrede haben, warum sich in ihrem Leben nichts vernünftig regelt. Da sind dann die Eltern schuld, der Arbeitgeber, die Nachbarn, der Kegelbruder, die Handwerker... Nur an ihnen selbst liegt es nie. Bezeichnend für solche Personen ist es, wenn sie dann noch die Ausrede finden, dass sie von einer anders denkenden magischen Gruppe verflucht wurden.

Schutz vor schwarzmagischen Angriffen

Schlecht gemachte Flüche wirken nicht, gut gemachte nur dann, wenn sie eine Angriffsfläche finden. Die Angriffsfläche sind Ihre Ängste, die Schatten, die im Unbewussten lauern.

Selbstverständlich können Sie Bann- und Schutzrituale durchführen oder ein Schutzamulett herstellen, wenn es

> Den allerbesten Schutz gegen schwarzmagische Angriffe haben Sie, wenn Sie sich Ihrer Ängste bewusst sind oder sie bei der Wanderung im Schatten transformiert und zu einem bewussten Teil Ihres Selbst gemacht haben. Das gilt übrigens genauso bei Mobbing und übler Nachrede. Eine verletzende Bemerkung kann nur weh tun, wenn es wirklich etwas zu verletzen gibt.

Ihnen eine größere Sicherheit gibt. Dazu sind diese magischen Techniken da. Aber das alleine reicht nicht. Versuchen Sie immer wieder, sich die Frage zu beantworten, warum eine Bemerkung weh tut. Welche Angst, welcher Schatten wurde damit in Ihnen selbst aufgerührt? Das magische Prinzip sagt, dass man Macht über alles hat, dessen Namen man kennt. Benennen Sie Ihre Angst, und dann lachen Sie über den schwarzmagischen Angriff – denn Lachen treibt den Teufel aus.

Schwarze Messen

Bei diesem Thema hört nun allerdings das Lachen auf. Leider verführt der kribbelnde Horror, der in Film und Fernsehen verbreitet wird, sehr oft vor allem junge Menschen dazu, Macht über andere durch das Ausüben schwarzer Messen, die Rituale der schwarzen Magie, zu gewinnen. Diese Rituale sind verbrecherisch. Sie basieren auf den Gefühlen von Hass und Ekel und weiden sich an dem Grauen, das sie verursachen. Im besten Fall sind sie schlicht geschmacklos. Wenn Sie Anzeichen von schwarzen Messen in Ihrer Umgebung feststellen, ist der einzig richtige Weg, die Polizei zu benachrichtigen. Versuchen Sie gar nicht erst, mit Ihren magischen Fähigkeiten dagegen anzugehen.

Auf einen Blick

◉ Stellen Sie sich den Schatten, die in Ihnen selbst im Unbewussten lauern, geben Sie ihnen einen Namen, und bekämpfen Sie sie.

◉ Schwarze Magie ist nichts anderes als Manipulation. Wenn Sie sich nicht manipulieren und verletzen lassen, wenn Sie sich selbst mehr als anderen vertrauen, hat sie keine Gewalt über Sie.

◉ Schwarze Messen sind verbrecherischer Unsinn. Zeigen Sie solche Vorfälle unverzüglich bei der Polizei an.

Der Weg der Einweihung

Sie haben jetzt eine Einführung in die weiße Magie durchgearbeitet. Ich schreibe mit Absicht »eine Einführung«, denn die Magie ist ein so weites und tiefes Gebiet, dass wohl keiner behaupten kann, es in seinem ganzen Umfang zu beherrschen. Es gibt unendlich viele Möglichkeiten und Freiheiten darin, die Sie nach Lust und Laune lernen und ausüben können. Denken Sie bei allem, was Sie tun, ob im magischen Bereich oder im täglichen Leben, daran: Einen Zauber wirken heißt, mit dem Verstand (dem Schwert) einen Wunsch zu analysieren und zu formulieren, mit dem Willen (dem Stab) den Wunsch weiterzuleiten, ihn im Unbewussten (dem Kelch) wirken zu lassen und dann in Materie (der Scheibe) zu manifestieren.

Die Einweihung

Als Sie zur Schule kamen, wurden Sie in das Geheimnis des Lesens, Schreibens und Rechnens eingeweiht. Ihre Lehrer stellten Ihnen auf mehr oder weniger eingängige Weise das Faktenwissen zur Verfügung. Sie selbst haben fleißig gelernt und den neuen Stoff begriffen. Und dann kam der Tag der Prüfung, an dem Sie selbstständig die ersten Rechenaufgaben lösen, ein Diktat fehlerfrei schreiben oder einen Text fließend lesen mussten. Sobald Sie das beherrschten, galten Sie als Eingeweihter des Grundschul-

Sie haben Ihr ganzes Leben lang bereits Einweihungen in das eine oder andere Gebiet erhalten – in der Magie ist das nicht anders. Auch hier werden Ihre Fortschritte in einem Ritual gefeiert.

Bild links: Magie zu erlernen bedeutet auch, die Einheit von innerer und äußerer Natur zu erkennen.

wissens und durften zur Belohnung eine Klasse aufrücken. Sie sehen selbst: Auch im ganz normalen Alltagsleben gibt es immer wieder die Einweihung in ein Wissensgebiet, in eine neue Entwicklungsstufe.

Initiationen

Auf dem Weg der Magie wird ebenfalls Wissen vermittelt – das des analogen Denkens und des magischen Weltbildes. Und eine ganze Szene lebt davon, als Lehrer aufzutreten, um es Ihnen nahe zu bringen. Damit die Sache schmackhaft wird und der Schüler bei der Stange bleibt, werden Prüfungen abgelegt. Diese Prüfungen nennt man dann Initiationen, und sie werden je nach Stilrichtung mit beeindruckenden Ritualen gefeiert. Dabei werden magische Grade vergeben oder Titel und geheime Namen verliehen. Dann kommt der nächste Lehrstoff aus dem Bereich der Mysterien und Geheimnisse, die nächste Prüfung, der nächste Grad. Wenn es sich um einen magisch begabten Schüler handelt, wird ihm das nicht schaden. Einen Menschen, der die Magie nur wegen des exotischen Kitzels oder um der Macht willen betreibt, wird diese Form voraussichtlich zu einem arroganten Schnösel machen, der sich in der Rolle und Maske des geheimnisumwitterten Magiers wichtig nimmt.

Die Erleuchteten werden auch Illuminaten genannt und bilden sich darauf manchmal eine ganze Menge ein. Ein bedeutender Freimaurerorden gab sich den Namen »Illuminaten«.

Ihre persönliche Initiation

Sie haben sich jetzt durch beinahe das ganze Buch hindurchgearbeitet und sind in Kontakt mit vielen Ideen und Übungen gekommen. Irgendetwas davon wird Sie berührt haben, wird Ihnen die Augen für eine andere Sicht der Welt geöffnet haben. Sie dürfen sich also zumindest für diesen Lehrstoff als eingeweiht betrachten. Leider kann ich Ihnen dafür keinen Titel verleihen.

Es ist nicht ausgeschlossen, dass Sie während der Übungen und der Analysen Ihres bisherigen Lebens auch Wissen und Erkenntnisse über diesen Lesestoff hinaus gewonnen haben. Erkenntnisse Ihrer selbst, der erweiterten Grenzen Ihres Bewusstseins, Ihrer magischen Fähigkeiten auf dem einen oder anderen Gebiet – und auch Ihrer Schatten.

Erreichte Entwicklungsstufen

Die Initiation kennzeichnet einen Übergang oder eine innere Wandlung. Diese Vorgänge geschehen normalerweise langsam und unauffällig. Die plötzliche Erleuchtung, nach der die ganze Welt in einem anderen Gesicht erscheint, gibt es zwar auch, ist aber eher eine Ausnahmeerscheinung. Sie kommt am wenigsten zustande, wenn man gezielt darauf hinarbeitet. Darum seien Sie also überaus kritisch, wenn Ihnen jemand »Erleuchtung« verspricht oder sich gar als »Erleuchteter« bezeichnet.

Im Laufe der magischen Praxis wird die Fähigkeit zur Konzentration immer besser entwickelt, der Konzentrationszustand immer tiefer.

Wenn Sie also Ihr magisches Tagebuch jetzt zur Hand nehmen und darin Ihre Fortschritte überprüfen, werden Sie feststellen, dass sich etwas gewandelt hat. Was es ist, wie die einzelnen Schritte aussahen, wie sie bewertet werden können, das können nur Sie selbst beurteilen.

Wenn Sie sich mit einem Freund oder einer Freundin zusammen auf den Weg der Magie gemacht haben, können Sie natürlich auch gemeinsam diese Untersuchung durchführen, und wenn Sie glauben, einen Abschnitt auf dem Weg erreicht zu haben, können Sie ein Ritual dazu durchführen, in dem Sie Ihren inneren Führern und Lehrern für die Unterweisungen danken.

Initiationsträume

Achten Sie auf Ihre Träume, vor allem wenn sie sich auf Schulen, Lehrer und Prüfungen beziehen. Diese Träume können Ihnen zeigen, wo Sie in Ihrer magischen Entwicklung stehen.

Ein sehr deutlicher Hinweis dafür, dass eine Initiation stattgefunden hat, ist immer dann gegeben, wenn Sie in Ihren Träumen Prüfungen zu bestehen haben. Diesen Prüfungsträumen gehen oft wochenlang Träume voraus, in denen man sich mit komplizierten Stundenplänen, verwinkelten Schulgebäuden, Büchern und Aufgaben herumplagen muss oder auch Szenen aus der Schulzeit oder dem Studium auftauchen. Bis dann eines Tages die entscheidende Prüfung ansteht. Wenn Sie aus einem solchen Traum aufwachen, wissen Sie, dass sich eine neue Tür geöffnet hat, dass Sie den Zugang zu einer neuen Entwicklungsstufe Ihres Inneren vor sich liegen haben.

Gegenstände der Initiation

Ein anderes Indiz für eine Initiation ist die Übergabe von magischen Gegenständen, das können entweder die vier Werkzeuge sein oder auch etwas, von dem Sie spontan »wissen«, dass es ein Zeichen ist. Solche Vorgänge müssen nicht nur im Traum oder in der Trance geschehen, sondern passieren auch ganz konkret in der materiellen Welt. Sie finden eine Schale, von der Sie wissen, dass es Ihr Kelch ist, eine Art Déjà-vu-Erlebnis. Oder Sie finden etwas, von dem Sie die Nacht zuvor geträumt haben, auf einem Spaziergang oder auf einem Flohmarkt. Sie erinnern sich, das nennt man Synchronizitäten – mit ihnen arbeitet die Magie. Achten Sie darauf.

Magische Titel und magischer Name

Mit magischen Titeln wird viel laut tönende Propaganda betrieben. Da gibt es so merkwürdige Wesen wie Druiden und Erzdruiden, Schamanen und Eruler (das sind Runenmagier), Goden und Frater, Wicca-Priester und weise Frauen. Vergessen Sie das alles. Es ist schon schlimm genug, dass man in der nichtmagischen Welt seine Wände mit Diplomen pflastern muss, um seinen Rang in der Gesellschaft zu demonstrieren. Vergessen wir doch nicht, dass die magische Welt die andere Welt ist, dort sind diese Beweise der eigenen Großartigkeit nicht notwendig. Die Welt der Magie ist Ihre innere Welt, der Raum Ihres Bewusstseins. Wenn Sie wissen, dass Sie zaubern können, brauchen Sie kein Schild an der Tür.

> Einen Gegenstand, der Ihnen Wissen über die Schritte der Initiation vermittelt, können Sie auf Ihren Altar legen oder in Ihren »Medizinbeutel« geben.

Namensgebung

Mit dem magischen Namen ist es allerdings etwas anderes. Den müssen Sie nicht erwerben, sondern Sie erhalten ihn irgendwann. Und zwar erst dann, wenn Sie in der Lage sind, ihn ganz für sich zu behalten. Vorher werden Sie ihn nicht erfahren, also suchen Sie gar nicht erst danach. Sie wissen ihn ganz plötzlich. Sie wachen eines Morgens auf und wissen – das ist er. Sie treffen auf einer Trancereise, in

Schwerelos und losgelöst von der realen Welt können wir im Traum ungeahnte Daseinsstufen erfahren.

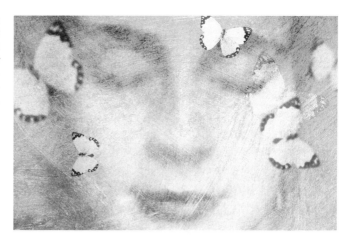

einem Ritual einen Führer, einen Gott oder eine Göttin, die Ihnen den Namen nennen. Und um Ihre Frage zu beantworten: Nein, Ansha ist kein magischer Name. Es ist ein Pseudonym. Meinen magischen Namen kenne nur ich.

Eingeweiht – und jetzt?

Sie haben Ihre Prüfung bestanden, Sie haben eine neue Sicht der Dinge, Sie kennen eine ganze Reihe magischer Techniken, können zaubern und in anderen Welten reisen. Was machen Sie jetzt damit? Weiteres Wissen erwerben, neue Gebiete erobern, Trancen vertiefen, mächtigere Kräfte anrufen? Für eine Weile mag das gehen, es gibt so viel zu lernen und zu staunen auf dem Weg der Magie. Doch irgendwann muss die Aufnahme von Wissen auch zu einer Reaktion nach außen führen, sonst tritt der unangenehme Fall der magischen Verstopfung ein.

Lassen Sie Ihre Magie nicht nur für sich, sondern auch nach außen wirken – weiße Magie dient dem Wohl der Menschheit und erzieht zur Achtung allen Lebens.

Magie weckt die kreativen Kräfte in Ihnen, Sie müssen sie irgendwann einmal ausdrücken, um dadurch mit dem Rest der Welt in Kontakt zu treten. Nicht um zu missionieren, um anderen Ihr magisches Weltbild zu verkaufen, sondern um die Welt ein bisschen besser, ein bisschen schöner zu machen. Das geschieht durch Kunst – jede Art von Kunst. Malen, dichten, komponieren oder bildhauern Sie, wenn Ihnen das liegt. Wenn nicht, kochen Sie, legen Sie einen Garten an, entwerfen Sie Kleider, choreographieren Sie Tänze, schreiben Sie ein Computerprogramm, oder machen Sie ganz einfach aus Ihrer alltäglichen Arbeit ein Kunstwerk. Wenn Sie etwas tun, von dem Sie wissen, dass es im Einklang mit Ihnen selbst ist, wird es ein »bezauberndes« Kunstwerk und macht für andere die Welt schöner. Das wird auch Ihre Umgebung spüren. Und wenn dann jemand zu Ihnen sagt, Sie seien wirklich eine weise Frau oder ein Weiser, seien Sie stolz darauf.

Die Seelenlandschaft

Wenn Sie die Möglichkeit haben, fern von den Ballungszentren in einer klaren, wolkenlosen Nacht in den Ster-

Unbekannt und verlockend liegt der Weg in die magische Welt vor uns. Was wird hinter der nächsten Biegung an neuen Wundern auf uns warten?

> Das Ziel der Wanderung ist der Kontakt mit Ihrer Seele, der Weg in diese innere Wunderwelt ist voller Zauber und Magie. Um das zu erfahren, müssen Sie nur den ersten Schritt wagen.

nenhimmel zu schauen, dann werden sich nur die Hartgesottensten unter Ihnen dem Hauch der Unendlichkeit entziehen können, denn hier liegt der Ursprung aller Magie. Sie haben begonnen, sich auf den Weg der Magie zu machen, und er ist, wie alle anderen Wege auch, manchmal uneben, manchmal gewunden. Mal ist er steil, mal abschüssig, hat Seitenwege und Umleitungen, einige Stellen sind gesperrt, hin und wieder findet man Abkürzungen. Sie werden auch nicht umhin kommen, eine Weile im Schatten zu wandern, doch Sie werden auch entdecken, dass in die dunkelsten Stunden, in die finstersten Ecken das Sternenlicht fällt. Denn die Magie ist ein heiterer Weg. Heiter nicht nur im Sinne von fröhlich, sondern auch heiter wie ein schöner Tag. Stellen Sie sich vor, Sie stehen auf einem Berggipfel, und die graue Wolkendecke reißt auf. Der Nebel hebt sich, und strahlendes Sonnenlicht überflutet das Land.

Wenn das Licht die Landschaft erhellt und ihre Konturen scharf hervorhebt, erkennen wir ihre Struktur, ihre Formen. Wie sich Bäche zu Flüssen vereinigen, wie Pfade, Wege und Straßen zu ihrem Ziel führen, wie die Wolken ziehen und die Tautropfen auf den Blütenblättern blitzen. Dann erleben wir einen magischen Augenblick, und das ist immer auch ein heiterer Moment. Diese wunderbare Landschaft ist auch in Ihnen, sie wartet darauf, erhellt zu werden. Sie werden im Licht neuer Erkenntnisse Ihre Möglichkeiten sehen und lernen, sie einzusetzen, um ein reiches und erfülltes Leben zu führen. Nicht alles wird funktionieren, aber manches wird sehr schnell zu überraschenden Ergebnissen führen. Folgen Sie Ihrer inneren Stimme, Ihrer Intuition, Ihren Träumen – folgen Sie Ihrer Seele und Ihren Göttern, werden Sie ganz Sie selbst.

Kein Winkel der Seele muss in ewiger Dunkelheit bleiben. Denn die weiße Magie ist voller Liebe, wie diese Anrufung hoffnungsvoll ausdrückt:

> In dunkler Nacht und tiefer Not,
> bei Angst und Furcht, wenn Zweifel droht,
> bei Freude, Glück und Fröhlichkeit,
> bei Schmerz und großer Einsamkeit
> ruft uns, die Hüter allen Lebens,
> vertraut, ihr bittet nicht vergebens.
> Ihr Menschen wisst,
> seid nicht allein.
> Denn Liebe ist – wird immer sein.

Die Reise in die Welt der Seele kann spannender und erhellender sein als jede noch so turbulente Reise zu realen Schauplätzen. Und sie hat einen unvergleichlichen Vorteil – sie führt zur Selbsterkenntnis und damit zu einem glücklichen und erfüllten Leben.

Auf einen Blick

◉ Eine Initiation ist eine Prüfung. Initiationen werden je nach magischer Stilrichtung mit beeindruckenden Ritualen gefeiert. Dabei werden magische Grade, Titel und geheime Namen verliehen.

◉ Die eigentliche Initiation geschieht in Ihrem eigenen Bewusstsein. Sie kennzeichnet einen Übergang und eine innere Wandlung.

◉ Wenn Sie einen Prüfungstraum haben, wissen Sie, dass sich eine neue Tür geöffnet hat.

◉ Wenn Sie etwas tun, das im Einklang mit Ihnen selbst ist, wirken Sie ein »bezauberndes« Kunstwerk und machen für andere die Welt schöner.

Analogietabellen

Die Analogietabellen sind nach den Themenkreisen zusammengestellt, die wohl die häufigsten Wünsche betreffen, die nach Erfolg, Gesundheit, Liebe, Schutz und Kraft. Die Zusammenstellungen beziehen sich auf konkrete Rituale zu folgenden Bereichen:

- Recht und Gerechtigkeit
- Harmonie und Liebe
- Kreativität und schöpferische Arbeit
- Heilung und Gesundheit
- Bannung und Schutz
- Prüfungen
- Intuition
- Glück und Lebensfreude
- Erfolg und Geschäfte
- Willenskraft
- Reinigung.

Achten Sie bei der Auswahl der Hilfsmittel darauf, dass sie so natürlich wie möglich sind, dann wirken sie besonders kraftvoll. Und lassen Sie sich immer mehr von Ihrer Intuition als von Vorschriften leiten.

Wenn Sie also zu einem dieser Bereiche ein magisches Ritual durchführen wollen, dann können Sie sich der Zutaten bedienen, die dort aufgeführt werden. Aber natürlich sind nicht alle denkbaren Analogien aufgeführt, mit ein klein wenig Übung in der Technik des analogen Denkens werden Ihnen weitere Verbindungen einfallen, die Sie einsetzen können.

Die Kraft Ihres Wunsches und die Aufrichtigkeit Ihrer Anrufung oder Ihrer Bitte sind es letztendlich, die die Erfüllung herbeiführen. Farben, Kerzen, Kräuter, Düfte unter-

Bild links: Magische Hilfsmittel sind nahezu unerschöpflich. Wählen Sie je nach Wunsch aus.

stützen, vervollständigen die Stimmung, machen es leichter, in den Kontakt mit der magischen Kraft zu treten, doch wenn Sie aufrichtig den Göttern entgegentreten, werden sie lächelnd über die Unebenheiten in Ihrem Ritual hinwegsehen. Welche Götter und Kräfte Sie anrufen wollen, müssen Sie selbst herausfinden. Hier finden Sie nur Vorschläge aus verschiedenen Religionen und magischen Modellen. Wählen Sie die, die Ihnen persönlich nahe stehen. Und bitte schauen Sie nicht auf andere herab oder zu anderen hinauf, die andere Götter anrufen. Toleranz gehört zur weißen Magie wie die vier Elemente.

Recht und Gerechtigkeit

Magische Kräfte	Götter	Saturn, Jupiter, Dagda
	Göttinnen	Athene, Nemesis, Justitia, Venus
	Engel	Azrael
	Sternzeichen	Waage, Schütze
	Lebensbaum	Chesed
Zeitpunkt	Jahreszeit	Äquinox
	Tag	Mittwoch, Samstag
	Mondstand	zunehmend
Farben		Dunkelblau, Purpur, Rot und Schwarz
Zahlen		4 und 8
Pflanzen	Blumen	Heidekraut, Azalee, Maiglöckchen
	Bäume	Eiche, Olivenbaum
	Kräuter	Johanniskraut, Salbei
Düfte	Räucherwerk	Weihrauch, Pinie, Zeder, Zypresse
	Aromaöle	Sandelholz, Lavendel, Zitronengras
Gewürze		Muskatnuss, Kümmel, Anis
Lebensmittel		Erdnuss, Endivien, Feige, Spinat
Getränke		Schwarzer Tee
Element		Erde und Luft
Metall		Kupfer
Edelstein		Saphir
Tarot		Die Gerechtigkeit, Die Mäßigkeit

Zum Thema des Rechts und der Gerechtigkeit gehören alle diejenigen magischen Hilfsmittel, die mit den ordnenden Kräften des Universums in Verbindung stehen. Die Allegorie der blinden Justitia mit dem richtenden Schwert verkörpert die Idee der Gerechtigkeit.

Harmonie und Liebe

Zum Komplex der Harmonie und Liebe gehören alle Hilfsmittel und göttlichen Kräfte, die Sanftheit und Süße ausdrücken. Auch die antiken Liebesgötter Venus und Amor sind unter den Mächten der Liebe zu finden.

Magische Kräfte	Götter	Eros, Amor, Adonis
	Göttinnen	Aphrodite, Venus, Isis, Freya
	Engel	Haniel
	Sternzeichen	Waage, Krebs
	Lebensbaum	Netzach
Zeitpunkt	Jahreszeit	Frühjahr
	Tag	Freitag
	Tageszeit	Dämmerung
	Mondstand	zunehmend bis voll
Farben		Rosa, Rot
Zahlen		5 und 7
Pflanzen	Blumen	Rose, Alpenveilchen, Malve
	Bäume	Birke, Erle, Birnbaum
	Kräuter	Katzenminze, Waldmeister, Pfefferminze
	Früchte	Aprikose, Pfirsich, Erdbeere, Apfel
Düfte	Räucherwerk	Benzoe, Patchouli, Sandelholz
	Aromaöle	Jasmin, Rose, Vanille, Honig
Gewürze		Kardamom, Vanille, Zucker, Zimt
Lebensmittel		Spargel, Tomate, Sellerie, Artischocke
Getränke		Milch, Rotwein, Champagner
Element		Wasser, Erde
Metall		Kupfer und Silber

Edelstein	Jade, Rosenquarz
Tarot	Die Liebenden, Die Lust

Kreativität und schöpferische Arbeit

Magische Kräfte	Götter	Apollo, Orpheus, Uranus, Neptun
	Göttinnen	Die Musen, Brigit, Minerva und alle Mondgöttinnen
	Sternzeichen	Wassermann, Fische, auch Stier
	Lebensbaum	Tiphareth
Zeitpunkt	Tag	Mittwoch, Sonntag
	Mondstand	Beginn bei zunehmendem Mond, Überarbeitung bei abnehmendem
Farben		Gold, Silber, Violett, Gelb
Zahlen		6 und 9
Pflanzen	Blumen	Rose, Seerose, Jasmin
	Bäume	Lorbeer, Mandelbaum
	Kräuter	Lavendel, Myrte
Düfte	Räucherwerk	Zimt, Muskatblüte, Lorbeer, Ginseng
	Aromaöle	Jasmin, Mandel, Rose
Gewürze		Sternanis, Muskatnuss
Lebensmittel		Mandel, Pistazie, Zitrone, Meeresfrüchte, Fische
Getränke		Cidre, Weißwein

Zum Thema Kreativität und schöpferisches Arbeiten gehören diejenigen Hilfsmittel und Götter, die einen Bezug zur Intuition und zum Unbewussten haben. Das Element Wasser und der Mond spielen in diesem Bereich eine große Rolle.

Element		Luft für Dichtkunst, Feuer für die schöpferischen Kräfte, Wasser für Intuition, Erde für die manuelle Durchführung
Edelstein		Aquamarin, Rosenquarz
Tarot		Der Stern, Die Kaiserin, Der Narr

Heilung und Gesundheit

Zum Thema Heilung und Gesundheit gehören natürlich alle göttlichen Heiler, etwa Äskulap mit seinem schlangenumwundenen Stab, der bis heute das Symbol für Apotheken und Arztpraxen ist, aber auch Heilpflanzen, Steine und alle aufbauenden Kräfte des Universums.

Magische Kräfte	Götter	Äskulap, Apollo, Mars
	Göttinnen	Hebe, Hygieia, Brigit, Mondgöttinnen
	Engel	Raphael
	Sternzeichen	Löwe, Widder, Jungfrau
	Lebensbaum	Hod
Zeitpunkt	Mondstand	zunehmend, um Gesundheit zu fördern, abnehmend, um Krankheit zu bannen
Farben		Blau, Grün, Orange
Zahl		8
Pflanzen	Blumen	was dem Kranken gefällt
	Kräuter	alle Heilkräuter
Düfte	Räucherwerk	Sandelholz, Weihrauch, Eukalyptus
	Aromaöle	Lavendel
Gewürze		Knoblauch, Safran

Lebensmittel	Fenchel, Kürbis, Gurke, Zucchini Paprika
Getränke	Rotwein, Kräutertee
Element	alle
Edelstein	Bergkristall, alle Heilsteine
Symbol	Ankh, der Lebensschlüssel

Bannung und Schutz

Magische Kräfte	Götter	Saturn, Dagda
	Göttinnen	Hekate, Aradia, Hera
	Engel	Michael, Cassiel
	Sternzeichen	Steinbock
	Lebensbaum	Binah, Geburah
Zeitpunkt	Tag	Samstag
	Stunde	Saturnstunden
	Mondstand	abnehmender Mond
Farbe		Schwarz
Zahl		5
Pflanzen	Blumen	Farn, Kornblume, Königskerze, Maiglöckchen, Stiefmütterchen
	Bäume	Buche, Schwarzdorn, Tollkirsche, Stechpalme, Espe, Eibe, Efeu
	Kräuter	Salbei, Rosmarin, Baldrian, Knoblauch

Zum Thema Bannung und Schutz gehört alles, was zusammenziehend, begrenzend, ausschließend wirkt. Auch Schärfe, Bitterkeit und Schwere gehören in diesen Bereich. Aber übertreiben Sie nicht, man kann sich so gründlich schützen, dass niemand mehr den Panzer durchdringen kann.

Düfte	Räucherwerk	Zypresse, Bilsenkraut, Vetiver
	Aromaöle	Salbei, Rosmarin
Gewürze		Knoblauch, Pfeffer, Salz, Wacholderbeeren
Lebensmittel		Apfelessig, Meerrettich, Zwiebeln, Peperoni
Getränke		bittere Getränke
Element		Erde
Metall		Blei
Edelstein		Tigerauge, Türkis
Symbol		Pentagramm, Hexagramm

Prüfungen

Zum Thema Prüfungen und natürlich auch Wissen gehören alle Götter und Göttinnen, die der Weisheit und der Kommunikation zugeordnet sind. Vor allem wirken Hilfsmittel in der Farbe Gelb unterstützend in diesem Komplex.

Magische Kräfte	Götter	Merkur, Anubis, Thot
	Göttinnen	Athene, Maat
	Engel	Raphael
	Sternzeichen	Zwillinge, Jungfrau
Zeitpunkt	Tag	Mittwoch
	Stunde	Merkurstunden
	Mondstand	zunehmender Mond
Farben		Violett und andere Mischfarben
Zahl		8
Pflanzen	Blumen	Farn, Gelber Klee, Wiesenblumen

	Bäume	Haselbusch, Mandelbaum,
	Kräuter	Fenchel, Kerbel, Lavendel, Majoran, Oregano, Pfefferminze, Salbei, Bohnenkraut
	Gemüse	Karotte, Sellerie, Endivien, Hirse
Düfte	Räucherwerk	Koriander, Mastix, Storax, Muskatblüte
	Aromaöle	Lavendel, Minze, Salbei, Geißblatt
Gewürze		Muskatnuss, Safran, Kümmel
Lebensmittel		Haselnuss, Walnuss, Olive
Getränke		Rotwein
Element		Luft
Metall		Quecksilber
Edelstein		Goldtopas, Achat
Tarot		Drei der Pentakel, Der Magier, Die Mäßigkeit

Intuition

Magische Kräfte	Götter	Neptun, Anubis
	Göttinnen	Luna, Selene und die dreifaltige Göttin
	Engel	Gabriel
	Sternzeichen	Krebs, Wassermann
	Lebensbaum	Yesod

Zum Thema Intuition gehören alle die Hilfsmittel, die einen Bezug zum Unbewussten und damit zum Wasser haben. Auch die Symbolik des Mondes spielt hier eine entscheidende Rolle.

Zeitpunkt	Tag	Montag
	Stunde	Dämmerung, Nacht
	Mondstand	Neumond
Farben		irisierende, opalisierende, silbrige Töne
Zahl		9
Pflanzen	Blumen	Akelei, Jasmin, Tausendschönchen, Vergissmeinnicht, weiße Heckenrose, Schwertlilie, Königin der Nacht, Seerose
	Bäume	Weide, Weißdorn, Silberpappel
	Kräuter	Rosmarin, Salbei, Vogelmire
Düfte	Räucherwerk	Ginseng, Jasmin, Myrte, Mohn, Sandelholz, Benzoe
	Aromaöle	Jasmin, Verbena
Gewürze		Kardamom, Mohn
Lebensmittel		Champignon, Joghurt, Haselnuss, Fische
Getränke		Milch
Element		Wasser
Metall		Silber
Edelstein		Mondstein, Perlen, klarer Bergkristall
Tarot		Der Mond, Die Hohepriesterin

Glück und Lebensfreude

Magische Kräfte	Götter	Apollo, Helios, Lug
	Göttinnen	Bastet, Sekmeth, Fortuna
	Engel	Michael
	Sternzeichen	Löwe
Zeitpunkt	Tag	Sonntag
	Stunde	Mittag
	Mondstand	Vollmond
	Lebensbaum	Tiphareth
Farben		Goldgelb, Gold, Grün
Zahlen		1 und 6
Pflanzen	Blumen	gelbe Lilien, Sonnenblumen, Ringelblume
	Bäume	Lorbeer, Birke, Eberesche, Eiche, Wacholder
	Früchte	Kürbis, Olive, Rosine, Walnuss, Zitrone, Dattel
	Kräuter	Johanniskraut, Huflattich, Liebstöckel, Arnika, Lorbeer, Safran, Muskatnuss
Düfte	Räucherwerk	Myrrhe, Lorbeer, Weihrauch, Nelke
	Aromaöle	Bergamotte, Gewürznelke, Orangenöl, Neroli
Gewürze		Zucker, Vanille
Lebensmittel		Schokolade, Eiscreme, Mandeln, Reis
Getränke		Kakao, Wein

Dem Thema Glück und Lebensfreude werden alle »Sonnenkräfte« zugeordnet. Leuchtende, kraftvolle Farben, Lichtgötter und Lichtgöttinnen, aber auch süße und erfrischende Düfte sind die Hilfsmittel zu Freude und Glück.

Element	Feuer
Metall	Gold, Platin
Edelstein	Rubin, Diamant
Tarot	Die Sonne, Der Kaiser

Erfolg und Geschäfte

Zum Thema Erfolg und Geschäfte gehören die ordnenden Kräfte. Selbstverständlich können Sie auch alle das Geld symbolisierenden Hilfsmittel auswählen oder sogar Münzen verwenden.

Magische Kräfte	Götter	Jupiter, Merkur, Zeus
	Göttinnen	Demeter, Juno, Hera
	Engel	Tsadkiel
	Sternzeichen	Schütze
Zeitpunkt	Tag	Donnerstag
	Stunde	Mittag
	Mondstand	zunehmender oder Vollmond
	Lebensbaum	Chesed
Farben		Purpur, Grün, Gold, Silber
Zahlen		4 und 8
Pflanzen	Blumen	Gänseblümchen, Löwenzahn, Tausendschönchen, Farn
	Bäume	Ahorn, Lorbeer, Esche, Eiche
	Früchte	rote Beeren
	Kräuter	Isländisch Moos, Minze, Salbei
Düfte	Räucherwerk	Myrrhe, Lorbeer, Zeder, Zimt, Muskatnuss
	Aromaöle	Zeder, Salbei, Isländisch Moos

Gewürze	Muskatnuss, Kümmel, Nelke
Lebensmittel	Möhren, Bohnen, Kohl, Salat, Honig
Getränke	Rotwein
Element	Luft, Erde
Metall	Gold, Silber
Edelstein	Granat, Diamant
Tarot	Der Magier, Der Wagen

Willenskraft

Magische Kräfte	Götter	Mars, Herakles, Horus
	Göttinnen	Brigit, Macha, Athene, Artemis, Bellonia
	Engel	Kamael
	Sternzeichen	Widder
	Lebensbaum	Geburah
Zeitpunkt	Tag	Dienstag
	Stunde	Marsstunden
	Mondstand	zunehmend
Farben		Rot, Orange, Gold
Zahl		5
Pflanzen	Blumen	Tigerlilie, Anemone, rote Betonie, Kakteen, Disteln

Zum Thema Willenskraft werden die dynamischen Kräfte geordnet, die aufbauend wirken. Dosieren Sie die Mittel nicht zu stark, denn dann kann der Zauber leicht in Aggressivität oder Sturheit umschlagen.

	Bäume	Eiche, Buchsbaum, Ilex
	Kräuter	Basilikum, Estragon, Wermut
	Gemüse	Lauch, Paprika, Zwiebel, Rettich
Düfte	Räucherwerk	Burgunderharz, Tabak, Wacholder
	Aromaöle	Zypresse, Pinie, Zeder
Gewürze		Senf, Pfeffer, Wacholderbeeren
Lebensmittel		Pfifferlinge, Lauch, Olivenöl, Pinienkerne
Getränke		Kaffee
Element		Feuer
Metall		Eisen
Edelstein		Granat, Rubin, Sternsaphir
Tarot		Der Wagen

Reinigung

Zum Thema Reinigung können Sie alles verwenden, was für Sie Reinheit symbolisiert. Vor allem die Farbe Weiß verstärkt in den Ritualen den Reinigungseffekt, aber auch frische, saubere Düfte und adstringierende Mittel.

Magische Kräfte	Götter	Äskulap
	Göttinnen	Hygieia, Aphrodite
	Engel	die vier Erzengel
	Sternzeichen	Jungfrau
Zeitpunkt	Mondstand	alle
Farbe		Weiß
Zahlen		1 und 6

Pflanzen	Blumen	alle weißen Blüten
	Kräuter	Salbei, Lavendel
Düfte	Räucherwerk	Weihrauch, Salbei, Wacholder, Zeder, Salz
	Aromaöle	Salbei, Lavendel, Zitrone
Gewürze		Salz
Lebensmittel		Jede Form von Essig, Artischocken, Brokkoli, Rosenkohl
Getränke		Saure Getränke
Element		Wasser und Feuer
Reinigungsmittel		Salzwasser, weiße Kerzen
Edelstein		klarer Bergkristall
Symbol		Kelch und Stab

Literaturempfehlungen

Magie allgemein
Biedermann, Dr. Hans: Lexikon der magischen Künste, VMA, Wiesbaden 1998. *Historische Magie, Alchemie, Geheimlehren und Zauberkunst*
Butler, Walter E.: Das ist Magie, Bauer, Freiburg 1991
Butler, Walter E.: Die hohe Schule der Magie, Bauer, Freiburg 1991. *Die Basiswerke der hohen Magie, ein wenig schwierig, aber lohnenswert*
Carroll, Peter James: Liber Kaos, Bad Ischl 1994. *Ein etwas chaotisches, aber tiefgründiges Werk über moderne Magie*
Deaver, Kora: Magische Kräfte und Spiritualität, Knaur, München 1993. *Magische Übungen zur Erweiterung des Bewusstseins*
Fries, Jan: Visuelle Magie, Edition Ananael, Bad Ischl 1995. *Präzise Anweisungen und Übungen zum Visualisieren und dem Umgang mit den magischen Kräften*
Pajeon, Kala und Ketz: Talismanmagie, Goldmann, München 1997. *Eingängige Erklärungen und Beispiele aus verschiedenen magischen Modellen*
Wolf, Katja: Magie, Knaur, München 1992. *Eine unterhaltsame Beschreibung der Kunst des Wollens und der Macht des Willens*

Analoges Weltbild
Bauer, Wolfgang/Dümotz, Irmtraud/Golowin, Sergius: Lexikon der Symbole, Heyne, München 1995. *Nach Themenkreisen aufbereitetes, ausgefallenes Nachschlagewerk*
Biedermann, Dr. Hans: Knaurs Lexikon der Symbole,

Knaur, München 1998. *Sehr gut beschriebenes alphabetisches Nachschlagewerk*
Dahlke, Rüdiger: Mandalas der Welt, Heyne, München 1996.
Symbol-Meditationsbuch
Dahlke, Ruediger/Klein, Nicolas: Das senkrechte Weltbild, Hugendubel, München 1986. *Heitere Darstellung vieler astrologischer Analogien*

Astrologie
Zehl, Hermine-Marie, Astrot Tarot, Südwest, München 2005.
Haman, Brigitte: Die zwölf Archetypen, Knaur, München 1991.
Geschichten und Mythen zu den astrologischen Zeichen
Zehl, Hermine-Marie: Grundkurs Astrologie, Bassermann, München 2006.

Tarot und Kabbala
Banzaf, Hajo: Der Crowley-Tarot, Kailash, München 1991. *Deutung der Karten und ihre Analogien zu Kabbala, Astrologie, Runen und I Ging*
Leuenberger, Hans-Dietrich: Der Baum des Lebens, Bauer, Freiburg 1993. *Die Verbindung zwischen Tarot und Kabbala*
Haebler, Anna: Tarot. Südwest, München 2005.
Paungger, Johanna/Poppe, Thomas: Vom richtigen Zeitpunkt, Irisiana, München 1996. *Die Bedeutung der Mondzeit in aller Ausführlichkeit*
Wolf, Katja: Der kabbalistische Baum, Knaur, München 1989.
Leicht verständliche Kabbala

Rituale
Frazer, James Georg: Der goldene Zweig, Rowohlt, Reinbek 1989. *Der Klassiker der historischen Riten*
Hodapp, Bran/Rinkenbach, Iris: Anshas Reinigungsrituale
Hodapp, Bran/Rinkenbach, Iris: Rituale der weißen Magie, Peter Erd, München 1997. *Engelrituale und Elementrituale für alle Gelegenheiten*
Starhawk, Peter : Der Hexenkult, Bauer, Freiburg 1983. *Naturreligiöse Rituale der neuen Hexen*

Alternative Medizin
Chopra, Dr. Deepak: Die unendliche Kraft in uns, BLV, München 1992. *Eingängiges Werk über Heilungskräfte im Menschen*
Weikert, Wolfgang: In der Krankheit spricht die Seele, Südwest, München 1996. *Krankheiten und ihr Bezug zur Psyche, natürliche Heilmethoden und die Kraft positiver Gedanken*

Schattenwanderung
Abrams, Jeremiah/Zweig, Connie (Hrsg.): Die Schattenseiten der Seele, dtv, München 1991. *Inspirierende Textzusammenstellung zu diesem Thema*
Starhawk, Peter: Wilde Kräfte, Bauer, Freiburg 1987. *Ein Buch über die Kraft der Angst und ihre Transformation*

Träume
Grasse, Ellen: Traum, Tod, Transzendenz, Knaur, München 1994.
Gute Deutungstechnik mit umfangreichem Traumsymbollexikon

Linn, Denise Whitefeather: Ein Kissen voller Träume, Smaragd, Neuwied, 1996. *Anregend vor dem Schlafengehen mit kurzem Traumlexikon*

Magie und Mystik
Bancroft, Anne: Ursprünge des Heiligen, Walter, Solothurn 1993.
Leicht verständliche Mystik der alten Völker
Walker, Barbara G.: Das geheime Wissen der Frauen, dtv, München 1995. *Götter, Göttinnen und Heilige in neuem Blickwinkel*

Über die Autorin

Ansha beschäftigt sich seit vielen Jahren mit Magie und artverwandten Gebieten. Sie versucht, eine Synthese zwischen alten magischen Praktiken und den neuesten wissenschaftlichen Erkenntnissen herzustellen – Beziehungen, die insbesondere in den Bereichen Physik, Psychologie und alternative Heilmethoden bestehen.

Bildnachweis

AKG, Berlin: 199, 261; Küstenmacher, Gröbenzell bei München: 145; Lizenzfrei: 16 (Gettyimages/Eye Wire), 30, 62 (Creatas/Thinkstock/Ron Chapple), 32, 52, 56, 64, 76, 118, 121, 144, 148 o. und u., 238, 242, 264, 266, 276, 308, 315, 318 (Photodisc), 44 (Gettyimages/Photodisc/Ryan Mc Vay), 54 (Creatas/Thinkstock), 93, 170, 312 (Gettyimages/Brand X Pictures/Burke Triolo), 172 (Corbis), 301 (Gettyimages C Sherburne/Photo Link); Nerger-Ziehr Brigitte, München: 268; Südwest Verlag, München: 26, 103, 138, 152 o.,154, 164, 183, 205, 210, 224, 248, 277, 282, 322 (Siegfried Sperl), 22, 36, 96 (Peter von Felbert/Anne Eickenberg), 46, 177, 271, 285 (Michael Holz), 150, 191, 220 (A. Feld), 58 (Michael Nagy), 68, 86, 140 (Nicolas Olonetzky), 71, 341 (Thomas Ditzinger), 116, 123, 129, 167, 201, 229, 232, 253, 269 (Barbara Bonisolli), 147 (Karl Newedel), 149 (Frank Heuer), 155 (Studio Versen), 152 u. (Roger Kausch), 185, 186, 187, 206, 217, 244 (Archiv), 272, 319 (Joachim Heller), 274 (Matthias Tunger), 289 (Inge Ofenstein), 295 (Irmin Eitel), 298 (Grasberger)

Hinweis

Das vorliegende Buch ist sorgfältig erarbeitet worden. Dennoch erfolgen alle Angaben ohne Gewähr. Weder Autorin noch Verlag können für eventuelle Schäden, die aus den im Buch gemachten Hinweisen resultieren, eine Haftung übernehmen.

Register

Adventskranz 266
Ahnenritual 278
Alphaebene 70
Alpträume 50, 80
Altar 41, 229f., 233, 277f.
Amulett weihen 214
Amulette 151, 211ff., 309f.
– natürliche 215
Amulettübersicht 214
Analogien 38ff., 132
Analogietabellen 323ff.
Analogiezauber für Erfolg (Übung) 41f.
Angriffe, schwarzmagische 308f.
Angst binden 259f.
Angstanalyse 258f.
Ängste 75, 258ff., 292
Ankh (Henkelkreuz) 261
Arbeitsstelle finden (Übung) 250f.
Archetypen 169f., 177, 185f.
Arkana 184ff.
Aspekte 176
Astrologie 40f., 175ff.
ASW-Fähigkeiten (Außersinnliche Wahrnehmung) 45f., 55
Atmung 65, 69, 140f.
Aufräumübung 99
Aura von Lebewesen 84f.
Aurakontrolle 87f.
Aurareinigung (Übung) 87
Ausstrahlung, magische 84ff.

Basilikum 232
Bastet (Katzenköpfige) 275
Beltane 245, 272
Beschwörung der Dämonen 305f.
Bewusstsein 16, 292f.
Bewusstseinsebenen 49ff.
Bewusstseinserweiterung 63ff.
Bilder 43ff., 47
Binah 193, 196, 258
Birken 272
Bittritual 275f.
Blau 120, 157f., 233
Blockaden überwinden 251

Blumen 36, 41, 230, 252, 269, 273
Böser Blick 211f.
Brainstorming 118
Brigit 252, 268
Brillant 42

Chesed 194ff.
Chockmah 193, 196

Dankritual 276f.
Davidstern 152
Déjà-vu-Erlebnisse 83, 317
Denken, analoges 181f.
Dienstag 239
Divination 171ff.
Dolch 126
Donnerstag 240
Drei als heilige Zahl 148
Dreieck 148, 151
Drudenfuß 131, 150
Düfte 230f.
Duftlampen 231
Dusche, magische 99, 302

Edelsteine 216, 292
Efeu 259
Eibe 259
Eiche 135, 253
Eichenblätter 42, 233

Eigenschaften, unangenehme, erkennen 301f.
Elemente 117ff., 132ff., 143, 184, 218, 233, 241
– Anrufung der 132ff., 143
Energie 120
Engelritual gegen die Angst (Übung) 257f.
Erde 117, 123f., 131ff., 141f., 184, 198, 230, 233
Erdung 141
Eremit (Tarot) 186
Erfahrungsschatz, magischer 174
Erinnerungsamulette 215f.
Erntedank 245, 276
Erzengel 193ff.

Faden 259
Farben 41, 120, 233f., 252, 292
– magische Bedeutung 155ff.
Farn 250
Feuer 117, 120f., 131ff., 157, 184, 218, 230, 233
Feuerreinigung 142
Fische 179

Freitag 240
Frühjahr 119
Frühlingsäquinox 244, 269
Führer, innere 82, 92

Gabriel (Erzengel) 199f.
Gebete 251
Geburah 194
Geburtshoroskop 175f., 180
Gedanken 67f.
– negative 307f.
Gefühle 46
Gehängter (Tarot) 186
Gelb 41, 120, 158, 233
Geld 289ff.
Geräte, magische 125ff.
– Umgang mit 134ff.
Gerechtigkeit (Tarot) 186
Gericht (Tarot) 187
Gewürze 235
Ginster 253
Granatäpfel 260
Grau 120
Grimoire 43
Grün 159, 233, 250
Grundsätze, magische 43, 100f., 134

Hakenkreuz 149
Halloween 277

Handlungen, symbolische 47
Hauptsatz, magischer 102
Hausbau kabbalistisch 196f.
Haustiere 91
Heiler 296
Heilungsrituale 251, 255ff., 291f., 293ff.
Hekate 258
Hellsehen (Übung) 57
Herbst 123
Herbstäquinox 243, 276f.
Hexagramm 151f.
Hexen 271f.
Hexenläden 235
Hilfsmittel, magische 117ff.
– Bezugsquellen 235f.
Himmelsrichtungen 48, 72, 132, 144, 149, 219
Hod 195, 197
Hohepriester (Tarot) 185
Hohepriesterin (Tarot) 185
Holunderblätter 233
Homöopathie 291
Hyperventilation 69
Hypnose 49, 71

Imbolc, *siehe* Lichtmess
Initiation 260ff., 313ff.

Inkarnation 107
- der Seele 90f.
Intuition 46, 49, 126ff., 239, 279
Invokation 254f.

Jahreszyklen 236ff., 242f.
- Feste 242ff.
Jasmin 269
Johanniskraut 233, 272
Johannistag 272
Julfeuer 266
Jung, C. G. 37
Jungfrau 179
Jupiter 42, 179, 181, 241, 250

Kabbala 169, 191ff.
Kaiser (Tarot) 185
Kaiserin (Tarot) 185
Karma 107
Kelch 128ff., 134ff., 184, 209, 262, 304, 313
Kerzen 41f., 48, 67, 72, 112f., 120f., 230 234, 244, 266f., 323f.
Kerzentrance 234
Kether 193, 196
Kommunikation mit Pflanzen und Tieren 89f.
Kornblume 259
Körperhaltung 68, 139f.

Kraft (Tarot) 186
Kräfte
- archetypische 165ff.
- magische, bei der Wahrsagung 165ff.
- magische, Manifestationen 169f.
Kraftorte 73f., 77, 84f., 229, 296
Kraftritual 296
Krankheiten 108, 292f.
Kräuter 40f., 232f., 235, 323f.
Kreativität 17, 112, 259
Krebs 179
Kreis, magischer 47f., 72, 74, 132, 144, 200, 203, 219, 250f.
Kreuz 149f.
Kreuzwege 150
Kristallkugel 201ff.
Kristallomantie 201f.
Kulturelles Umfeld 170f.

Lachen 306, 310
Lammas 245, 274f.
Lavendel 67, 231f.
Lebensbaum 192f., 197f.
Lebensphasen 260ff.
Lebensrückschau 34
Lebensweg, magischer (Übung) 188

Lehrträume 82f., 93
Leitsätze, magische 99ff.
Lemniskate 154
Lernprozesse, magische 92f.
Lichtmess 234, 246, 268
Liebe 168, 259
Liebende (Tarot) 185
Liebenswürdigkeit 288
Liebesmagie 286f.
Liebeszauber 284ff.
Lorbeer 42, 235
Löwe 179
Löwenzahn 250
Luft 117ff., 131ff., 184, 230, 233, 270

Magie
- angewandte 227f.
- Definition 17
- schwarze 19, 161, 206, 306ff.
- und Gesundheit 291ff.
- und Mathematik 155

Magier (Tarot) 185
Majoran 42
Malkuth 195ff.
Mandala 145f., 266
Manipulation 106, 306f.
Mantra 70
Märchen 169f.
Mars 42, 179, 181, 241

Masken 52ff., 176
Mäßigkeit (Tarot) 186
Meditation 65ff., 82, 84f., 88, 107, 160, 253, 273
Medizinbeutel 215
Menschenkenntnis, intuitive 207
Merkur 42, 179, 181, 241
Messen, schwarze 310
Messer 126, 135, 302
Michael (Erzengel) 199f., 257f.
Misteln 266
Mittwoch 240
Mond (Tarot) 187
Mond 179, 181, 240
Mondphasen 237f.
Mondzyklen 236f.
Montag 239
Moschus 231
Muskatnuss 42

Name, magischer 317f.
Narr (Tarot) 185
Naturgeister 89
Neptun 179, 181, 241
Netzach 194f., 197
Neumond 237
Norden 125, 200, 230

Öle, ätherische 231
Orakel 201–204

Orange 159, 253
Ort, magischer 32f., 66ff.
Osten 119, 200, 230
Ostern 269

Paprika 42
Parkplätze, freie 20
Pendel 31, 58ff., 86
Pentagramm 131, 150f., 213, 302
Pflanzen 42, 89, 91, 232f.
– Sprechen mit (Übung) 91
Piktogramme 44
Planeten 178f.
– Eigenschaften 240f.
– Umlaufzeiten 181
Planetenpositionen 180
Planetenzeiten 239f.
Planung
– kabbalistische 197f.
– mit dem Lebensbaum (Übung) 197f.
Plus 150
Pluto 179, 241
Prinzipien
– gemeinsame 38
– magische 30ff.
Prognosehoroskop 180
Prophezeiungen, selbst erfüllende 208

Püppchen, s. a. Heilungsrituale 255f.
Purpur 233, 250

Rad des Schicksals (Tarot) 186
Radixhoroskop (Wurzelhoroskop) 177
Raphael (Erzengel) 199f.
Räucherkohle 231
Räucherwerk 41, 48, 67, 72, 142, 230f., 252f., 278, 302
Raum, konzentrationsfördernder 31
Reinigung
– eines Raums 142f.
– magische 99, 249
REM-Phase 79
Ritual
– zur Drachenzeit 260f.
– zur Willensstärkung (Übung) 252f.
Rituale 21, 41f., 47f., 67, 72, 225ff., 252f., 255f., 260ff.
– Attribute 228f.
– frei gestaltete 228
– im Alltag 225ff.
– im Jahreskreis 265ff.
– magische zu bestimmten Anlässen 225ff.,

– wiederholte 227
– Zeitpunkt 236 ff.
– zu Lebensphasen 261 ff.
– zweckgerichtete 225 f., 255 ff.
Rollen spielen (Übung) 53
Rosa 233
Rosen 36 f., 233
Rosmarin 232, 284
Rot 46, 156 f., 194, 233, 252, 260 f., 266

Salbei 42, 231 f.
Salzwasser 143, 302
Samhain 277 f.
Samstag 240
Saturn 179, 181, 241, 258
Schadensbegrenzung 114
Schadenszauber 108
Schamanen 72, 317
Schatten, Begegnung mit 302 ff.
Scheibe 130 ff., 134 f., 137, 184, 209, 302
Schneeglöckchen 269
Schöpfung 17 f.
Schulmedizin 296
Schutz-/Bannrituale 257 f.
Schütze 179
Schutzkreis 143 f.
Schwächen benennen 101
Schwarz 120, 161 f., 233, 249 ff.
Schwert 125 ff., 132 f., 137, 184, 302 f.
Seele 18, 51
Seelenlandschaft 319 ff.
Selbst 52 ff.
Selbsthilfe, magische 294
Sephiroth 192 f.
Sieben als magische Zahl 153 f.
Siebenjahresrhythmen 153 f.
Siebenstern 152 f.
Sigillen 213 f.
Sigillenanwendung 222
Sigillenherstellung 221 f.
Sigillenmagie 220 ff.
Sinne 55
Skorpion 179
Sommer 238
Sommersonnenwende 272 f.
Sonne (Tarot) 187
Sonne 48, 119 ff., 157, 179, 181, 198, 240
Sonntag 240
Sonnwendfeier 273
Spiegel, magischer 204
Spirale 155

Spiritualität 160
Stab 127 ff., 134, 209, 302 f., 313
Stechpalme 259, 266
Steinbock 179
Stern (Tarot) 187
Sternzeichen 178 ff.
Stier 179
Süden 121, 200, 230
Swastika 149, 273
Sylphen 119
Symbole 38 f., 43 ff., 79 ff., 139 ff., 213, 302
Sympathiezauber (Übung) 255 f.
Synchronizitäten 34 ff., 61, 294, 317

Tagebuch, magisches, Einträge ins 33 f., 37, 42 f.
Tagesbewusstsein 49 f., 67, 73, 174
Talismane 217 ff.
Tanne 266
Tarotkarten 183 ff.
 – Legesysteme 189 f.
Tausendschönchen 250
Techniken, magische 139 ff.
Teufel (Tarot) 187
Thymian 232
Tierkreiszeichen 178 f.
Tiphereth 194, 197
Titel, magischer 317
Tod (Tarot) 186
Trance 71 ff.
Trancereisen 31, 74, 92 f., 162, 202, 302
Trancetechniken 72
Transit 181
Traumdeutung 79 ff., 83
Träume 79–83, 93
 – große 81, 95
 – luzide 81 f., 95
 – magische 80 f.
Traumgeschenke 82
Trauminkubation (Übung) 188 f.
Turm (Tarot) 187

Überbewusstes 49 f.
Übergangsritual für junge Männer 262 f.
Übungen 41 f., 156, 162, 165, 188, 197 f., 202 ff., 250–253, 255 ff., 260 ff.
Unbewusstes 49 ff., 55 ff., 79 ff., 165, 204
 – kollektives 51 f., 165
Unterbewusstes 49 f.
Unterwelt 300 f.
Uranus 179, 181, 241
Urbilder 166

Uriel (Erzengel) 199f.
Urknall 17, 190
Ursache-Wirkung-Prinzip 35

Venus 40, 167, 179, 181
Verkleidungen 52f.
Violett 160, 233, 250
Visualisieren 36, 64f., 106, 156ff., 293
Vollmond 41, 237ff.
Voodoo 171
Vorübung, magische 20

Waage 179
Wacholder 253
Wagen (Tarot) 185
Wahrsagen für andere 204ff.
Walpurgisnacht 271f.
Wanderungen im Schatten 267, 299ff.
Wanderungen im Garten der Symbole (Übung) 162
Warzen, Selbsthilfe bei (Übung) 256f.
Wasser 77, 117, 121f., 131ff., 184, 198, 230, 233
Wassermann 179
Weide 135

Weihnachten 266
Weissagung, Kunst der 173
Weiß 161, 233, 268
Welt (Tarot) 187
Werkzeuge, magische 31
Westen 123, 200, 230, 277
Widder 179
Willen trainieren 252f.
Winter 238f.
Wintersonnenwende 244, 266f.
Wollen üben 97f.
Wunder 34
Wunschbilder, unscharfe 104
Wünsche 97ff., 217ff.
– planen, loslassen 111
– präzise materialisieren 108f.
Wünschelrute 31, 58ff.
Wunscherfüllung 106f., 210ff., 248
Wunschformulierung, positive 108ff.

Yesod 195, 197
Yin und Yang 174f., 299
Ylang Ylang 231

Zauberbeutelchen 41
Zauberlehrling, geübter 313ff.

Zeitungshoroskop 178ff.
Zentrieren 139f.
Zeremonien 227f.
Zodiak-Mandala 217

Zukunftsschau 175ff., 204ff.
Zwillinge 179